나 홀로
진짜 여행

권다현 지음

PROLOGUE

나 홀로 여행자들을 위한
변명

열다섯 살 여름, 겁도 없이 서울행 열차에 몸을 실었다. 처음부터 홀로 여행을 떠나겠다는 생각은 아니었다. 가까운 단짝친구부터 적당히 불편하지 않은 친구들까지 모두 꼬드겨보았지만 하나같이 "그건 좀 위험하지 않겠어?", "부모님이 허락하지 않으실 거야." 하고 조심스레 거절할 뿐이었다. 슬며시 오기가 생겼다. 두고 봐, 나 혼자 신나게 서울구경하고 돌아올 테니까!

기차역까지 배웅을 나온 부모님은 웃고 있었지만 표정 너머 걱정이 가득했다. 그럴수록 더 씩씩하게 손을 흔들어 보이곤 기차에 올랐다. 그러나 먼 길을 달려 마침내 청량리역에 도착했을 때, 해냈다는 안도감보다 이제 어떡하지 하는 황망한 기분이 먼저였다. 다들 자신의 목적지를 향해 바쁘게 움직이는데 나만 어쩔 줄 몰라 두리번거렸다. 들뜬 마음에 저 깊이 눌러두었던 두려움이 그제야 열다섯 소녀를 휘감았다. 다이어리를 꺼내어 목적지를 확인하려 했지만 머릿속은 하얘지고 눈은 허공을 맴돌 뿐이

었다. 그때 낡은 제복을 입은 역무원 아저씨가 다가왔다.

"어딜 찾니?"

"명, 명동이요."

기어들어가는 목소리로 겨우 대답하자 아저씨는 지하철역으로 가는 방법을 친절하게 설명해주었다. 그러다 빼곡히 메모가 적힌 다이어리를 슬쩍 보더니 설마 하는 눈빛으로 물었다.

"혼자니?"

거의 울 듯한 얼굴로 고개를 끄덕이자 아저씨는 잠시 난감한 표정을 지었다. 하지만 곧 강릉으로 돌아가는 기차표를 확인하고는 내 다이어리에 적어둔 일정을 꼼꼼히 확인해 동선을 정리해주었다. 혹시 길을 잃거나 필요할 때 연락하라며 다이어리 한편에 역무실 전화번호도 큼지막하게 적어주고, 헤어질 땐 좋은 여행되길 바란다며 따뜻한 미소로 등을 두드려주었다. 갑자기 든든한 기분이었다. 방금 전까지 낯설고 무섭기만 했던 공간이 친근하고 다정하게 느껴졌다. 이 작은 인연이 열다섯에 떠난 첫 번째 나 홀로 여행의 시작을 기분 좋게 열어주었다.

한 살 한 살 나이가 들면서 여행을 떠나는 데도 자꾸만 핑계가 는다. 거긴 사람이 많아서 안 되고, 저긴 깔끔한 숙박시설이 없어서 안 되고, 여긴 교통편이 불편해서 안 되고. 살아온 세월만큼 쌓인 선입견과 굳어진 습관들이 자꾸만 발목을 잡는다. 특히 함께 떠날 누군가가 없을 때 홀로 떠나온 여자에게 쏟아질 무성한 호기심과 의아함을 견뎌낼 자신이 없다.

하지만 떠나본 사람은 안다. 길 위에서 만나는 다정한 인연과 소중한 추억은 비로소 혼자일 때 더욱 풍성해진다는 것을. 일행과의 대화보다 풍경에 집중하게 되고 스스로의 한계에 부딪힐 때 우리는 조금 더 성장한다. 내가 보고 싶은 것을 보고 내가 먹고 싶은 것을 먹을 수 있으니 홀로 떠나온 불편함은 어느새 혼자이기에 가능한 자유로움이 된다. 무엇보다 여행이 끝났을 때, 생각보다 꽤 강하고 믿음직한 자신을 발견하게 된다.

여행이 우리에게 주는 가장 큰 선물은 그렇게 스스로를 믿고 사랑할 수 있는 힘 아닐까. 그러니 삶에 지쳐 방황하는 당신이라면, 자신감을 잃고 좌절하는 당신이라면, 자꾸만 타인에게서 답을 찾고 있는 당신이라면, 망설임 없이 길 위에 서길 바란다. 이번엔 철저히 혼자.

권다현

CONTENTS

004 ■ PROLOGUE
012 ■ 여행고수 권다현의 나 홀로 여행자들을 위한 꿀팁 여덟 가지

01
Healing
나를 위한 휴식

022 ■ 혼자여도 좋은 산책길
　　　서울 부암동 나들이
030 ■ 시간도 걸음을 늦추는 곳
　　　강화 교동도 여행
038 ■ 가을, 우리 이제 안녕
　　　포천 가을 수목원 여행
044 ■ 외갓집 같은 포근함
　　　아산 외암민속마을 여행
052 ■ 삶의 템포를 느리게, 나를 비우는 여행
　　　담양 삼지내마을 여행
062 ■ 마음의 휴식처 하나쯤…
　　　해남 미황사 템플스테이

02 Trail
걷고 쉬고 생각하다

074 ■ 걱정 말아요, 그대
　　　서울 염리동 소금길 산책

082 ■ 나를 부르는 섬으로 간다
　　　인천 승봉도 여행

090 ■ 선녀들이 노닐던 풍차길
　　　평창 선자령 바우길 트래킹

098 ■ 비로소 신라를 만났다
　　　경주 남산 여행

108 ■ 사과향 달콤한 천 년의 숲길
　　　영주 죽령 옛길 걷기 여행

114 ■ 내 안의 소리를 듣다
　　　합천 해인사 소리길 걷기 여행

03 Landscape
마음에 담고 싶은 풍경

126 ■ 벚꽃잎, 마음을 흔들다
　　　서울 안산 벚꽃 산책

132 ■ 동백 따라 다산을 만나다
　　　강진 동백꽃 여행

140 ■ 매화 향기 짙어 봄인 줄 알았네
　　　순천 선암사 매화 여행

150 ■ 그대, 국화꽃 향기
　　　안동 봉정사 국화 여행

160 ■ 울긋불긋 꽃대궐 차리인 동네
　　　전주 완산공원 봄꽃 여행

174 ■ 한 폭의 동양화를 닮은
　　　풍류의 호수
　　　제천 청풍호 풍류 여행

04 Art
감성을 두드리다

- 186 ■ 세월의 향기 은은한 옛집
  서울 서촌 예술 산책
- 194 ■ 산자락 아래 그림을 풀다
  광주 미술 여행
- 204 ■ 근대, 젊은 예술가를 만나다
  대전 대흥동 예술 여행
- 212 ■ 태백산맥을 품고 잠들다
  벌교 문학 여행
- 220 ■ 클래식 선율에 물든 항구 풍경
  통영 클래식 여행
- 232 ■ 부서진 연탄재가 건네는 위로
  청주 수암골 벽화마을 산책

05 Taste
여행의 맛을 즐기다

- 242 ■ 위로가 되는 밥 한 끼, 커피 한 잔
  서울 연남동 맛집 산책
- 250 ■ 입과 눈이 즐거운 인천 나들이
  인천 신포시장 먹거리 여행
- 260 ■ 그리움이 맛있다
  속초 아바이마을 여행
- 272 ■ 이게 사는 맛 아잉교? 시장 먹거리 체험
  부산 국제시장 먹거리 여행
- 286 ■ 삽교 5일장, 유령식당
  예산 장터국밥 체험
- 294 ■ 눈물이 얼었나 보다
  증도 소금 여행

06 Train
낭만 가득 기차 여행

304 ■ 도심 한복판 기찻길 낭만
　　　서울 항동 기찻길 산책

310 ■ 청춘의 또 다른 이름, 춘천
　　　경춘선 기차 여행

316 ■ 백호열차 타고 백두대간을 누비다
　　　백두대간 협곡열차 체험

324 ■ 그림 같은 간이역, 꽃 같은 동네
　　　군위 화본마을 여행

332 ■ 기차는 추억을 달리고…
　　　곡성 섬진강 기차마을 여행

340 ■ 용궁역에는 용왕님이 살고 계실까
　　　예천 용궁역 기차 여행

07 History
과거로의 시간 여행

352 ■ 돌담길 따라 시간을 걷다
　　　서울 정동길 근대 여행

360 ■ 임금의 운명이
　　　비극이었어라
　　　고양 서삼릉 산책

368 ■ 한여름의 고택 나들이
　　　강릉 선교장 고택 체험

376 ■ 느릿느릿 시간 여행
　　　대구 근대 골목 여행

384 ■ KTX 타고 떠나는
　　　한나절 포항 나들이
　　　포항 시티 투어

08 Vacance
혼자 떠나는 바캉스

396 ■ 그냥 거기, 살고 싶은 곳
　　　제주 자연 여행

408 ■ 고마워요, 죽도 총각
　　　울릉도 • 죽도 섬 여행

422 ■ 이기심을 내려놓는 섬 여행
　　　완도 • 청산도 휴식 여행

여행고수 권다현의
나 홀로 여행자들을 위한 꿀팁 여덟 가지

 유명 관광지보다는 내게 맞는 여행지를 찾아라!

"어디 갈까?"

여행을 계획하며 가장 먼저 하게 되는 질문이다. 여행경험이 풍부하지 않다면 일단 검증된 유명 관광지, 그러니까 남들이 좋다고 하는 곳들부터 눈길이 가게 마련이다. 하지만 유명세만큼이나 많은 인파와 즐비한 상업시설, 지저분한 거리 풍경에 실망한 경험 한 번쯤은 있을 것이다. 특히 나 홀로 여행자라면 이런 곳에서 오히려 외로움이나 고립감을 느끼게 될 가능성이 매우 크다.

  목적지를 결정하기에 앞서 지나온 여행들에서 스스로 편안함을 느꼈던 장소나 감탄을 자아냈던 풍경, 즐거이 미소 지었던 추억들을 천천히 떠올려보자. 이 과정에서 자신이 좋아하는 여행의 테마를 찾을 수 있을 것이다. 누군가는 아름다운 자연에서 위로를 얻을 수도 있고, 누군가는 좋아하는 영화나 드라마의 촬영지를 직접 가보는 데서 재미를 느낄 수도 있다. 누군가는 그저 묵묵히 걷는 게 좋을 수도 있고, 또 누군가는 조용한 사찰에서 마음을 내려놓을 수도 있다. 모든 것을 홀로 결정할 수 있는 여행인 만큼 목적지 또한 남들의 평가보다는 스스로 즐거움을 찾을 수 있는 곳으로 결정하는 것이 바람직하다.

 여행을 풍요롭게 하는 **여백의 미학을 즐겨라!**

낯선 곳으로 홀로 떠나야 한다는 부담감에 며칠째 컴퓨터와 스마트폰만 보며 여행정보를 뒤지고 있다면 당장 그만두길 바란다. 지나치게 완벽한 여행계획은 풍경에 충분히 감동할 시간마저 빼앗고 여행자의 마음을 조급하게 만든다. 특히 수많은 블로그에 올라온 사진들은 화면으로 보았던 이미지를 실제 눈으로 보는 것 외에 별다른 감흥을 느낄 수 없게 만들어버린다. 여행에서 느끼는 감상은 누군가를 흉내 낸 것이 아니라 오롯이 내 것이어야 하지 않을까.

　꼭 필요한 교통정보나 시간정보 외에는 일정에 넉넉하게 여백을 두는 것이 필요하다. 마음에 드는 곳을 만나면 조금 더 머물기도 하고, 때론 현지 주민들에게 길을 물어보며 뜻하지 않은 수다를 떨어볼 수도 있겠다. 여행의 진짜 매력은 그런 여백에서 빚어지는 경우가 많다. 여행을 계획할 때는 적당히 부지런해도 된다.

가능하면 대중교통, 이왕이면 기차를 타라!

개인적으로 운전을 시작한 지 2년 조금 넘었다. 여행을 업으로 삼다 보니 취재의 효율성에 쫓겨 어쩔 수 없이 선택한 자가운전이다. 그러나 덕분에 대중교통을 이용한 여행의 장점을 더욱 절실하게 깨닫게 됐다.

　네비게이션에 목적지를 설정하고 달리는 여행은 결국 그 과정을 철저히 수단으로 전락시켜 버린다. 잘못 들어선 골목에서 우연히 아름다운 풍경을 만나거나 길을 묻던 어르신에게서 보석 같은 여행지를 추천받는 즐거움을 편리함과 맞바꾸는 셈이다. 때문에 가능하다면 대중교통을 이용한 느린 여행, 혹은 조금 불편한 여행을 떠나보길 추천한다. 이왕이면 삭막한 아스팔트보다 마을풍경을 고스란히 끼고 달리는 기차여행이 좋겠다. 어차피 분주한 일상에서 벗어나려 떠나는 여행이 아니던가. 여행의 속도를 한 박자 늦추면 하나의 풍경을 더 담을 수 있다.

나 홀로 여행자를 위한 최적의 숙소, 게스트하우스를 활용하라!

나 홀로 여행을 준비하는 이들에게 많이 받는 질문 중 하나는 숙소에 대한 고민이다. 이럴 때 경험자로서 가장 추천해줄 만한 숙소는 단연 게스트하우스이다. 불과 몇 년 전만 해도 유명 관광도시가 아니면 전무하다시피 했던 것이 최근엔 웬만한 소도시에서도 쉽게 만날 수 있을 만큼 많아졌다.

나 홀로 여행자에게 1인 기준의 도미토리 요금은 비용적인 부담도 적을 뿐 아니라 간단한 아침식사도 함께 해결할 수 있어 일석이조다. 또 호스트로부터 여행책에 나와 있지 않은 알짜배기 여행정보를 얻을 수도 있고, 다른 여행자들과 교류하며 잠깐의 외로움을 달랠 수도 있다. 요즘은 도미토리 외에도 독립적인 1인실이나 2인실을 따로 운영하는 게스트하우스들도 많으니 혹시 이층침대가 불편한 여행자들이라면 이런 공간을 이용하는 것도 추천할만하다.

 안전한 여행을 위한 원칙이 필요하다!

나 홀로 여행을 망설이는 가장 큰 이유는 안전에 대한 두려움이 아닐까. 위급한 상황에 처했을 때 홀로 대처하기가 쉽지 않을 뿐 아니라, 실제로 이 같은 사건이 발생하기도 해 여행자들의 걱정이 적지 않다. 우리나라는 여자 혼자서도 여행하기에 충분히 안전한 나라이지만 스스로를 지키기 위해 기본적인 원칙을 지키는 것은 꼭 필요하다.

　홀로 떠나온 여행이라면 본인의 동선을 가족이나 친구, 애인과 지속적으로 공유하도록 하고 새벽이나 늦은 저녁에는 외출을 삼가는 것이 좋다. 걷기를 좋아하는 여행자라면 가능한 사람이 많은 주말을 이용해 걷도록 하고, 제주 올레나 강릉 바우길처럼 동행을 구할 수 있는 시스템을 이용하는 것도 좋은 방법이다.

　시골에서 택시를 이용할 경우 탑승 후에 반드시 가족에게 이를 전화로 알리는 것이 좋고, 신분이 불분명한 낯선 이가 차를 태워준다거나 숙소를 제공해주겠다는 제안은 거절하는 것이 안전하다. 쉽게 손이 가는 위치에 호신용품을 가지고 다니는 것도 좋은 예비책이다.

 홀로 즐기는 만찬을 두려워하지 말라!

의외로 많은 여행자들이 홀로 밥을 먹는 상황을 굉장히 민망해하고 부끄럽게 여긴다. 대가족이 함께 밥상에 둘러앉던 오랜 관습 탓일 텐데, 당신이 혼자 밥을 먹는 상황에 대해 생각보다 궁금해하는 사람은 많지 않다. 당신이 들고 있는 카메라와 가방, 활기찬 표정들이 이미 홀로 떠나온 여행자임을 알려주기 때문이다.

　누군가 당신을 힐끔거린다면 그건 당신의 용기 있는 선택을 부러워하고 있다는 증거다. 간혹 기특하다며 식당 주인이 밥 한 공기 더 챙겨줄지언정 누구도 당신을 비난하거나 가엾게 여기지 않는다. 일단 혼자 밥 먹기에 성공하고 나면, 그 다음엔 혼자 고기도 구워보고 혼자 술도 마시며 한 단계씩 스스로의 한계를 깨트려보는 재미(!)도 쏠쏠하다.

 가방은 가볍게, 셀카 아이템은 필수, 짐 챙기기 요령!

혼자라는 부담감 때문에 자꾸만 가방을 채워 넣지 말고, 혹시 사용하지 않을까 싶어서 넣은 짐은 과감히 제외하는 것이 좋다. 국내여행이라면 웬만한 여행용품은 마트나 게스트하우스에서 구할 수 있기 때문에 가능한 짐을 가볍게 하는 것이 필요하다. 단 현지에서 구하기 어려운 각종 충전기기는 꼼꼼하게 챙기도록 하고, 특히 카메라는 여행을 기록하는 주요한 수단이므로 배터리와 메모리카드 등 주변기기를 빠트리지 않도록 한다. 누군가에게 사진을 부탁하기 어려운 상황이 생길 수 있으니 사진 찍기를 즐긴다면 작고 가벼운 고릴라삼각대나 셀카봉, 셀카렌즈 등을 요령껏 챙기도록 하자.

    피부가 예민하다면 가볍다는 이유로 한 번도 사용해보지 않은 화장품 샘플을 마구 챙기기보다 평소 사용하던 것을 용기에 덜어서 가져가는 것이 좋다. 여행 중에 마음에 드는 기념품을 구입하거나 추가적인 짐이 생길 가능성이 높으므로 여유 공간을 미리 계산하고 여분의 가벼운 보조가방을 챙기는 것도 잊지 말아야 한다.

     기록은 **다시 떠나게 한다!**

요즘은 블로그 외에도 다양한 형태의 SNS를 운영하는 경우가 많다. 여행의 즐겁고 소소한 기록들은 일상을 견디는 큰 힘이 된다. 특히 홀로 떠난 여행은 지인들로 하여금 부러움과 격려, 응원의 피드백을 받을 가능성이 크고, 이로써 우리는 다시 한번 홀로 떠날 수 있는 자신감과 에너지를 얻게 된다. 때문에 스스로의 추억을 위해, 또 앞으로의 여행을 위해 기억의 단편들을 가볍게나마 기록해두는 습관을 가지는 것도 좋겠다.

서울 부암동 나들이
강화 교동도 여행
포천 가을 수목원 여행
아산 외암민속마을 여행
담양 삼지내마을 여행
해남 미황사 템플스테이

01 Healing

나를 위한 휴식

혼자여도 좋은

산
책
길

**서울
부암동 나들이**

　서울 토박이들은 잘 모를 거다. 내가 신촌에 작은 원룸을 얻자마자 동사무소로 달려가 주민등록증 재발급을 신청한 이유. 서울 '특별시'로 시작하는 주민등록증을 갖고 싶었다. '특별시'의 시민이 되는 것이니 증명사진도 꽤 유명한 사진관을 일부러 찾아가 찍었다. 아저씨는 이력서에 붙일 사진이냐고 물었지만 그보다 더 중요한 사진이라고 답했다. 진심이었다. 바닷가 마을에서 나고 자란 열다섯 단발머리 소녀가 그토록 꿈꿨던 순간이니까.
　하지만 서울살이에 대한 달콤한 흥분도 잠시, 이제 막 시작한 사회생활은 하루하루 버겁게 나를 짓눌렀다. 발에 맞지도 않는 구두를 신고 여의도 이곳저곳을 뛰어다

느느라 자취방에 돌아오면 스타킹 앞코는 벌겋게 피로 물들어 있었다. 직장 선배에게 꾸지람이라도 들은 날이면 옷도 갈아입지 못하고 침대에 쓰러져 펑펑 울다 잠이 들었다. 그러던 어느 날 전날 입었던 블라우스는 엉망으로 구겨진 채 퉁퉁 부은 눈으로 거울을 들여다보다 아연실색했다. 내가 꿈꾸던 서울생활은 이런 게 아니다!

당장 욕실로 달려가 차가운 물로 세수를 하고 대학 시절 즐겨 입던 청바지에 면 티셔츠를 걸쳐 입었다. 오랜만에 운동화도 꺼내 신었다. 무작정 버스정류장으로 향한 뒤 가장 먼저 오는 버스에 올라탔다. 그곳이 어디든 마음에 드는 풍경을 만나면 내릴 작정이었다. 어린 내가 동경했던 서울의 화려한 빌딩 숲을 지나 버스는 구불구불 언덕길로 접어들었다. 야트막한 지붕들이 정겹게 어깨를 맞댄 친근한 풍경. 어느 화창한 토요일 아침, 충동적으로 떠나온 여행의 목적지는 부암동이었다.

아무런 정보도 없이 찾아간 부암동에서 나는 걷고 또 걸었다. 미끈하게 잘 정리된 여의도와는 달리 부암동의 길은 오르락내리락 들쭉날쭉이다. 이 길인가 싶어 들어섰다 막다른 골목을 만나기 일쑤였다. 그래도 운동화의 얄팍한 밑창 아래로 느껴지는 아스팔트의 감촉이 마냥 좋았다.

백사실계곡을 가리키는 표지판이 있어 따라 들어갔더니 이곳이 서울 한복판인가 싶을 만큼 멋지게 우거진 숲과 계곡이 모습을 드러낸다. '오성과 한음' 이야기로 잘 알려진 오성 이항복의 별장 터가 있던 곳이라는데 그야말로 비밀의 정원으로 불러도 좋겠다. 눈을 감으면 귓가에 일렁이는 바람소리와 졸졸졸 계곡을 따라 흐르는 물소리가 선명해진다. 잠시 걸음을 쉬어가려 넓적한 바위 하나를 찾아 앉았다. 옆에 〈채근담〉의 글귀 한 줄이 적혀 있다.
"움츠렸던 자는 반드시 높이 난다."
한참 글귀를 곱씹어 보다 두 팔을 뻗어 늘어지게 기지개를 켰다. 서울의 지난밤들이 조금은 견딜만 해졌다.

info
백사실계곡
서울 종로구 부암동 115

함께
들르면 좋은 곳

1 서울미술관 부암동 언덕배기에 자리한 서울미술관은 흥선대원군의 별서와 청나라 풍의 정자인 석파정 등 주변의 귀중한 문화재들을 함께 돌아볼 수 있어 더욱 특별한 전시공간이다. 인왕산 아래 비탈진 지형을 적극 활용해 미술관 옥상과 뒤편의 문화재 구역이 자연스레 이어지도록 설계해 전시와 산책을 함께 즐길 수 있다.
info 서울 종로구 창의문로 11길 4-1, (02)395-0100, www.seoulmuseum.org / 11:00~19:00(매주 월요일 휴관), 성인 9,000원

2 환기미술관 이중섭, 박수근 등과 함께 우리나라 현대미술의 거장으로 꼽히는 김환기의 작품세계를 만나볼 수 있는 공간이다. 파리와 뉴욕 등에서 영향을 받은 서구의 모더니즘을 한국적 감성으로 재해석한 그의 작품은 마치 한 편의 시처럼 압축적이면서도 풍성한 여운을 남긴다.
info 서울 종로구 자하문로 40길 63, (02)391-7701, www.whankimuseum.org / 10:00~18:00(매주 월요일 휴관), 입장료는 전시에 따라 다름

CAFE

홀로 들르기 좋은 카페

EAT

홀로 들르기 좋은 맛집

천진포자 중국 텐진 지역에서 유명한 만두의 일종인 '바오쯔'를 전통방식 그대로 재현한 곳. 부암동 길목에 자리해 산책에 앞서 간단히 배를 채우기 좋다. 주문과 함께 소량의 만두를 빚어 갓 쪄내기 때문에 시간은 조금 걸리더라도 가정식 만두의 정성과 맛을 그대로 느낄 수 있다.

info 서울 종로구 창의문로 133, (02)391-4639 / 10:00~22:00

아트포라이프 멋스런 은발의 주인장과 아름다운 정원, 세월의 향기를 담은 진한 커피 한 잔을 만날 수 있는 이곳은 가끔 하우스콘서트가 열리기도 하는 예술적 정취로 가득한 공간이다. 실제 클래식 연주자 부부가 운영하는 곳으로 미리 공연정보를 확인하고 가면 색다른 즐거움을 만날 수 있다.

info 서울 종로구 백석동길 97, (02)3217-9364

앨리스의 티팟 서울미술관 건너편에 자리한 홍차 전문점으로 아기자기한 인테리어가 단번에 눈길을 사로잡는다. 홍차를 좋아한다면 다른 카페들에서 맛보기 어려운 프리미엄 홍차 브랜드를 다양하게 즐길 수 있으며, 특히 찻집을 가득 채운 인형들이 사랑스러운 분위기를 자아낸다.

info 서울 종로구 자하문로 236, (02)395-7755 / 10:00~21:00

클럽에스프레소 부암동의 오랜 터줏대감 중 하나로 '에스프레소'라는 단어조차 생소했던 시절부터 세계 각국에서 수입한 원두를 직접 로스팅했다. 덕분에 커피마니아들 사이에선 서울을 대표하는 카페 중 하나로 꼽히는데, 주인장이 직접 꾸민 독특한 분위기의 실내와 진한 커피향이 잘 어우러진다.

info 서울 종로구 창의문로 132, (02)764-8719 / 09:00~19:00

혼자 떠나는 서울 부암동 나들이 추천 PLAN

1일 코스

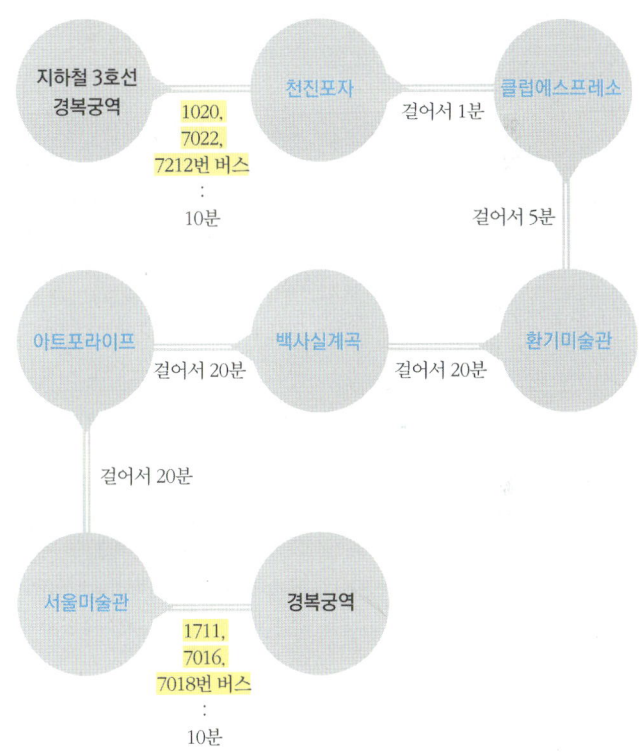

- 지하철 3호선 경복궁역 — 1020, 7022, 7212번 버스 : 10분 — 천진포자 — 걸어서 1분 — 클럽에스프레소
- 걸어서 5분 — 환기미술관 — 걸어서 20분 — 백사실계곡 — 걸어서 20분 — 아트포라이프
- 걸어서 20분 — 서울미술관 — 1711, 7016, 7018번 버스 : 10분 — 경복궁역

서울 찾아가는 방법
- 대전복합터미널에서 2시간 소요 | 06:00~24:00(15~30분 간격)
- 서대구고속터미널에서 3시간 50분 소요 | 06:00~01:30(20~30분 소요)
- 광주종합버스터미널에서 3시간 20분 소요 | 04:00~02:00(15~60분 간격)
- 부산종합버스터미널에서 4시간 20분 소요 | 06:00~02:00(30분 간격)

Healing

시간도 걸음을

늦
추
는
곳

**강화
교동도 여행**

언젠가 인기 예능 프로그램에 등장해 화제를 모았던 강화도 서쪽의 나지막한 섬, 교동도. 불과 2~3킬로미터의 바다를 끼고 황해도 연백군과 마주하고 있는 이곳은 맑은 날에는 개성의 송악산까지 눈에 들어올 만큼 북한 가까이에 자리한 섬이다. 때문에 섬에 들어갈 때는 해군의 엄격한 출입통제가 이뤄지고 일몰 후 30분 이내에 섬을 빠져나와야 한다. 하지만 교동대교만 건너면 자연 그대로의 아름다운 섬 풍경과 소박한 삶의 모습들이 펼쳐져 그런 수고로움 정도는 오히려 고맙게 느껴질 정도다.

대룡시장은 교동도에서 가장 번화한 곳이라고 하지만 웬만한 시골장터보다 작은 규모다. 500미터 남짓한 골목길 두 개가 이어진 것이 전부인 터라 삼거리 길목에선 "이게 다야?" 허무한 물음을 던지는 여행자들이 부지기수다. 하지만 조금만 걸음을 늦추고 낡은 간판과 허물어진 슬레이트 지붕, 먼지 쌓인 벽시계, 백발 성성한 약방 할아버지의 이야기에 눈과 귀를 열면 교동도가 지나온 오랜 시간들이 고스란히 드러난다.

교동이발관은 〈1박 2일〉에서 은지원의 삭발 장면을 촬영했던 곳으로 대룡시장의 랜드마크처럼 여겨진다. 그도 그럴 것이 반듯하게 손으로 적은 철제 간판과 마치 영화 세트장을 그대로 옮겨 놓은 듯한 이발관 내부가 1960년대의 시골 풍경 그대로다. 반들반들하게 잘 닦인 면도칼은 오랜 세월의 내공을 드러내는 듯하다.

이발관 건너편엔 동산약방이 자리하고 있다. 약국이 아닌 약방이란 간판이 어쩐지 더 정겹다. 비타민 드링크라도 사먹을 생각에 안으로 들어섰더니, 손때 묻은 나무 진열장엔 붉은색 플라스틱통에 담긴 에탄올과 추억의 명반(백반) 등이 두둑하게 채워져 있다. 낯선 여행자에게 어디서 왔는지를 묻던 할아버지는 환한 미소와 함께 딸기맛 비타민을 한 줌 서비스로 내어준다.

시장을 둘러보다 달콤한 군고구마 냄새에 이끌려 찾아간 곳은 교동다방이다. 여행자들을 위해 소소한 먹을거리 삼아 군고구마를 팔고 있다는 마담 아주머니는 달짝지근한 다방커피를 타는 솜씨도 일품이다. 교동도로 시집 온 언니를 따라 이곳에 터전을 잡았다는 그녀는 한겨울 별미라며 난로 위에서 노릇하게 구운 감귤을 건넨다. 뜨끈하게 익은 껍질을 벗겨 입에 넣으니 부드러운 과육

Healing

이 부서지며 상큼한 맛을 낸다. 덕분에 입맛이 당기고 허기가 느껴져 해성식당으로 향했다. 전라도 출신 안주인의 음식솜씨가 남다르다며 마담이 강력하게 추천했기 때문이다. 역시나 밑반찬은 정갈했고 칼칼하게 끓여낸 육개장이 먹을만했다.

배를 채운 후 다시 대룡시장을 천천히 둘러보기로 했다. 그새 얼굴을 익힌 어르신들은 눈이 마주칠 때마다 환하게 웃어 보인다. 따사로운 햇살 아래서 검은콩을 다듬던 할머니는 플라스틱 의자 하나를 권하더니 마치 손녀 대하듯 살갑게 손을 쓰다듬는다. 시간마저 걸음을 늦춘 듯 느긋하게 흘러가는 대룡시장. 그러나 사람에게 마음을 여는 속도만큼은 어느 동네 못지않게 빠르다.

---

info

교동다방
인천 강화군 교동면 대룡리 508-2,
(032)932-4085
대룡시장(동산약방)
인천 강화군 교동면 대룡리 508-2

해성식당
인천 강화군 교동면 대룡안길 54
번길 23, (032)932-4111 /
11:00~19:30

+ MORE +

함께
들르면 좋은 곳

1

2

1 강화역사박물관 교동도를 나오는 길에 강화 고인돌과 강화역사박물관이 자리하고 있어 함께 둘러보면 더욱 알찬 여행이 된다. 청동기 시대의 대표적인 무덤 형태인 고인돌은 전 세계에서 발견되고 있지만 그 절반 가까운 수가 우리나라에서 발견돼 유네스코 세계유산으로도 지정돼 있다. 특히 강화도 고인돌은 뛰어난 조형미 덕분에 우리나라 고인돌을 대표하는 이미지로 자주 사용된다. 역사박물관에서는 강화동종 등 다양한 문화재들을 한자리에서 만나볼 수 있다.

info 인천 강화군 하점면 강화대로 994-19, (032)930-7085, museum.ganghwa.go.kr / 09:00~18:00(매주 월요일 휴관), 성인 1,500원

2 강화풍물시장 강화도를 대표하는 재래시장으로 터미널 건너편에 자리해 접근성도 좋다. 1층에선 강화도에서 나는 각종 농산물과 싱싱한 횟감을 판매하고, 2층에는 밴댕이회와 순대국 등을 파는 식당들이 즐비하다. 식당에선 음식을 주문하면 강화의 향토음식인 순무김치가 기본 반찬으로 나온다.

info 인천 강화군 강화읍 중앙로 17-9, (032)934-1318 / 08:00~20:00

3 교동초등학교 대룡시장 골목 끝자락과 마주한 교동초등학교는 1906년에 개교했다고 하니 그 역사만 무려 백 년이 넘는다. 멀끔하게 단장한 모습이라 그냥 지나치기 쉽지만 운동장 한편엔 기억조차 희미했던 이승복 동상과 효자 정재수 동상이 자리하고 있어 그 오랜 세월의 깊이를 느끼게 한다. 그 옆에는 개교 백 주년을 기념하는 비석도 세워져 있다.

info 인천 강화군 교동면 대룡안길 29, (032)932-4022

EAT
홀로 들르기 좋은 맛집

CAFE
홀로 들르기 좋은 카페

대풍식당 해성식당과 마주하고 있는 이곳은 교동도에서 가장 오래된 식당이다. 메뉴도 냉면과 국밥이 전부인데, 특히 냉면은 메밀로 만든 담백한 면에 시원한 육수를 곁들여 지역 주민들이 즐겨 먹는다. 시어머니의 손맛을 이어받아 고기 대신 각종 채소로 우려낸 육수의 맛도 독특하다.

info 인천 강화군 교동면 대룡리, (032)932-4030

카페 여행작가 농가주택을 개조해 꾸민 아기자기한 카페로 주인장의 따뜻한 감성이 묻어나는 소품들로 가득 채워져 있다. 프랑스의 프리미엄 커피인 말롱고를 맛볼 수 있어 일부러 찾아오는 커피마니아들도 있다. 미리 예약하면 양고기 바비큐와 천연염색 체험도 가능하다.

info 인천 강화군 강화읍 강화대로 158-13, (032)934-1033

혼자 떠나는
강화 교동도 여행 추천 PLAN

1일 코스

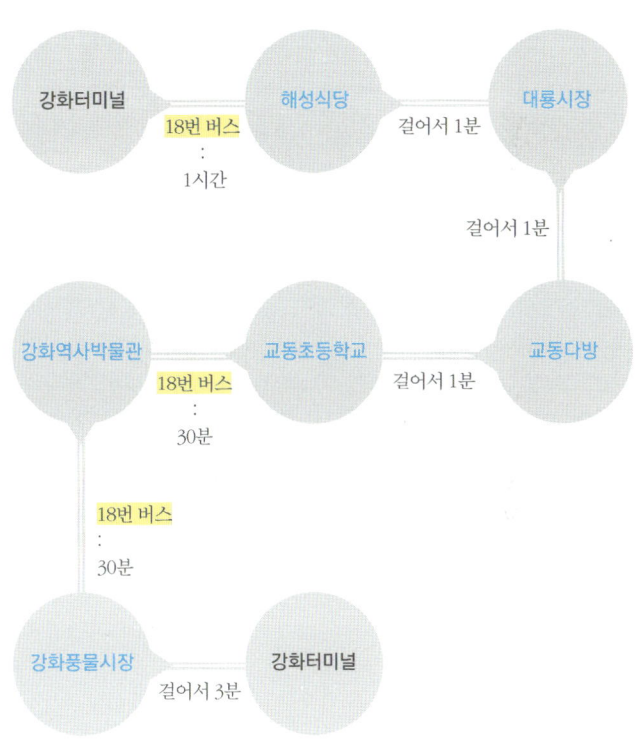

강화터미널 찾아가는 방법
• 서울 김포공항정류소에서 1시간 소요 | 08:00~21:20(40~80분 간격)

가을,

우리 이제 안녕

포천
가을 수목원 여행

나이가 들면 시간이 몇 배로 빨리 흐른다는 말, 어른이 되고 싶어 안달했던 10대와 얼른 내 자리를 찾고 싶었던 20대를 지나 하루하루가 찰나 같은 30대에 접어들고 보니 가슴 절절하게 공감된다. 분주한 일상의 끝에서 문득 정신을 차리고 보면 한 계절이 후딱 지나가 버렸다. 어느 계절이든 내 인생에서 다시 못 올 시간이건만, 그렇게 멀어지는 뒷모습을 바라보고 있노라면 허망한 생각마저 든다. 새빨간 단풍은커녕 발끝에 차이는 낙엽에 그제야 다녀갔음을 알게 되는 가을은 특히 그렇다.
　옷깃을 파고드는 서늘한 바람에 얼른 포천으로 향했다. 서울에서 그리 멀지 않음에도 늘 계절이 일주일쯤 게으름을 피우는 곳이기 때문이다.
　절정이라고 생각했을 땐 이미 절정이 지난 다음이라고 했던가. 국립수목원의 가을도 어느새 절정의 끝자락을 달리고 있다. 산책로마다 수북하게 쌓인 낙엽들이 겨울이 멀지 않음을 알려준다. 하지만 그 낙엽들조차 소풍 나온 아이들에겐 그저 즐거운 놀잇감이다.
　눈이 부실 만큼 노란 은행잎들이 발길을 붙잡는다. 언제 보아도 감동인 붉디붉은 단풍잎들. 마치 장미꽃잎마냥 내려앉은 모양새에 한참을 말을 잃고 서 있었다.

이렇게 마지막 인사를 건넬 수 있어 다행이다.

별일 없이 아름다웠던 서른셋의 가을. 그래, 우리 이제 안녕.

---
info

국립수목원
경기 포천시 소흘읍 광릉수목원로 415, (031)540-2000, www.kna.go.kr /
하절기 09:00~18:00, 동절기 09:00~17:00(매주 일, 월요일 휴원),
성인 1,000원 *홈페이지를 통한 사전예약제 운영

+ MORE +

함께
들르면 좋은 곳

1 더파크아프리카뮤지엄 우리에겐 여전히 낯선 대륙인 아프리카의 아름다운 자연과 사람, 그들의 문화예술을 직접 느껴볼 수 있는 공간이다. 아프리카 사람들의 생활을 엿볼 수 있는 백여 점의 유물을 비롯해 왕과 족장, 토속신앙 등 다양한 이야기를 만나볼 수 있으며 현지에서 가져온 공예품을 전시, 판매하기도 한다. 야외 조각공원에는 서구 미술계에 큰 영향을 끼쳤던 쇼나 조각들이 자리해 정취를 더한다.

info 경기 포천시 소흘읍 광릉수목원로 967, (031)543-3600, www.theparkam.com / 하절기 09:30~18:00, 동절기 10:00~17:30(매주 월요일 휴관), 성인 7,000원

2 의정부제일시장 1970년대에 조성된 의정부 최대의 재래시장으로 다양한 먹거리와 볼거리가 넘친다. 방송에도 여러 번 소개되었던 통닭거리와 짜장소스로 맛을 낸 떡볶이, 매일 아침 직접 반죽해 만드는 수제 피자크로켓 등 저렴하면서도 푸짐한 시장 먹거리로 혼자서도 든든하게 배를 채울 수 있다.

info 경기 의정부시 태평로 73번 길 20, (031)846-2617

CAFE

홀로 들르기 좋은
카페

EAT

홀로 들르기 좋은
맛집

다인막국수 국립수목원 근처에 자리한 메밀요리 전문점으로 메밀 싹을 듬뿍 올린 막국수와 온면, 메밀쌈밥 등을 낸다. 음식 대부분이 양념을 강하게 쓰지 않고 투박하면서도 담백한 재료 본연의 맛을 내기 때문에 깔끔하게 한 끼를 즐길 수 있다.

[info] 경기 포천시 소흘읍 죽엽산로 718, (031)543-9995

카페 두다트 30년 가까이 기본에 충실한 빵을 만든다는 신조로 빵을 만든 베이커 장인 마에자와 츠토무가 선보이는 일본식 베이커리와 매장에서 직접 로스팅한 커피를 낸다. 특히 풍부한 맛과 향의 커스터드를 듬뿍 넣은 리얼 커스터드와 장시간 숙성을 거쳐 부드러운 식감에 소화가 쉽도록 한 식빵 메뉴가 인기다.

[info] 경기 포천시 소흘읍 죽엽산로 457-4, (031)541-0190 / 10:00~23:00

혼자 떠나는 포천 가을 수목원 여행 추천 PLAN

1일 코스

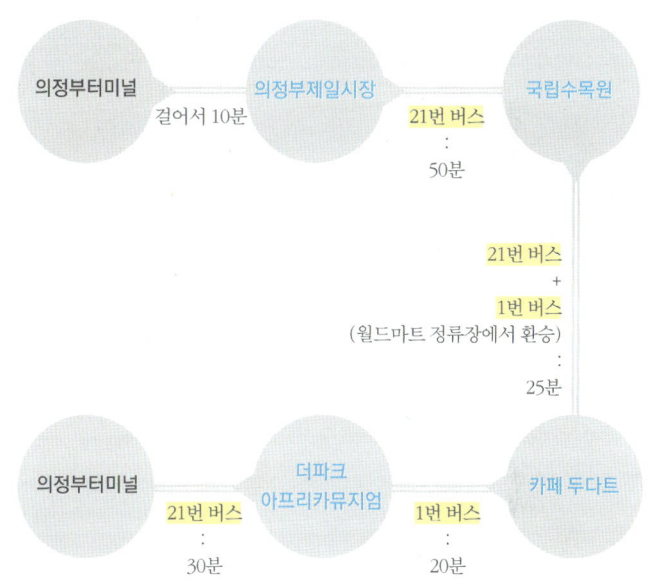

의정부터미널 — 걸어서 10분 — 의정부제일시장 — 21번 버스 : 50분 — 국립수목원

국립수목원 — 21번 버스 + 1번 버스 (월드마트 정류장에서 환승) : 25분 — 카페 두다트

카페 두다트 — 1번 버스 : 20분 — 더파크 아프리카뮤지엄 — 21번 버스 : 30분 — 의정부터미널

의정부 찾아가는 방법
- 동서울터미널에서 50분 소요 | 06:00~21:00(30~80분 간격)
- 대전복합터미널에서 2시간 30분 소요 | 06:50~19:50(40~90분 간격)

외갓집 같은

포
근
함

아산
외암민속마을 여행

외갓집은 하루에 버스가 겨우 네 번 들어오는 산골에 있었다. 엄마가 태어났을 때도 그 자리 그 모습이었다고 하니 지은 지 족히 50년은 넘은 낡은 한옥이다. 기억을 더듬어보면 외할머니가 커다란 가마솥에 밥을 짓는 동안 아궁이에 나뭇가지를 던져 넣으며 놀았고, 외양간에는 주먹만 한 눈망울의 황소가 음메- 목청껏 울어 젖히곤 했다. 허나 화장실이 아래를 내려다보기 끔찍한 '푸세식'이라, 어린 나는 외갓집에 가는 것을 그리 달가워하지 않았다. 늘 입을 삐죽이며 억지로 따라나섰고, 화장실에 가고 싶은 것을 참느라 밤새 야단을 부리기도 했다.

그런 내가 이제와 뜨끈한 아랫목과 외양간 여물 냄

새 따위를 그리워한다면 어불성설일까. 외할아버지와 외할머니가 차례로 세상을 떠나시고, 손때 묻은 한옥도 태풍 매미에 휩쓸려 멀끔한 기와집으로 새로 지어졌다. 그리고 더 이상 추억할 공간이 남아 있지 않은 지금에서야 그것이 그리움이 된 것을 알았다. 가끔 시골을 여행하다 외갓집을 떠올리게 하는 공간이나 냄새를 만나면 괜히 마음이 짠해지는 것도 그 때문이다. 아산의 외암민속마을에 갔을 때도 그러했다.

"그건 간수 틀이에요. 우리는 곰소염전에서 천일염을 가져다 쓰는데, 이렇게 오랜 세월 간수를 빼줘야 소금이 더 맛있어지거든."

천일염 포대를 올려놓은 통나무를 유심히 바라보고 있으니 백발이 성성한 어르신 한 분이 설명을 보탠다. 난생 처음 보는 간수 틀에 관심을 보이자 어르신은 뒷마당 깊숙이 자리한 장독대로 안내했다. 알고 보니 그는 '참판댁'으로 불리는 이정렬 종가의 종손이었는데, 선조가 고종황제로부터 하사받은 집이라 장독대도 창덕궁 낙선재의 그것을 본 따서 만들었다고 했다. 말로만 들었던 터줏대감도 장독대 한편에 모셔져 있어 귀한 볼거리가 된다.

그의 초대를 받아 사랑채로 들어서니 눈에 들어오는 것마다 유물이요, 문화재다. 규장각 직학사를 지냈다는 퇴호의 후손답게 벽마다 고서도 잔뜩 쌓여 있다. 그 틈에서 생전 책 읽기를 즐겼던 외할아버지의 냄새가 배어 나왔다. 어린 시절 외할아버지 방에 가면 군불 냄새와 책 냄새, 그리고 담배 냄새가 한데 어우러진 독특한 냄새가 났다. 나는 그것을 '외할아버지 냄새'라고 불렀다. 물론 좋

Healing

은 의미는 아니었을 것이다. 꼬장꼬장하면서도 어딘가 짓궂은 구석이 있어 늘 손녀들에게 살가운 인사 대신 '못 생긴 것들 왔냐' 타박이 먼저였던 외할아버지다. 때문에 나는 외갓집에 가도 늘 데면데면하며 애교스럽게 굴지 못했다. 지금 생각해보면 나름의 애정표현이었을 텐데, 어린 나는 외할아버지 냄새를 핑계로 곁에 가는 것을 피했다.

문득 떠오른 외할아버지와의 추억을 이야기했더니 어르신은 이해한다는 듯 몇 번이나 고개를 끄덕였다. 고향을 떠나 도시에 나가 살던 그는 아버지의 부고를 듣고 외암마을로 내려와 그 어렵다는 시묘살이까지 했지만 여전히 마음 한편이 죄스럽다고 했다. 생전에 조금 더 정성을 다할 것을, 세상의 모든 자식들은 늘 그렇게 뒤늦게야 깨닫는 모양이다.

"그러니 부모님 살아계실 때 잘해요. 그리고 여기 외암마을이 외갓집이다 생각하고 가끔 놀러 와요."

외할아버지에겐 한 번도 듣지 못했던 살가운 당부에 코끝이 찡했다. 동구 밖까지 나와 손을 흔들어준 어르신 덕분에 외암리의 것이라면 나뭇가지에 매달린 감 하나까지 정겹게 느껴졌다. 내년 가을엔 엄마 손 잡고 한번 와야겠다.

info
외암민속마을
충남 아산시 송악면 외암민속길 5,
(041)544-8290 / 09:00~17:30,
성인 2,000원

+ MORE +

함께
들르면 좋은 곳

1 공세리 공감마을 우리나라에서 가장 아름다운 성당으로 선정돼 수많은 드라마의 촬영지로 이름을 알린 공세리 성당이 자리한 마을이다. 1920년대에 지어졌다는 공세리 성당은 우아한 고딕양식의 건축물로 예쁜 사진을 남기기에도 좋다. 공감마을은 소박한 시골풍경과 마을 주민들이 직접 운영하는 작은 도서관, 북카페 등 아기자기한 볼거리가 큰 매력이다.

info 충남 아산시 탕정면로 8번 길 55-7, (041)547-2246

2 피나클랜드 멀리 아산만과 서해대교가 한눈에 내려다보이는 언덕에 자리한 피나클랜드. 원래 버려진 채석장이었는데 싱그러운 녹음으로 가득한 정원으로 꾸몄다. 그림처럼 쭉쭉 뻗은 메타세콰이어길을 지나 공원으로 들어서면 드넓은 잔디광장과 아름다운 산책로, 워터가든과 동물농장을 만날 수 있다. 공원 내에 레스토랑도 자리하고 있어 천천히 둘러보기 좋다.

info 충남 아산시 영인면 월선길 20-42, (041)534-2580, www.pinnacleland.net / 하절기 10:00~18:30, 동절기 10:00~17:00(매주 월요일 휴장), 성인 7,000원

EAT
홀로 들르기 좋은 맛집

STAY
홀로 머물기 좋은 집

게스트하우스 지중해 최근 아산의 핫플레이스로 떠오르고 있는 지중해마을 내에 자리한 게스트하우스다. 침구와 인테리어도 지중해 느낌의 화이트톤으로 꾸며져 있고 창가 너머로는 이국적인 지중해마을의 낮과 밤을 감상할 수도 있다.
info 충남 아산시 탕정면로 40번 길 15-12, (041)547-2246 / 도미토리 1인 평일 17,000원, 주말 20,000원

외암촌 외암민속마을 입구에 자리한 아담한 식당. 잔치국수와 묵채밥, 도토리묵 등을 낸다. 상차림이 깔끔하고 음식도 정갈하게 나오는 편이라 여행자들이 많이 찾는다. 실내도 소박하게 꾸며져 있어 홀로 식사를 하기에 부담이 없다.
info 충남 아산시 송악면 외암민속길 66, (041)543-4150 / 10:00~21:00

혼자 떠나는 아산 외암민속마을 여행 추천 PLAN

1일 코스

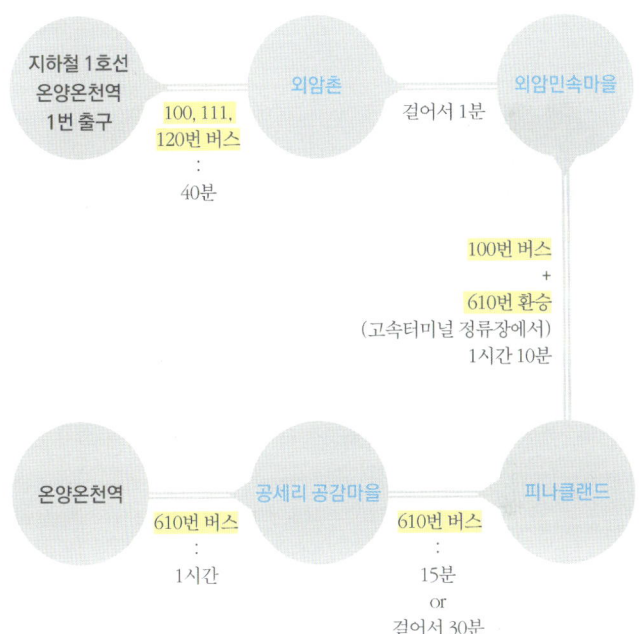

아산 찾아가는 방법
• 대전복합터미널에서 1시간 30분 소요 | 06:55~20:40(40~60분 간격)

Healing

삶의 템포를 느리게,

나를 비우는 여행

**담양
삼지내마을 여행**

"이건 여행이야. 뭐 그렇게 열심이야?"
    언젠가 런던을 함께 여행하던 스위스 친구가 내게 말했다. 3년을 꼬박 모은 적금통장을 들고 떠난 여행이었기에 풍경 하나라도 놓칠세라 조급했던 마음을 들킨 것이다. 가끔 그 시절의 나처럼 정말 '열심히' 여행하는 친구들을 만날 때가 있다. 일상의 분주함이 싫어 떠나온 곳에서 그들은 또 분주히 여행한다. 혹시 당신의 여행이 그러하다면 한번쯤 속도를 늦춰보는 것도 괜찮다. 나를 채우는 여행 대신 나를 비우는 여행이 답이 될 때도 있으니까.

세 개의 물줄기가 모이는 곳이라 하여 이름 붙은 담양의 삼지내마을은 청산도와 증도, 장흥과 함께 지난 2007년 아시아 최초의 슬로시티(Slow City)로 지정됐다. 슬로시티는 이름 그대로 느린 삶을 추구하는 마을이다. 자연과 지역문화를 존중하고 제 땅에서 난 음식을 먹자는 느림의 철학이 슬로시티의 정신이다. 어쩌면 조금 불편하고 심심할 수도 있지만, 여행에 속도 조절이 필요한 이들에게 삼지내마을은 훌륭한 전환점이 되어줄 것이다.

마을에 들어서면 가장 먼저 눈에 띄는 것이 돌과 흙을 번갈아 쌓은 옛 돌담길이다. 등록문화재로도 지정된 이 돌담은 구불구불한 마을 안길을 따라 4킬로미터 가까이 죽 늘어서 예스러운 정취를 더한다. 돌담 아래로 흐르는 냇물을 따라 걷다 보면 일제강점기에 사재를 털어 민족교육기관 창흥의숙을 세웠던 고정주 가옥과 창평상회를 설립해 일본 자본이 마을에 유입되는 것을 막아낸 고광표 가옥을 만나게 된다. 을사조약에 항의해 의병을 일으켰던 녹천 고광순을 모신 포의사도 남극루 건너편에 자리하고 있다. 단순히 고즈넉한 풍광을 간직한 옛 마을이 아니라 올곧은 선비정신과 시대가 어려울수록 나눔을 실천했던 창평 고씨 일가의 노블레스 오블리주를 엿볼 수 있는 의미 있는 공간인 셈이다.

슬로시티의 주요 덕목 중 하나인 슬로푸드도 이 마을에서는 명인들의 손을 거치며 온전히 계승되고 있다. 특히 한과와 쌀엿, 야생화효소, 수제막걸리 등은 '달팽이학당'이란 이름으로 부르는, 직접 만들어볼 수 있는 체험 프로그램으로 운영된다. 야생화와 약초는 자연에서 채집하는 과정을 통해 공존의 지혜를 자연스레 배우도록 한다. 일부 고택과 민가는 여행자들을 위한 민박집으로 활용하고 있어 이왕이면 천천히 걷고 느긋하게 하룻밤 쉬어가는 여행을 권한다.

info
삼지내마을
전남 담양군 창평면 삼천리,
www.slowcp.com

Healing

1 광주호 호수생태원 광주호 주변에 조성된 생태공원으로 다양한 산책로와 정원, 휴식공간들이 어우러져 쉬어가기 좋다. 행정구역상 광주에 속하긴 하지만 담양과는 다리 하나만 건너면 될 만큼 인접한 곳이라 부담 없이 들러볼 수 있다. 주변으로 오래된 고목과 다양한 야생화들이 피어 눈과 마음을 편안하게 해준다.

info 광주 북구 충효동 442-4, (062)613-7891

2 대담미술관 죽녹원 근처에 자리한 미술관으로 카페를 겸하고 있어 잠시 쉬어가기 좋다. 유명작가의 작품보다는 지역주민들이 직접 참여하는 의미 있는 전시를 주로 선보인다. 비정기적으로 '방석음악회'라는 이름으로 작은 공연도 이뤄져 지역의 대표적인 문화예술 공간으로 자리 잡았다. 카페에선 커피를 비롯한 음료를 팔고 간단한 식사도 가능하다.

info 전남 담양군 담양읍 언골길 5-4, (061)381-0081, daedam.kr / 10:00~23:00, 무료

3 메타세콰이어 가로수길 우리나라에서 가장 아름다운 숲길 중 하나로 꼽히는 이곳은 높이 10~20미터에 달하는 메타세콰이어 가로수길이 9킬로미터 가까이 이어져 싱그러운 초록빛 터널을 이룬다. 이국적인 풍광 때문에 드라마와 영화에도 자주 등장하는 곳으로 죽녹원과는 또 다른 힐링을 즐길 수 있다.

info 전남 담양군 담양읍 학동리 578-4, (061)380-3154 / 성인 2,000원

4 소쇄원 조선 최고의 민간정원으로 꼽히는 소쇄원은 세속을 떠나 자연을 벗 삼으며 풍류를 즐겼던 당대의 선비문화를 엿볼 수 있는 공간이다. 흐르는 물길을 막지 않고 그 위에 담장을 세운다거나 바위의 모양을 그대로 살리며 정자를 짓는 등 자연을 건축의 한 요소로 받아들였던 옛 조상들의 지혜와 여유를 살펴볼 수 있다.

info 전남 담양군 남면 소쇄원길 17, (061)381-0115, www.soswaewon.co.kr / 하절기 09:00~19:00, 동절기 09:00~17:00, 성인 2,000원

5 시화문화마을 시와 그림이 있는 마을이란 뜻의 시화문화마을은 주민들 스스로 주변환경을 정비하고 다양한 문화를 공유하는 형태로 운영된다. 특히 각화동 일대에 조성된 벽화마을은 낡고 무너진 담벼락에 그림을 그려 넣고 시를 적어 아기자기한 분위기로 꾸몄다. 그리 큰 규모는 아니지만 삶의 풍경과 자연스레 녹아난 아기자기한 그림들을 감상하는 재미가 색다르다.

info 광주 북구 각화대로 81, (062)265-5627

6 죽녹원 사계절 언제든 푸른 대숲을 만날 수 있는 곳으로, 무려 30만 평의 대지에 여덟 개의 테마로 나뉜 대나무 산책로가 꾸며져 있어 천천히 걸어보기 좋다. 여름이면 쭉쭉 뻗은 대나무가 뜨거운 햇살을 막아줘 시원한 죽림욕을 즐길 수 있고, 겨울엔 초록빛 댓잎 위로 쌓인 하얀 눈이 절경을 이룬다.

info 전남 담양군 담양읍 죽녹원로 119, (061)380-2680, juknokwon.go.kr / 09:00~19:00, 성인 3,000원

7 한국가사문학관 조선 초기 사대부 계층에서 널리 향유되었던 문학 양식의 하나인 가사의 주요 작품들을 만나볼 수 있는 곳이다. 소쇄원 주변의 식영정, 환벽당, 송강정, 면앙정 등이 당대 가사문학의 주요 공간으로 전성기를 꽃피웠던 만큼 작품에 등장하는 풍광을 직접 눈으로 담으며 감상할 수 있어 더욱 의미가 크다.

info 전남 담양군 남면 가사문학로 877, (061)380-2700, www.gasa.go.kr / 09:00~18:00, 성인 2,000원

STAY

홀로 머물기 좋은 집

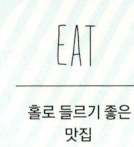

EAT

홀로 들르기 좋은 맛집

한옥에서 삼지내마을 내에 자리한 한옥민박으로 제봉 고경명의 후손인 고광신이 살던 고택을 활용해 운치를 더한다. 기품 있는 가옥과 정갈한 안마당, 향기로운 차 한 잔이 어우러진 고요한 하룻밤을 즐길 수 있다.

info 전남 담양군 창평면 돌담길 88-9, 010-3606-1283 / 2인실 주중 50,000원, 주말 60,000원부터

담양국수거리 관방천을 따라 10여 개의 국수집들이 늘어서 있어 일명 '국수거리'로 불린다. 대부분 멸치를 듬뿍 넣고 푹 끓여낸 진한 멸치국수와 매콤달콤한 비빔국수를 내는데, 일반적인 소면 대신 중면을 사용해 푸짐한 식감이 색다르다. 여기에 멸치육수에 삶아낸 약달걀을 곁들이면 든든한 한 끼가 된다.

info 진우네집국수-전남 담양군 담양읍 객사3길 32, (061)381-5344

CAFE

홀로 들르기 좋은 카페

황토방국밥 창평시장 내에 자리한 국밥집으로 현지인들이 강력 추천하는 맛집이다. 이곳의 대표 메뉴는 암뽕순대인데, 전라도 지역에서 즐겨 먹는 암뽕순대는 돼지 막창에 당면 대신 선지를 채워 넣어 부드럽고 풍부한 식감을 자랑한다.

info 전남 담양군 창평면 창평리 190, (061)381-7159

달빛 한잔 가사문학관 내에 자리한 조용한 찻집으로 야생 댓잎차와 녹차를 비롯해 국화와 홍화, 찔레꽃, 목련, 매화 등을 이용한 야생꽃차, 쌍화차와 솔바람차 등 직접 만든 전통차를 맛볼 수 있다. 소박한 분위기 때문에 혼자서도 부담 없이 쉬어갈 수 있다.

info 전남 담양군 남면 가사문학로 877, (061)381-7879

혼자 떠나는 담양 삼지내마을 여행 추천 PLAN

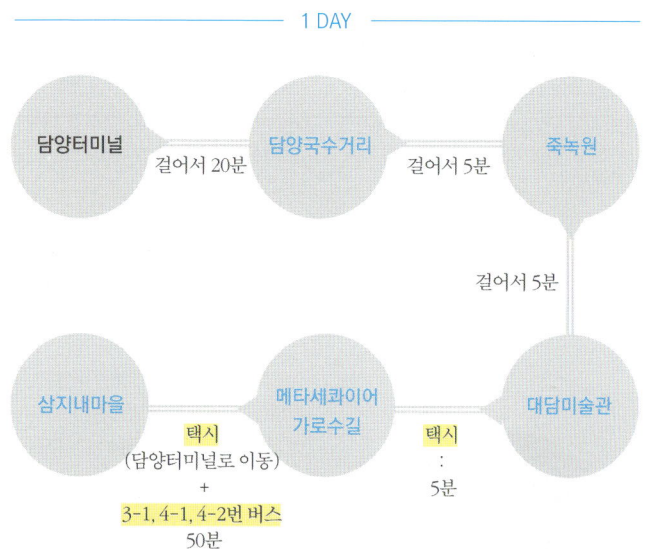

1 DAY

담양터미널 — 걸어서 20분 — 담양국수거리 — 걸어서 5분 — 죽녹원

걸어서 5분

삼지내마을 — 택시 (담양터미널로 이동) + 3-1, 4-1, 4-2번 버스 50분 — 메타세콰이어 가로수길 — 택시 : 5분 — 대담미술관

담양 찾아가는 방법
- 서울센트럴시티터미널에서 3시간 30분 소요 | 08:10/08:30/11:10/14:10/17:10
- 광주종합터미널에서 45분 소요 | 05:50~22:45(10~30분 간격)

1박 2일 코스

― 2 DAY ―

삼지내마을 — 걸어서 10분 — 황도방국밥 — 3-1번 버스 + 225번 버스 (창평면소재지에서 환승) or 택시 20분 — 소쇄원

걸어서 10분

한국가사문학관 — 걸어서 10분 — 광주호 호수생태원 — 충효 187번 버스 : 1시간 — 시화문화마을

금호 36, 송암47, 518번 버스 : 40분

광주터미널

마음의 휴식처 하나쯤…

**해남
미황사 템플스테이**

우리나라엔 많고 많은 아름다운 사찰들이 산자락마다 자리하고 있지만 개인적으로 가장 좋아하는, 가장 마음이 편안해지는 곳을 꼽으라면 단연 해남의 미황사다. 한때 승려 모두가 한 배를 타고 가다 풍랑을 만나 유명을 달리하면서 비어지고 버려졌던 이곳은 현재 주지스님인 금강스님의 각별한 애정과 정성으로 지금에 이르고 있다. 보물로 지정된 대웅보전과 응진당이 자리하고 있음에도 입장료를 받지 않고 1년 365일 언제든 사찰에서 하룻밤 머물러 갈 수 있는 곳, 혹여 지금 좌절하고 있거나 흔들리고 있다면 미황사로 달려가보길 바란다.

    가람 배치가 한눈에 들어올 만큼 소박하고 아담한 사찰인 미황사에 들어서면 살빛 대웅보전이 가장 먼저 맞아준다. 오랜 세월에 닳고 씻겨나간 단청을 굳이 덧칠하지 않아 오히려 단아한 속살이 한층 더 깊은 아름다움을 뿜낸다. 병풍처럼 미황사를 둘러싼 달마산도 축복이지만 대웅보전 뒤에 서서 바라보면 멀리 남해가 한눈에 펼쳐진다. 봄이면 미황사 뒷길로 붉은 동백이 천지를 이루고 겨울엔 달마산 바위자락에 하얗게 눈이 내려 마치 한 폭의 수묵화를 보는 듯하다.

    어느 겨울밤이었던가, 저녁예불을 마치고 차담을 나누며 이토록 아름다운 미황사가 찾아오기 너무 먼 곳에 있어 아쉽다고 했더니 금강스님은 깊은 미소를 지으며 말씀하셨다.

"꼭 발로 찾아와야 미황사는 아니지요. 그저 마음의 휴식처로 남겨두었다 시간 넉넉할 때 오세요. 미황사는 늘 이 자리에 머물고 있을 테니까요."

지금도 내 책상 한편에는 미황사의 풍경이 자리하고 있다. 몸이 지치고 마음이 다칠 때마다 그 소박하고 반듯한 절집을 눈에 담아본다. 굳이 발로 찾아가지 않더라도 마음 한편에 새겨둔 휴식처 하나, 늘 그 자리에서 나를 기다려주는 존재만큼 든든한 위로가 또 있을까.

+ MORE +

함께
들르면 좋은 곳

1 미황사 템플스테이 미황사는 연중 상시 템플스테이를 운영하고 있는데 그 일정을 살펴보면 오후 4시쯤 사찰에 도착해 저녁공양 후 예불을 드리고 스님과 한 시간 정도 다담을 갖는다. 이튿날엔 새벽 4시에 일어나 새벽예불을 드리고 스님들과 함께 참선 후 아침공양을 한다. 이후엔 마당을 쓸거나 봄나물을 캐는 등의 울력에 참가하고 점심공양 후에 집으로 돌아간다. 공양과 울력, 예불은 가능한 모두 참여해야 하며 밤 10시 이후엔 소등 후 아침공양까지 묵언수행을 하게 된다. 신청은 홈페이지를 통해 가능하다.

info 전남 해남군 송지면 미황사길 164, (061)533-3521, www.mihwangsa.com / 템플스테이 참가비 성인 50,000원

2 땅끝마을 한반도의 끝자락에 해당하지만 동시에 시작점이기도 한 해남의 땅끝마을은 그림처럼 떠 있는 섬들을 한눈에 담을 수 있는 전망대와 모노레일이 설치돼 있어 잠시 둘러보기 좋다. 예부터 땅의 기운이 시작되는 곳이라 하여 신성하게 여겼으며 이곳에서 소원을 빌면 꼭 이루어진다는 이야기도 전해진다.

info 전남 해남군 송지면 송호리, (061)530-5544 / 모노레일 이용료 성인 왕복 5,000원

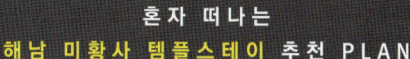

혼자 떠나는
해남 미황사 템플스테이 추천 PLAN

1박 2일 코스

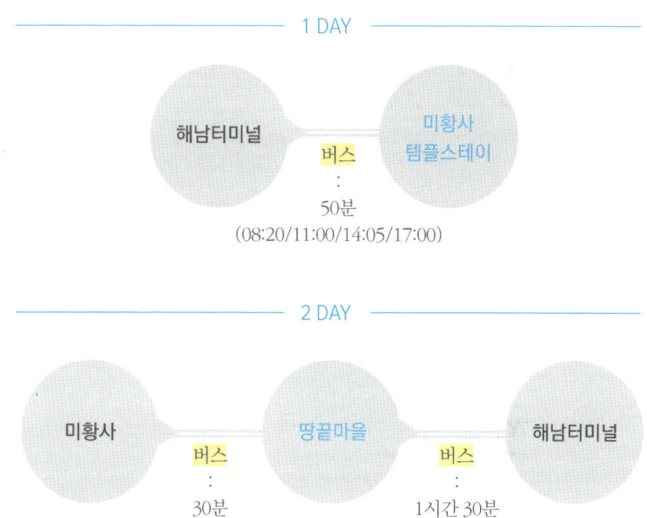

1 DAY

해남터미널 — 버스 : 50분 — 미황사 템플스테이
(08:20/11:00/14:05/17:00)

2 DAY

미황사 — 버스 : 30분 — 땅끝마을 — 버스 : 1시간 30분 — 해남터미널

해남 찾아가는 방법
- 서울센트럴시티터미널에서 4시간 40분 소요 | 07:30/09:10/11:00/14:00/16:00/17:55
- 광주종합터미널에서 2시간 소요 | 04:20~22:15(20~40분 간격)

069　　　　　Healing

서울 염리동 소금길 산책
인천 승봉도 여행
평창 선자령 바우길 트래킹
경주 남산 여행
영주 죽령 옛길 걷기 여행
합천 해인사 소리길 걷기 여행

Trail

02

걷고 쉬고 생각하다

걱정 말아요,

그
대

서울
염리동 소금길 산책

친구 하나가 염리동으로 이사를 왔다. 당시 나는 여동생과 아현동에서 자취를 하고 있었는데 염리동까지는 지하철로 한 개 역, 걸어서 20여 분이면 충분한 거리였으니 이웃사촌이나 마찬가지라며 무척 반가워했다. 함께 저녁

산책도 하고 우울한 날엔 맥주 한 잔에 밤새 수다도 떨자며 기대가 컸다. 그런데 한두 번 이대 근처에서 만나 커피를 마신 것 외에 친구 얼굴을 보기는 힘들었다. 우리 걸을까, 물으면 늘 대답이 한결같았다. "골목길이 너무 어두워서……."

핑계라고 생각했다. 멀리 신림동에 살 때도 한밤중에 '치맥'을 하자며 아현동까지 달려왔던 녀석이다. 어둡고 으슥하기는 신림동 고시촌도 만만치 않다. "그럼 내가 놀러 갈게!" 호기롭게 맞받아치고는 금요일 퇴근길에 치킨 한 마리 사들고 친구의 집으로 찾아갔다. 그런데 웬걸, 한여름이라 아직 해가 저물지도 않았는데 골목길은 짙은 회색빛이 내려앉아 음산하기까지 했다. 사람들로 북적이는 이대역이 바로 코앞인데 이 동네는 인적조차 드물어 발자국 소리가 들리면 나도 모르게 흠칫 놀랐다. 어떤 곳은 길이 맞나 싶을 만큼 좁고 후미져서 들고 있던 치킨봉투를 가슴에 꼭 끌어안아야 할 정도였다. 겨우 친구의 얼굴을 마주하자 안도의 한숨마저 나왔다. 그리고 번뜩 떠오른 생각, 집에 어떻게 돌아가지?

염리동은 그런 동네였다. 좀도둑은 말할 것도 없고 경찰차가 출동하는 일이 오히려 자연스러울 정도였다. 오죽하면 경찰이 귀갓길을 동행하는 여성 안심 귀가 서비스도 염리동에서 처음 시작됐을까. 결국 친구는 전세 기간을 다 채우지 못하고 염리동을 떠났다. 그 무렵 개봉한 영화 〈추격자〉의 영향 때문이었다. 영화의 배경이 되었던 아현동에 살던 나 역시 동네를 떠났다. 그렇게 한동안 잊혔던 이곳을 다시 찾은 것은 지난 봄, 소금길이라 이름 붙은 아기자기한 벽화길 때문이다.

염리동의 '염(鹽)'은 소금을 뜻한다. 과거 이곳에 소금장수들이 많이 살았기 때문에 붙여진 이름이다. 그도 그럴 것이 염리동 근처에 마포나루가 자리했고 이곳으로 전국의 소금배가 드나들었다. 지금은 사라졌지만 소금을 저장해두는 창고도 있었고 덕분에 소금장수들이 터전을 잡고 살았다고 한다. 골목이 많고 경사가 불규칙하다 보니 서울에서 손꼽히는 방값 저렴한 동네로 뜨내기 젊은 이들과 외국인 노동자들, 그리고 연세 지긋한 어르신들만 겨우 남았다.

그런데 지난 2012년 염리동을 대상으로 범죄예방 디자인 프로젝트가 시작되면서 동네 풍경이 싹 바뀌었다. 새롭게 길을 깔거나 건물을 허문 것이 아니라 그저 골목에 색을 입히고 낡은 담장에 그림을 그려 넣은 것이다. 어두컴컴한 골목길 곳곳에 24시간 감시카메라를 설치하고 어둠을 밝혀줄 노란색 가로등도 69개나 새로 들어섰다. 주민들 스스로 서로를 보호할 수 있도록 커뮤니티 센터를 짓고 위험한 순간엔 이웃에게 도움을 요청할 수 있도록 '지킴이집'도 선정했다. 늦은 오후만 되어도 꼼짝없이 집에 갇혀 있던 아이들을 위해 바닥에 '땅따먹기'와 같은 놀이공간을 만들었다.

이 작은 변화만으로도 염리동은 이제 누구나 걸어보고 싶은 마을이 되었다. 주말이면 카메라를 든 여행자들로 북적이고 바닥 놀이터에서 뛰어노는 아이들의 웃음소리도 해질녘까지 이어진다. 마을 사람들도 화사해진 골목길만큼이나 표정이 밝아졌다.

기억을 더듬어 친구가 살던 집을 찾아가니 대문 바로 앞에 노란색 가로등이 세워졌다. 치킨봉투를 끌어안고 지나던 좁은 골목엔 귀여운 남자아이의 얼굴이 그려졌다. 소소하지만 반가운 변화들을 친구에게 알려주고 싶어 전화를 걸었다. 어느덧 한 아이의 엄마가 된 친구는 깔깔거리며 그 시절을 추억했다. 그리고 함께 고마워했다. 한동안 돌아보고 싶지도 않았던 청춘의 후미진 구석, 샛노란 가로등이 우리의 어두웠던 시절마저 환하게 밝혀주었으니 말이다.

info
염리동 소금길
서울 마포구 염리동

+ MORE +

함께
들르면 좋은 곳

1 아트하우스 모모 이화여대 캠퍼스 내에 자리한 예술영화 전용관으로 상업영화 일색의 멀티플렉스 영화관에서는 만나기 어려운 보석 같은 작품들을 꾸준히 관객들에게 소개하고 있다. 신진작가들의 재기 발랄한 영화는 물론 작품성을 인정받은 예술영화, 오래전에 개봉했던 추억의 고전들도 간혹 스크린에 올라간다. 홈페이지를 통해 미리 상영작 정보를 살펴보고 예매를 해두면 보다 편리하게 이용 가능하다.

info 서울 서대문구 이화여대길 52, (02)363-5333

2 이화여대박물관 이화여대 입구에 자리한 대학박물관으로 올해 개관 80주년을 맞을 만큼 오랜 역사를 자랑한다. 대학의 변천을 살펴볼 수 있는 다양한 자료들을 비롯, 동문들이 직접 기증한 각종 유물들을 기획전으로 선보여 웬만한 사립미술관 못지않은 컬렉션을 자랑한다. 최근에도 국보 제107호인 〈백자철화포도문호〉와 보물 제644호인 〈백자청화송죽인물문〉 등 무려 600여 점에 이르는 조선백자를 한자리에 전시해 뜨거운 관심을 모았다.

info 서울 서대문구 이화여대길 52, (02)3277-3152 / 09:30~17:00(매주 일요일 휴관), 무료

EAT

홀로 들르기 좋은 맛집

CAFE

홀로 들르기 좋은 카페

기로스 이화여대 정문 건너편에 자리한 그리스 요리 전문점으로 허름한 외관만큼이나 오랜 세월 한 자리를 지키고 있는 레스토랑이다. 그릭요거트를 시작으로 지금은 지중해풍 요리를 다양하게 맛볼 수 있게 됐지만, 처음 문을 열었을 때만 해도 그리스 음식은 낯설고 독특했다. 하지만 부담 없는 가격에 신선한 채소와 기름기가 적은 고기류를 듬뿍 넣어 만든 기로스와 수블라키가 여대생들의 입맛을 사로잡으며 지금껏 사랑받고 있다.

[info] 서울 서대문구 이화여대길 50-10, (02)312-2246 / 11:00~21:30, 기로스 5,500원

리화인와플 이화여대 앞 와플카페의 양대 산맥 중 하나로 꼽히는 이곳은 매장에서 직접 구운 따끈한 와플에 버터 등의 유지류와 인공색소를 전혀 사용하지 않은 웰빙 수제 아이스크림을 듬뿍 올려 여대생들의 입맛을 사로잡았다. 생크림도 직접 만들어 부드럽고 블랜딩한 커피도 맛이 좋다.

[info] 서울 서대문구 이화여대 7길 15

혼자 떠나는
서울 염리동 소금길 산책 추천 PLAN

1일 코스

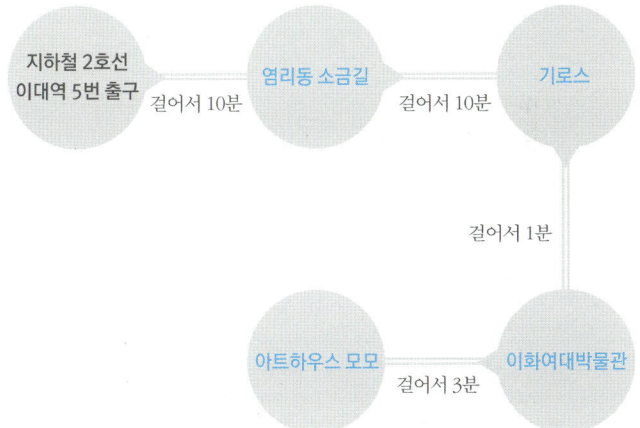

서울 찾아가는 방법
- 대전복합터미널에서 2시간 소요 | 06:00~24:00(15~30분 간격)
- 서대구고속터미널에서 3시간 50분 소요 | 06:00~01:30(20~30분 소요)
- 광주종합버스터미널에서 3시간 20분 소요 | 04:00~02:00(15~60분 간격)
- 부산종합버스터미널에서 4시간 20분 소요 | 06:00~02:00(30분 간격)

나를 부르는

섬으로 간다

―――――――
인천
승봉도 여행

여행의 경험이 쌓이다 보면 발길은 자연스레 섬으로 향한다. 서툰 여행자들로 북적이는 유명 관광지와 자동차만 있으면 쉽게 찾아갈 수 있는 편리한 여행지들을 거쳐, 결국은 배낭 하나 둘러메고 오롯이 나의 두 발에 의지해야 하는 섬으로 떠나게 되는 것이다. 번잡한 육지에서 발을 떼고 나만의 시간으로 향하는 뱃길, 그것은 떠나보지 않고는 알기 어려운 설렘이고 희열이다. 인천여객터미널에서 한 시간 남짓. 먼 거리는 아니지만, 일상에서 그리 가깝지도 않은 그쯤, 승봉도가 자리하고 있다.

하늘에서 바라보면 마치 날아오르는 봉황을 닮았다고 하여 이름 붙은 승봉도는 서해에 자리 잡은 섬임에도 갯벌이 나타나지 않는 아름다운 해변과 울창한 숲, 신비로운 해안절벽이 어우러진 다채로운 매력의 섬이다. 일단 선착장에 내려 오른쪽 방향으로 이일레해변과 촛대바위, 남대문바위 등을 거쳐 섬을 한 바퀴 돌아보는 데 서너 시간이면 충분하다. 누군가와 걸음을 맞춰야 하거나 일정을 조절할 필요가 없으니 그저 내키는 대로 걷고, 멈추고 싶은 곳에서 쉬어가면 된다.

이일레해변에선 무거운 트레킹화를 벗고 차가운 바다에 발을 담그며 여유를 즐기고 촛대바위에선 고동을 잡는 재미에 잠시 빠졌다가 이내 모두 갯바위로 돌려보냈다. 바다를 향해 뚫린 바위 아래를 지나가면 사랑이 이루어진다는 믿지 못할 전설의 남대문바위에 이르러선 한참 걸음을 멈추고 감탄했다. 수천 년의 시간과 자연이 함께 빚어낸 절경 속에 오늘을 꿋꿋하게 버티며 살아가는 소나무가 있어 더욱 가슴 뭉클하게 아름다웠다.

선착장으로 되돌아와 사승봉도로 떠난다는 고깃배에 올랐다. 이일레해변 건너편에 자리한 사승봉도는 공식적으로 상주하는 주민이 없어 정기여객선이 다니지 않는 무인도다. 그러나 드넓은 백사장과 때묻지 않은 풍광, 모래섬임에도 풍부한 지하수 때문에 캠핑족들 사이에선 백패킹 명소로 꼽힌다. 물론 가볍게 해변산책을 즐기러 찾아오는 이들도 많아서 여름철엔 고깃배들이 수시로 인원을 모아 사승봉도를 드나든다. 여름철엔 섬을 관리하는 이모님도 들어오시는데 마침 승봉도로 들어오는 배에서 만나 이야기를 나눴던 분이었다. 신기한 인연 덕분인지 사승봉도에 도착하자마자 이것저것 살뜰하게 챙겨주셨다. 무인도에서의 하룻밤을 작정하고 온 터라 이래저래 걱정이 많았는데 다행히 이모님도 오늘밤 사승봉도에서 지낼 거란다.

바다가 바로 보이는 자리에 텐트를 치고 해변을 걷기로 했다. 함께 고깃배를 타고 들어왔던 여행자들은 그새 산책을 마치고 돌아간 후였다. 보이는 것은 끝없이 펼쳐진 모래섬이고, 들리는 것은 그 위로 속삭이는 물결뿐. 철저히 혼자가 되고 보니 외로움은 비집고 들어올 새가 없다. 도시에선 느낄 수 없었던 완벽한 고요에 감동도 잠시 접어두고 그저 멍하니 앉아 하루의 끝자락을 보냈다.

이튿날 아침 찰싹이는 파도소리에 잠을 깼다. 텐트를 열어젖히니 거칠 것 없는 바다가 훅 달려들었다. 눈곱도 떼지 않은 채로 슬리퍼를 끌고 바다로 나가 모래사장에 몇 글자 끄적였다.

'그냥 좋다.'

STAY
홀로 머물기 좋은 집

EAT
홀로 들르기 좋은 맛집

사승봉도 캠핑장 무인도에서의 특별한 하룻밤을 원한다면 사승봉도 캠핑장을 추천한다. 캠핑장비가 없더라도 '이모님'으로 불리는 관리인에게 연락하면 텐트를 비롯한 기본장비를 저렴하게 대여해준다. 개인장비가 있다면 1인당 1만 원의 사용료만 지불하면 된다.
info 010-5117-1545

선창휴게소 승봉도선착장에서 바로 보이는 식당 겸 민박집이다. 간단한 백반 메뉴부터 칼국수와 꽃게탕 등 트레킹을 앞두고 배를 채울 수 있는 메뉴들이 다양하다. 이곳에서 민박을 할 경우 미리 짐을 맡겨두는 것도 방법이다. 주인장이 낚싯배를 소유하고 있어 배 위에서 낚시를 즐기거나 사승봉도를 오갈 때도 유용하다.
info 인천 옹진군 자월면 승봉리 687, (032)831-3983

혼자 떠나는 인천 승봉도 여행 추천 PLAN

1일 코스

- 인천여객터미널 — 여객선 : 1시간 30분 — 선창식당
- * 승봉도행 여객선
  평일 1회, 휴일 2~3회 운항,
  출항시간은 요일과 물때에 따라 변경
- 선창식당 — 걸어서 30분 — 이일레해변
- 이일레해변 — 걸어서 1시간 — 촛대바위
- 촛대바위 — 걸어서 30분 — 남대문바위
- 남대문바위 — 걸어서 40분 — 승봉도선착장
- 승봉도선착장 — 낚싯배 : 10분 — 사승봉도
- 사승봉도 — 낚싯배 : 10분 — 승봉도선착장
- 승봉도선착장 — 여객선 : 1시간 30분 — 인천여객터미널

인천 찾아가는 방법
- 대전복합터미널에서 2시간 소요 | 06:00~22:00(30~60분 간격)
- 서대구고속터미널에서 3시간 40분 소요 | 06:20~22:30(60~80분 간격)
- 광주종합터미널에서 3시간 45분 소요 | 06:05~23:05(40~65분 간격)
- 부산종합터미널에서 4시간 40분 소요 | 06:25~23:20(60분 간격)

선녀들이 노닐던

풍차길

**평창
선자령 바우길 트래킹**

봄은 숲으로부터 시작된다. 도심의 꽃나무가 여린 봉우리를 터트리기 훨씬 전부터 깊은 산자락의 야생화는 봄을 맞을 준비를 한다. 거친 땅과 매서운 바람을 이기고 피어난 강인한 생명력, 그것은 인간이 키우고 다듬은 비현

실적인 아름다움에 비할 바가 아니다. 봄날의 숲길이 꽃길만큼이나 화려한 색깔을 지녔음을 직접 걸어보지 않고는 모를 일이다. 하늘나라 선녀들이 아이들과 함께 내려와 노닐다 갔다는 선자령. 완만한 숲길과 이국적인 초원이 어우러진 이곳은 봄날에 더없이 걷기 좋은 길이다.

소설《은비령》의 작가 이순원과는 어린 시절부터 남다른 인연을 맺었다. 엄마가 그와 한동네에 살며 같은 학교를 다녔기 때문이다. 그의 소설 대부분이 유년의 기억을 끄집어 올린 것들이니 그것은 곧 나의 외갓집과 옛 동네 이야기이기도 하다. 소설 속에 등장하는 개구쟁이 소년과 새침한 소녀들이 지금 누구의 아버지 어머니인지 나는 알고 있으니, 그의 작품을 읽는 재미가 특별할 수밖에 없다. 한때 소설가를 꿈꾸었던 내게 그는 누구보다 따뜻한 응원과 격려를 해주었고 몇 편의 부끄러운 습작들을 꼼꼼히 읽어주기도 했다.

대학 졸업 후 오랜만에 만난 작가는 몰라보게 야윈 모습이다. 얼굴은 검게 그을려 둥그런 눈매가 더욱 두드러졌다. 골방에서 글만 쓰다가 매일같이 험한 산길을 걸으려니 고생이 이만저만 아니라며 웃어 보였다. 당시 그는 '강릉 바우길'을 개척하는 중이었다. 강릉의 역사와 문화, 자연을 오롯이 담은 스무 개의 걷기 코스가 그의 발끝에서 시작된 것이다.

바우길이란 이름도 그의 아이디어다. 강릉 사람을 친근하게 부르는 '감자바우'에서 따온 이름이기도 하지만, 바우(Bau)는 바빌로니아 신화에 등장하는 건강의 여신이기도 하다. 때 아닌 봄 감기로 며칠 앓고 난 끝에 바우

길을 떠올린 것도 그 치유의 힘이 절실했기 때문이다.

강릉 바우길 첫 번째 코스인 선자령 풍차길은 대관령휴게소에서 시작해 원점으로 되돌아오는 코스다. 총 12킬로미터에 달하는 네 시간짜리 코스지만 비교적 경사가 완만하여 누구나 부담 없이 걸을 수 있다. 아침 일찍 서둘러 대관령휴게소에 도착하니 서늘한 바람 속에 따사로운 봄 햇살이 조심스레 스며들고 있었다. 입구에서 바우길 안내도를 확인한 뒤 걸음을 서둘렀다.

얼마 지나지 않아 하늘을 가릴 만큼 소나무들이 쭉쭉 뻗은 숲길로 접어들더니 탁 트인 초록빛 목장이 한눈에 들어왔다. 풀밭에 앉아 한가로이 아침 햇살을 즐기는 양떼들. 이곳이 알프스 어디쯤이라고 해도 믿어질 만큼 이국적인 풍경이 펼쳐진다. 양떼목장의 담장을 따라 걷는 이 구간은 드넓은 초원 풍경을 공짜로 감상할 수 있는 반가운 포인트다.

바우길 두 번째 코스, 대관령 옛길로 나눠지는 분기점에 이르니 국사성황당 표지판이 눈에 들어왔다. 강릉의 수호신으로 여겨지는 김유신 장군과 범일국사가 모셔진 이곳은 우리나라의 대표적인 무교 성지다. 기운이 맑고 영험하기로 소문난 곳이라 평소에도 기도를 올리는 무속인들을 쉽게 만날 수 있다. 문득 이 길에선 바우 여신을 대신하는 게 성황신일지도 모른다는 생각이 들어 잠시 걸음을 쉬었다 가기로 했다. 성황당 주변 넓적한 바윗돌마다 산신제물이 가득 차려져, 오가는 다람쥐들의 고마운 식량이 되어주고 있었다. 성황신께 치성을 드리려 멀리 전라도에서 올라왔다는 중년의 무녀 옆에서 나도 잠시 간절한 마음이 되어 소중한 사람들의 건강과 행복을 빌었다.

선자령으로 오르는 마지막 바윗길을 지나니 웅장한 능선을 따라 하얀색 풍차들이 기운차게 돌아간다. 이곳에 오르기까지 들인 노력에 비하면 과분할 만큼 아름다운 경치다. 잠시 할 말을 잃고 서 있으니 서늘한 바람이 온몸을 휘감고 돌았다. 멀리 백두대간을 돌아온 바람이 힘차고 시원했다. 꼿꼿하게 몸을 세우기보다 마음껏 흔들리며 선자령의 거센 바람에 맞서는 풀포기들. 나는 한참이나 감동스럽게 바라보았다.

찌뿌듯하던 몸은 한결 가벼워졌지만 선자령의 세찬 바람 탓인지 기침은 좀처럼 잦아들지 않았다. 그래도 이 길에선 섣불리 약의 도움을 받기보다 스스로의 힘으로 이겨내고 싶었다. 채소와 과일을 챙겨먹고, 규칙적으로 잠들고 일어나고, 그리고 틈틈이 따뜻한 모과차로 목을 달래면서. 그 덕인가. 독하기로 소문난 오뉴월 감기는 어느샌가 기세를 잃고 사라졌다. 그렇게 바우길의 푸른 숲과 선자령의 맑은 바람에게서 배운다. 치유의 힘은 외부에 있는 게 아니라 내 안에 있었음을.

---

info

선자령 풍차길
강원 평창군 대관령면 경강로 5721,
(033)332-3383(대관령휴게소),
www.baugil.org

대관령 양떼목장
강원 평창군 대관령면 대관령마루길 483-32,
(033)335-1966,
www.yangtte.co.kr/
09:00~18:30, 성인 4,000원

STAY
홀로 머물기 좋은 집

EAT
홀로 들르기 좋은 맛집

바우길게스트하우스 바우길을 제대로 걸어보고 싶다면 사단법인 바우길에서 직접 운영하는 게스트하우스에 묵는 것도 방법이다. 저렴한 가격에 펜션형으로 지어진 게스트하우스에서 편안하게 쉬고 든든한 아침까지 먹을 수 있다. 매주 토요일에는 이곳에서 정기적으로 바우길 걷기모임을 진행하니 참여해도 좋겠다.

[info] 강원 강릉시 성산면 보현길 56-13, (033)645-0990 / 1인 25,000원

황태1번지 황태회관 횡계읍내에 자리한 식당으로 대관령 황태를 이용한 황태해장국과 황태구이, 황태찜 등을 낸다. 비교적 상차림도 푸짐하고 황태국의 맛과 깊이도 뛰어나다. 관광객들도 즐겨 찾는 식당이라 혼자서도 부담 없이 이용할 수 있다.

[info] 강원 평창군 대관령면 횡계리 348-4 / (033)335-5795

혼자 떠나는 평창 선자령 바우길 트래킹 추천 PLAN

1일 코스

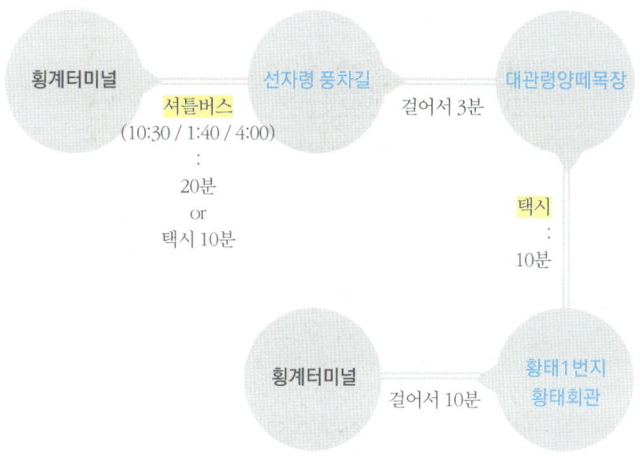

횡계 찾아가는 방법
- 서울동서울터미널에서 2시간 30분 소요 | 06:32~20:05(30~45분 간격)
- 강릉시외버스터미널에서 30분 소요 | 06:10~20:10(20~30분 간격)

비로소 신라를

만
났
다

**경주
남산 여행**

"남산에 오르지 않고 경주를 보았다고 말하지 말라."
    네 번째 경주여행에서 들었던 이 한마디 말 때문에 예정된 모든 일정을 취소하고 당장 삼릉계곡으로 달려갔던 적이 있다. 경주에서 나고 자랐다는 게스트하우스 주인장은 찾아오는 여행자들마다 진짜 경주의 매력은 석굴암과 불국사보다 저 순박한 남산 자락에 있다며 꼭 한번 올라볼 것을 권했다. 그렇게 남산에 올라 비로소 만나게 된 경주는 지금껏 발로 탐했던 경주와는 전혀 다른, 어쩌면 수천 년 전 신라를 꿈꾸고 있을지도 모를 고대 도시처럼 다가왔더랬다.
    남산에 오르기로 작정한 여행자들은 가장 먼저 남산

의 주봉이 어딘지 묻는다. 일단 산이라고 하니 꼭대기부터 올라가야 한다고 생각한 때문이다. 하지만 남산은 그런 현대인의 정복욕으로는 그 높이와 깊이를 가늠조차 할 수 없는, 봉우리 하나하나가 부처의 뜻이고 골짜기 하나하나가 도솔천인 신라인들의 삶이자 극락의 경계에 위치하고 있다. 때문에 봉우리 하나를 올랐다고 뿌듯하기는커녕 오히려 더욱 겸허해지고 마는, 조금 더 나은 인간이 되어 다음 봉우리를 올라야겠다고 다짐하게 되는, 정복의 대상이 아닌 깨달음의 땅이 바로 이곳, 남산이다.

지난겨울, 1년여 만에 다시 찾은 남산, 늠비봉을 오르기로 했다. 그 꼭대기에 우뚝 솟은 오층석탑 때문이다. 한 시간 남짓 산길을 오르니 자연을 정원 삼아 그림처럼 서 있는 오층석탑이 반겨준다. 마치 산이 처음 있을 때부터 그 자리에 있었던 듯 너무도 자연스럽게 봉우리와 어우러진 모습이다. 자칫 남산의 평범한 봉우리의 하나였을지 모를 늠비봉, 석탑 덕분에 화룡점정을 이룬다.

석탑 아래를 살펴보니 봉우리의 울퉁불퉁한 바윗돌들을 깎아내지 않고 그 위로 자연스런 모양의 돌들을 맞춰 올린 그랭이기법이 눈에 들어온다. 무엇 하나 자연을 거스른 것이 없으니 무릇 인간의 건축물이라 하면 이래야 하지 않을까. 눈 아래 경주 시내가 옹기종기 펼쳐진다. 이토록 멋들어진 앞마당을 가진 석탑이니 서울의 그 어떤 국보보다 행복하지 않을까 싶다.

info
남산 늠비봉 오층석탑 경북 경주시 배동

함께
들르면 좋은 곳

1 골굴사 '한국의 둔황석굴'로 불리는 골굴사는 함월산 기슭 수십 미터 높이의 거대한 석회암 절벽에 열두 개의 석굴로 가람을 조성하고 가장 높은 곳에 인자한 미소의 마애여래좌상을 새겨 넣어 신비로움을 더한다. 이곳은 불가의 전통 수행법인 선무도의 총본산으로 세계 각국에서 그 수련법을 익히려 찾아오기도 한다. 매일 오전 11시와 오후 3시에 일반인들을 대상으로 선무도 시범공연도 이뤄져 색다른 볼거리가 된다.

info 경북 경주시 양북면 기림로 101-5, (054)744-1689, www.golgulsa.com

2 교촌마을・교리김밥 조선시대 손꼽히는 만석지기였던 경주 최부자의 생활공간을 엿볼 수 있는 교촌마을은 재산을 어려운 이웃과 함께 나누고 재물이 쌓일수록 욕심을 경계했던 진정한 노블레스 오블리주 정신을 보여준다. 고택들이 늘어선 마을을 따라 걷다 보면 이곳의 명물로 꼽히는 교리김밥도 맛볼 수 있다. 얇게 썰어낸 계란지단을 푸짐하게 넣은 교리김밥은 고소하고 담백한 맛이 좋다.

info 경북 경주시 교촌안길 27-42, (054)772-5130 / 김밥 2줄 기본 5,000원

3 동궁과 월지(안압지) 낮보다 밤에 더 많은 관람객들이 모여드는 이곳은 통일신라시대 때 만들어진 화려하고 아름다운 정원의 일부다. 밤이면 연못 주변으로 조명을 밝히는데 고색창연한 건물들과 어우러져 옛 궁궐의 호사스러움을 상상할 만큼 우아한 야경을 연출한다. 실제 연못의 크기는 그리 넓지 않으나 가장자리에 굴곡을 주어 마치 드넓은 바다처럼 보이도록 한 지혜가 돋보인다.

info 경북 경주시 인왕동, (054)772-4041 / 09:00~21:30, 성인 2,000원

4 읍천항 벽화마을 골굴사에서 버스를 타고 한 시간쯤 더 들어가면 담벼락마다 아기자기한 벽화가 그려진 작고 조용한 바닷가 마을이 나타난다. 읍천항의 소박한 풍경과 바다를 주제로 한 정겨운 그림들 때문에 이제껏 알던 경주와는 또 다른 매력을 만날 수 있다. 특히 이곳 바다에는 우리나라에선 유일하게 부채꼴 모양으로 누워 있는 주상절리가 자리하고 있어 신비로운 풍광을 선사한다.

info 경북 경주시 양남면 읍천리

5 첨성대 신라시대에 각종 천문현상을 관찰하던 건물로 당시엔 과학적 연구보다는 국가의 길흉을 점치는 점성의 목적으로 이용했으리라 추측된다. 어느 방향에서 보아도 똑같은 모습으로 보일 만큼 균형미가 뛰어나 신라의 상징적인 건축물로 꼽힌다. 낮보다 밤에 보는 풍광이 더 아름다워 해질 무렵에 계림 일대를 산책하면서 들러보길 추천한다.

info 경북 경주시 인왕동 839-1

STAY

홀로 머물기 좋은 집

EAT

홀로 들르기 좋은 맛집

경주게스트하우스 경주역 근처에 자리해 주요 관광지로의 이동이 편리하다. 본래 모텔로 사용되던 건물을 리모델링해 도미토리마다 독립된 공간과 욕실을 갖추고 있다. 키친과 로비는 언제든 사용 가능하고 주인장이 경주 토박이라 다양한 여행정보도 친절하게 알려준다.

info 경북 경주시 원화로 240-3, (054)745-7100 / 도미토리(4인실) 1인 20,000원

숙영식당 대릉원 근처에 자리한 정겨운 분위기의 식당으로 찰보리밥정식이 대표 메뉴다. 푸짐하게 담아낸 찰보리밥에 싱싱한 채소와 각종 밑반찬, 찌개를 곁들이는데 하나같이 손맛이 야무지다. 경주에서 홀로 정식 메뉴를 맛보기란 쉽지 않은데 이곳에서는 '나홀로정식'이란 이름으로 1인 여행자들도 부담 없이 정식 메뉴를 즐길 수 있다.

info 경북 경주시 계림로 60, (054)772-3369 / 11:00~21:00, 나홀로정식 10,000원

혼자 떠나는
경주 남산 여행 추천 PLAN

1박 2일 코스

— 2 DAY —

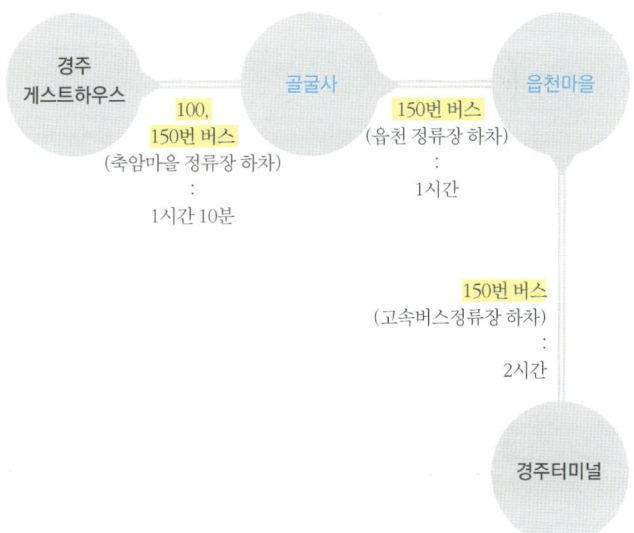

경주 게스트하우스 — 100, 150번 버스 (축암마을 정류장 하차) : 1시간 10분 — 골굴사 — 150번 버스 (읍천 정류장 하차) : 1시간 — 읍천마을 — 150번 버스 (고속버스정류장 하차) : 2시간 — 경주터미널

경주 찾아가는 방법
- 서울고속버스터미널에서 3시간 45분 소요 | 06:10~23:55(60~95분 간격)
- 대전복합터미널에서 2시간 50분 소요 | 07:40/14:50
- 대구동양고속버스터미널에서 50분 소요 | 06:30~23:00(30~50분 간격)
- 광주종합터미널에서 4시간 소요 | 09:45/16:50
- 부산종합터미널에서 50분 소요 | 08:00~23:00(30~40분 간격)

사과향 달콤한

천년의 숲길

영주
죽령 옛길 걷기 여행

'신라 아달라왕 5년(158) 3월에 비로소 죽령길이 열리다.'

《삼국사기》에 적힌 이 한 줄에서 옛길은 그 오랜 역사를 드러낸다. 지금의 영주와 단양을 연결하는 이 천 년의 숲길이 품은 시간만큼이나 그 위엔 수많은 이야기들이 쌓여 있다. 임금의 명을 받아 죽령길을 개척하던 '죽죽'이 목숨을 잃자 고갯마루에 사당을 짓고 그의 죽음을 기리기 위해 이 길을 죽령이라 불렀다고도 한다. 고구려의 온달 장군이 "죽령 이북의 잃은 땅을 되찾지 못하면 돌아오지 않겠다."며 비장한 각오로 떠났던 길이기도 하다. 또 신라 화랑 출신으로 김유신과 함께 삼국통일에 큰 공을 세웠던 죽지도 이곳 죽령에서 태어났다는 이야기가 전해진다. 하물며 역사에 기록되지 않은 민초들은 얼마나 더 애절하고 아름다운 이야기들을 많이 간직하고 있을 것인가.

철길이 지나고 도로가 놓이며 길이란 것이 이리저리 끊기고 뒤틀리고 사라지기도 한 지금, 천 년 전 누군가 걸었던 흙길을 내가 걷고 있다는 것만으로도 죽령 옛길을 걷는 감회가 새롭다. 그는 무슨 사연으로 이 고갯길을 넘어야 했을까. 그는 어느 계절에 어떤 꽃향기에 취해 걸었을까. 내가 쉬어갔던 나무 그늘에서 그도 걸음을 멈추었을까. 그리고 그도 나처럼 혼자였을까.

옛길 끝자락에 이르니 이제 막 여물기 시작한 사과 향이 달큰하다. 그 옛날에도 이렇게 잘 익은 사과가 붉은 볼을 들이밀고 달콤한 향기로 지나는 이들을 유혹했을까. 문득 궁금한 생각이 들었다가 그때라면 없었을 그 무엇 하나를 발견했다. 과수원 입구에 세워진 '아이들이 보고 있어요'라고 적힌 경고판이다.

info
죽령 옛길
경북 영주시 풍기읍 수철리

EAT
홀로 들르기 좋은 맛집

STAY
홀로 머물기 좋은 집

선비촌 소수서원 등 옛 선비들의 정신문화가 고스란히 남은 영주에 조성된 전통민속마을로, 해우당 고택 등 곳곳에 흩어져 있던 전통가옥을 옮겨와 예스러운 분위기를 더했다. 특히 이들 가옥은 한옥체험 등으로 일반인들에게도 개방돼 고즈넉한 여유를 즐길 수 있다.

[info] 경북 영주시 순흥면 소백로 2796, (054)638-6444, www.sunbichon.net / 2인실 49,500원부터

정도너츠 지금은 전국적인 프랜차이즈로 명성을 날리고 있지만 그 시작은 풍기역 근처의 작은 도너츠 가게였다. 쫄깃한 찹쌀도너츠에 알싸한 생강을 곁들여 달짝지근하면서도 깔끔한 뒷맛이 인상적인 생강도너츠가 이곳의 대표 메뉴. 최근엔 다양한 연령층의 입맛을 맞추기 위해 허브도너츠와 커피도너츠, 초코도너츠 등 다양한 도너츠를 개발해 고르는 재미도 쏠쏠하다. 옛길을 걷기 전 도너츠 한 봉지 챙겨두면 그 어떤 간식보다 든든하다.

[info] 경북 영주시 동양대로 6-1, (054)636-0043 / 생강도너츠 1,000원, 인삼도너츠 1,300원

한결청국장 풍기역 건너편에 자리한 식당으로 직접 담근 청국장이 일품이다. 시어머니에게서 며느리로 벌써 3대째 비법을 전수하고 있다는 이곳에선 지역의 토종콩인 부석태로 청국장을 만든다. 때문에 찌개를 끓이면 냄새가 강하지 않으면서도 깊고 구수한 맛이 자꾸만 수저를 들게 한다. 밑반찬도 정식 못지않게 푸짐하게 차려져 나와 본격적인 걷기를 앞두고 넉넉하게 배를 채우기 좋다.

[info] 경북 영주시 풍기읍 인삼로 1-1, (054)636-3224 / 청국장 7,000원

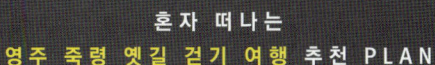

혼자 떠나는 영주 죽령 옛길 걷기 여행 추천 PLAN

1일 코스

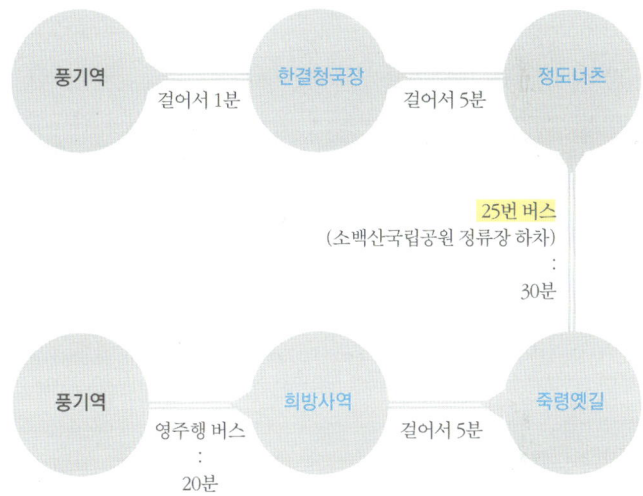

풍기역 → (걸어서 1분) → 한결청국장 → (걸어서 5분) → 정도너츠 → 25번 버스 (소백산국립공원 정류장 하차) : 30분 → 죽령옛길 → (걸어서 5분) → 희방사역 → 영주행 버스 : 20분 → 풍기역

풍기역 찾아가는 방법
- 서울 청량리역에서 2시간 30분 소요 | 06:40~21:13(9회 운행)
- 대전역에서 2시간 45분 소요 | 07:42/20:02

내 안의 소리를 듣다

**합천
해인사 소리길 걷기 여행**

대학시절 남몰래 연애하던 사람과 하루쯤 다른 사람들 시선에 아랑곳하지 않고 두 손 꼭 잡고 걷고 싶다며 떠났던 곳이 바로 합천 해인사였다. 국사시험에 단골로 등장하던 이름이었으니 적당히 익숙하기도 했고, 그쯤이면 우리를 아는 사람이 없을 거란 확신도 들었다. 우리를 태운 버스가 해인사에 가까워질수록 그의 어깨도 점차 가까워져 아예 머리까지 기대고 잠이 들었다. 평범한 연인들에겐 너무도 자연스러운 행동이 우리 둘에겐 처음이었다.

 해인사에 도착해 팔만대장경을 둘러보고 나오는 내내 우리는 마주잡은 두 손을 놓지 못했다. 경건한 사찰에서 그야말로 눈꼴사나운 행동이었을 테지만 그때 우리는 로미오와 줄리엣보다 더 애틋하고 절절했다. 일분일초가 가슴 벅차게 행복해서 우리 그냥 사랑하면 안 될까, 혀끝에서 맴도는 말을 꾹꾹 눌러 참았다. 그가 먼저 그 말을 꺼내주기를, 돌아오는 버스 안에서까지 바라고 또 바랐다. 하지만 버스가 터미널에 도착하자 그는 다시 예의 모습으로 돌아왔다. 손에 남은 온기가 원망스러울 만큼 그는 내게서 멀찌감치 떨어져 걷고 있었다. 다정한 눈빛과 웃음은 그대로인데 우리 사이의 거리는 멀고도 멀었다.

 10여 년이 지나 다시 찾은 해인사는 여전히 북적거렸다. 눈으로만 담아두었던 장소들을 하나하나 카메라에 담으면서도 그와의 짧았던 여행을 떠올리지는 못 했다. 그러다 문득 소리길 입구로 들어서는 순간, 애써 잊고 있었던 부끄러운 추억의 한 순간이 선명하게 되살아났다. 어쩌면 나는 그가 용기를 내지 못하리라는 것을 알고 있었는지도 모르겠다. 아니, 용기를 내야 하는 건 나였다. 그를 향한 서툰 마음이 진심이었다면 남들이야 뭐라고 수군거리든 그에게 손을 내밀었어야 했다. 그런데 겁이 났다. 내가 좋아하는 사람들에게 나쁜 아이로 남고 싶지 않았다. 그래서 그를 비겁한 겁쟁이로 만들고 내 마음에서 지웠다. 그러고도 한동안 그를 집요하게 괴롭혔다. 해인사에 먼저 가자고 했던 건 분명 나인데 기억은 그를 파렴치한으로 기록했나 보다.

생각해보니 참 어린 시절이었다. 내 마음보다 다른 사람들의 이야기에 휘둘리던 나이. 20대의 연애라는 게 뭐 그리 거룩한 것이라고 나는 망설이고 겁냈을까. 내게 좋은 사람이었다면 한 번쯤 바닥까지 가봤어도 좋았을 것이다. 그 끝에서 처절하게 깨지고 아팠을지라도 지나고 나면 꽤 자랑스러운 연애의 훈장이 되었으리라. 내 맘대로 구겨져 있던 기억을 꺼내어 먼지를 털어내고 유치하고 이기적이었던 감정들을 반듯하게 고치고 나니 어느새 소리길의 끝자락에 이르렀다. 내 안의 소리들에 솔직해지니 추억이 조금 가벼워졌다.

Trail

+ MORE +

함께
들르면 좋은 곳

1

2

3

1 대장경테마파크 지난 2011년 팔만대장경 간행 천 년을 기념해 조성한 테마파크로, 대장경의 제작과정을 섬세하게 재현한 전시관부터 대장경이 가지는 종교적 의미와 역사적 가치 등 다방면에서 그 우수성을 살펴볼 수 있도록 꾸며졌다. 또한 다음 세대에도 귀중한 문화유산이 잘 지켜질 수 있도록 다양한 미디어작품과 청소년들을 위한 체험프로그램도 운영 중이다.

info 경남 합천군 가야면 가야산로 1160, (055)930-4782 / 하절기 09:00~18:00, 동절기 09:00~17:00(매주 월요일 휴관), 성인 3,000원

2 소리길 해인사에서 출발해 단풍이 아름답기로 유명한 홍류동 계곡을 따라 대장경테마파크에 이르는 6킬로미터 거리의 숲길을 일컫는다. 어느 쪽을 출발점으로 삼아도 상관없지만 해인사에서 출발하는 것이 산자락 아래로 내려가는 길이라 조금 더 수월하다. 소리길이 지나는 길에는 최치원이 갓과 신만 남겨두고 신선이 되어버렸다는 농산정을 비롯해 합천의 손꼽히는 절경들이 잇따라 반겨준다.

info 경남 합천군 가야면 해인사길 122

3 해인사 양산의 통도사, 순천의 송광사와 함께 우리나라 3대 사찰로 꼽히는 합천 해인사는 유네스코 세계문화유산으로 등재된 팔만대장경을 모신 곳으로 더 유명하다. 신라 때 창건한 천년고찰로 오랜 세월 수많은 전쟁과 화재를 겪으면서도 팔만대장경판과 이를 모신 장경각만큼은 온전한 모습으로 제자리를 지키고 있어 더욱 신비롭게 느껴진다. 팔만대장경 외에도 70여 점의 보물과 유물이 곳곳에 자리하고 있어 그 자체로 귀중한 선조들의 유산이라 하겠다.

info 경남 합천군 가야면 해인사길 122, (055)934-3000, www.haeinsa.or.kr / 팔만대장경 관람시간 하절기 08:30~18:00, 동절기 08:30~17:00, 성인 3,000원

STAY

홀로 머물기 좋은 집

EAT

홀로 들르기 좋은 맛집

해인사 템플스테이 해인사 주변에는 저렴한 민박집이나 가족형 펜션이 대부분이라 나 홀로 여행자들에겐 적당하지 않다. 이럴 땐 해인사에서 운영하는 템플스테이에 참여해보는 것도 좋다. 해인사의 아름다움을 오롯이 느껴볼 수 있을 뿐 아니라 평일에는 휴식형으로 홀로 편하게 쉬었다 갈 수도 있다.

[info] (055)934-3110 / 평일 휴식형(수련복 미제공) 50,000원, 주말 체험형 60,000원

고바우식당 해인사 입구에 자리한 산채비빔밥 전문 식당으로 제철 나물들을 담백하게 무쳐내 건강한 한 끼를 맛볼 수 있다. 지역에서 나는 식재료를 이용해 신도들 사이에서도 입소문이 난 곳이다. 매콤 달콤한 도토리묵을 올린 비빔밥도 별미다.

[info] 경남 합천군 가야면 해인사길 122, (055)931-7311 / 08:00~19:00, 산채비빔밥 8,000원

혼자 떠나는 합천 해인사 소리길 걷기 여행 추천 PLAN

1일 코스

찾아가는 방법
- 대전복합터미널에서 2시간 10분 소요 | 07:00/12:10/17:30
- 대구서부정류장에서 1시간 30분 소요 | 06:40~20:00(40분 간격)

서울 안산 벚꽃 산책
강진 동백꽃 여행
순천 선암사 매화 여행
안동 봉정사 국화 여행
전주 완산공원 봄꽃 여행
제천 청풍호 풍류 여행

Landscape

03

마음에 담고 싶은 풍경

벚꽃잎,

마음을

흔들다

**서울
안산 벚꽃 산책**

서울 서대문에 자리한 안산. 비교적 나지막한 산세에도 그 봉우리에 오르면 인왕산에 둘러싸인 도심 풍경을 한눈에 담을 수 있어 근처 주민들도 즐겨 찾는 숨은 명소다. '자락길'이라 이름 붙은 산책로를 따라 걷다 보면 이곳이 서울 한복판인가 싶을 만큼 짙은 신록과 청명한 바람, 가볍게 재깔이는 산새들이 맞아준다. 특히 봄이면 무려 3,000여 그루에 달하는 오래된 벚나무들이 앞다퉈 꽃망울을 터트리는 덕분에, 복잡한 서울 안이지만 홀로 천천

Landscape

히 걸으며 봄날을 만끽하기에는 제격이다. 여기에 봄바람이라도 슬쩍 불어주면, 흩날리는 벚꽃 풍경이 가히 환상이다.

info
안산
서울 서대문구 봉원동 일대

함께
들르면 좋은 곳

1 서대문형무소 일제강점기 유관순을 비롯한 수많은 독립투사들이 혹독한 고문에 시달리며 목숨을 잃었던 가슴 아픈 역사의 장소다. 당시의 형무소 내부는 물론 심문에 사용되었던 기구들이 전시되고 있어 보는 내내 마음이 무겁다. 한낮에 찾아가더라도 으스스한 기분이 드는데 어린 나이에 이 같은 공포를 이겨내고 끝까지 조국의 독립을 외쳤던 이들에게 절로 고개가 숙여진다.

info 서울 서대문구 통일로 251, (02)360-8590 / 하절기 09:30~18:00, 동절기 09:30~17:00(매주 월요일 휴관), 성인 3,000원

2 영천시장 서대문을 대표하는 재래시장 중 하나로 넉넉한 인심과 푸짐한 손맛을 자랑한다. 특히 입구에 자리한 낡은 떡볶이집 주인은 30년 넘게 한자리를 지키고 있는 할머니로 푸근한 정감이 느껴진다. 방송에도 여러 차례 소개되었던 꽈배기와 그 자리에서 바로 구워내는 시장 햄버거 등도 색다른 먹거리다.

info 서울 서대문구 성산로 704, (02)364-1926

CAFE

홀로 들르기 좋은
카페

에스프레소하우스 연희동에서 손꼽히는 로스터리 카페 중 하나로 에스프레소 투 샷을 기본으로 한 깊고 진한 맛의 커피가 일품이다. 마치 유럽의 오래된 성을 떠올리게 하는 건물은 우리나라를 대표하는 건축가 중 한 명인 김중업의 작품으로 이국적이면서도 고풍스런 실내가 커피의 맛을 더한다.
info 서울 서대문구 연희맛로 17-3, (02)324-4700

카페 129-11 건물의 지번을 카페 이름으로 활용한 세련된 분위기의 브런치 카페. 연희동의 예술적 감성을 고스란히 담고 있는 공간으로 마치 갤러리처럼 다양한 작품들이 곳곳에 배치돼 있다. 외관은 도시적이지만 내부는 나무 소재를 많이 사용해 편안한 느낌이다. 혼자 온 손님들을 위한 일인석도 마련돼 있다.
info 서울 서대문구 연희로11가길 20, (02)325-0129

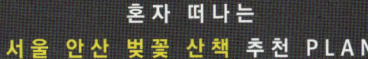
혼자 떠나는
서울 안산 벚꽃 산책 추천 PLAN

1일 코스

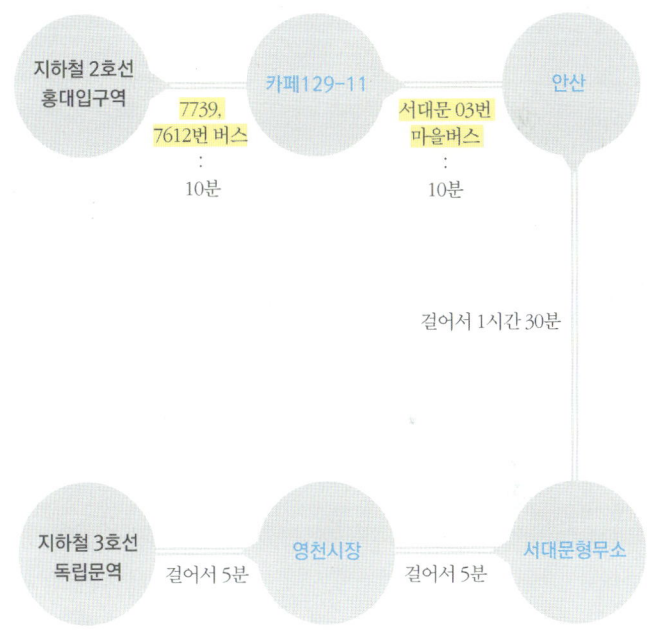

서울 찾아가는 방법
- 대전복합터미널에서 2시간 소요 | 06:00~24:00(15~30분 간격)
- 서대구고속터미널에서 3시간 50분 소요 | 06:00~01:30(20~30분 소요)
- 광주종합버스터미널에서 3시간 20분 소요 | 04:00~02:00(15~60분 간격)
- 부산종합버스터미널에서 4시간 20분 소요 | 06:00~02:00(30분 간격)

동백 따라
다산을 만나다

강진
동백꽃 여행

강원도에서 나고 자란 탓에 여수 오동도에서 난생처음 붉디붉은 동백꽃을 보고 까무러칠 만큼 감동했던 기억이 있다. 매서운 겨울바람을 뚫고 초연히 피어난 꽃송이는 요염한 여인네의 입술처럼 붉고 탐스러웠다. 그렇게 단번에 눈과 마음을 사로잡더니 살랑대는 봄바람에 송이째로 툭, 미련조차 없듯 떨어져버린다. 비련의 여주인공처럼 꽃잎 하나 흐트러트리지 않고 사그라지는 동백꽃의 아름다움은 매년 봄, 못 견디게 그리운 이름이 되어 나를 유혹한다.

지금이 절정이라는 이야기에 달려가보면 늘 한 박자 늦는 경우가 허다하다. 봄날의 꽃과 가을의 단풍이 그러하다. 하지만 동백꽃만은 예외다. 화려한 절정을 지나 하나둘 꽃송이가 땅에 떨어질 무렵, 바로 그 무렵 동백꽃이 지닌 처연한 아름다움은 어떤 만개한 꽃보다 눈부시다. 백련사 동백꽃이 절정이라는 이야기에 얼른 강진행 버스에 몸을 실었던 것도 그 때문이다.

천연기념물로 지정된 아름다운 동백숲을 자랑하는 백련사는 3월 말이면 3,000여 평에 달하는 숲 전체가 붉게 물들어 장관을 이룬다. 특히 숲 곳곳에 고려와 조선시대의 부도들이 흩어져 있어 붉은 꽃송이와 세월의 때를

Landscape

입은 회색 부도, 봄 햇살에 반짝이는 진초록의 동백나무가 어우러져 마치 다른 세상에 온 것처럼 황홀하다. 이번 여행은 다산초당에서 시작해 백련사로 넘어가는 남도유배길 일부를 홀로 걷는 것으로, 다산의 흔적을 따라 걸으며 동백꽃과 고즈넉한 산사 풍경을 담을 수 있는 코스다.

    다산초당은 다산 정약용이 신유사화에 연루돼 오랜 유배생활을 했던 곳이다. 실학으로 대표되는 그의 학문과 사상을 집대성시킨 공간적 배경이기도 하다. 형제들은 목숨을 잃고, 자신은 멀고 낯선 땅에서 귀양살이를 하는 혹독한 현실 속에서도 학문에 더욱 정진하여 이곳에서《목민심서》,《경세유표》등 무려 600여 권의 저술을 완성한다. 수많은 저서들의 주된 내용은 백성들이 잘 먹고 잘 사는 구체적인 방법들이다. 수백 년이 지나서도 많은 사람들이 그를 기억하고 흔적을 더듬어 찾아오는 것은 그처럼 백성들을 아끼고 돌보려 했던 마음 때문 아닐까.

    시인 정호승은 다산초당으로 오르는 길을 '뿌리의 길'이란 시로 적었다. 수십 그루의 소나무 뿌리가 길 위로 앙상하게 드러난 모양을 홀로 초당에 앉은 다산에 비유한 시인데, 그처럼 슬픔의 한가운데서야 지상의 뿌리가 될 수 있음이 가슴 먹먹하게 다가오는 길이다. 길가에 떨어진 붉은 꽃송이 하나에 가슴이 두근거리던 찰나, 돌계단 꼭대기로 기와지붕이 모습을 드러냈다. 초당이란 이름과는 어울리지 않는 현재의 건물은 후대에 와서 새로 지은 것으로, 곧 짚을 덮은 본래의 모습으로 복원될 예정이라고 한다. 그래도 산자락 깊숙이 숨은 오붓한 정취는 다산의 소박한 유배생활을 충분히 가늠케 했다.

Landscape

초당 뒤편을 감싸고 난 오솔길을 따라 백련사로 향했다. 당시 백련사에 머물고 있던 혜장스님은 다산의 학식과 인품에 반하여 벗이 되기를 청하였는데, 그 역시 불교와 차 문화에 해박했던 인물로 두 사람은 종교와 학문의 경계를 넘어 교류하며 깊은 우정을 쌓아나갔다. 낙담과 실의에 빠져 있던 다산의 유배생활에서 혜장과 나누는 차 한 잔의 여유는 유일한 낙이자 희망이었을 것이다. 반가운 벗을 만나러 가는 이 길은 좁고 구불구불하여 더욱 아름다웠다. 간간이 산자락 너머 강진만의 드넓은 풍광이 와락 달려들어와 뭉클한 감동이 되기도 했다.

하나둘, 땅에 떨어진 붉은 꽃송이가 동백숲으로 들어가는 길을 안내한다. 동백숲 사이로 봄바람이 일렁이고 땅에 떨어진 꽃송이는 처연하게 눈부셨다. 꿈처럼 아름다웠던 동백숲을 벗어나니 고즈넉한 산사가 눈에 들어온다. 다산의 마음이 되어 차 한 잔을 청하자 혜장의 우정처럼 맑은 향기와 깊은 여운이 은은하게 밀려들었다.

백련사를 빠져나오는 길, 나뭇가지에 매달린 남도유배길 표지가 눈에 들어왔다. 문득 유배자의 눈과 입이 이토록 호사스러워도 되는 걸까, 혼란스럽다. 초당이란 이름의 기와집처럼, 이토록 정답고 고운 길에 유배길이란 이름은 어울리지 않는다. 이렇게 아름다운 세상사로부터의 유배라면 나는 백 번, 천 번이라도 고맙게 떠날 것이다.

---

info

다산초당
전남 강진군 도암면 다산초당길 68-35,
(061)430-3911

백련사 동백나무숲
전남 강진군 도암면 백련사길 145,
(061)432-0837,
www.baekryunsa.net

함께
들르면 좋은 곳

1 가우도 교통 오지인 강진에서도 벽지 중의 벽지로 꼽히던 가우도였지만 지금은 새로운 트레킹 명소로 관심을 모으고 있다. 도보로만 건널 수 있는 출렁다리를 건너 섬을 한 바퀴 도는데 2시간 남짓. 자동차가 다니지 않는 청정섬이라 때묻지 않은 자연의 아름다운 속살을 제대로 만날 수 있다.

info 전남 강진군 도암면 신기리

2 다산유물전시관 다산 정약용의 생애와 업적 등을 한자리에서 살펴볼 수 있는 전시관. 그가 직접 쓴 편지를 비롯해 200여 점의 소장품을 둘러볼 수 있다. 전시관 뒤편 광장에는 김남조, 임권택, 최불암 등 유명인들이 다산의 저서에서 인상 깊은 구절을 직접 적어놓은 '말씀의 숲'이 자리해 색다른 볼거리가 된다.

info 전남 강진군 도암면 다산수련원길 33, (061)430-3911 / 09:00~18:00, 무료

STAY

홀로 머물기 좋은
집

다산명가 식당과 민박을 겸하고 있는 곳이라 이곳에 숙소를 정하면 여러모로 편리하다. 다산초당이나 유물전시관은 도보로 이동 가능하고, 백련사에서는 천천히 걸어도 30분 남짓이면 숙소에 도착할 수 있다. 널찍한 안마당과 뜨끈한 온돌방, 깔끔한 화장실 등 시설적인 면에서도 만족스럽다. 주인장이 전 강진군수를 지냈으니 각종 정보를 얻는 데도 용이하다.

[info] 전남 강진군 도암면 다산초당길 68, (061)434-5252 / 황토방 70,000원부터

EAT

홀로 들르기 좋은
맛집

다산명가 다산초당 입구에 자리한 향토식당. 다산의 제자였던 윤종진의 후손 전 강진군수 윤동환 씨 내외가 손님들을 맞고 있다. 다산초당 앞마당에서 뛰어놀며 어린시절을 보냈다는 그는 다산에 심취하여 여러 권의 책도 펴냈다. 그의 아내가 다산이 남긴 의서인 《마과회통》에 근거한 치유 밥상을 낸다. 우리 땅에서 난 재료들로 만든 신선하고 건강한 한 끼를 맛볼 수 있다.

[info] 전남 강진군 도암면 다산초당길 68, (061)434-5252 / 백반 10,000원, 녹차수제비 7,000원

혼자 떠나는 강진 동백꽃 여행 추천 PLAN

1박 2일 코스

1 DAY

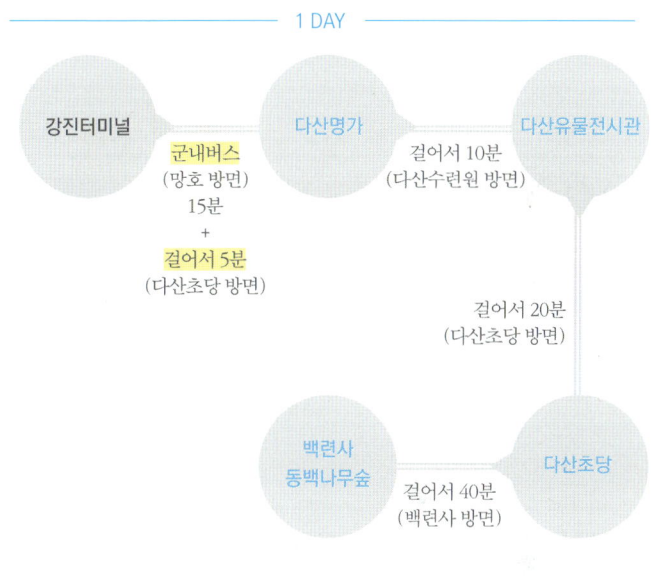

강진터미널 — 군내버스 (망호 방면) 15분 + 걸어서 5분 (다산초당 방면) — 다산명가 — 걸어서 10분 (다산수련원 방면) — 다산유물전시관 — 걸어서 20분 (다산초당 방면) — 다산초당 — 걸어서 40분 (백련사 방면) — 백련사 동백나무숲

2 DAY

숙소 — 군내버스 (망호 방면) : 30분 or 택시 15분 — 가우도 — 군내버스 (마량 방면) : 50분 or 택시 30분 — 강진터미널

강진 찾아가는 방법
- 서울센트럴시티터미널에서 4시간 30분 소요 | 07:30~17:40(120분 간격)
- 부산서부터미널에서 4시간 30분 소요 | 06:30~18:30(40~90분 간격)
- 광주종합터미널에서 1시간 40분 소요 | 04:50~22:05(40~60분 간격)

매화 향기 짙어

봄인 줄

알았네

순천
선암사 매화 여행

20대엔 벚꽃의 화려함에 눈을 빼앗겼지만, 서른이 넘어서는 매화의 고고한 향에 마음을 빼앗긴다. 벚꽃이 젊은 여인의 눈부신 아름다움을 닮았다면, 매화는 성숙한 여인의 농익은 아름다움을 지녔다고 할까. 보기엔 청초하나 눈 내리는 광야에서도 홀로 꽃을 피울 만큼 굳은 기개와 은은한 향기. 오랜 세월 수많은 선비와 예술가들의 마음을 사로잡고 '화괴(花魁)'라 하여 꽃 중의 우두머리로 꼽히는 데는 다 그만한 이유가 있다. 하물며 수백 년을 품은 고매화의 아름다움이야 오죽할까.

　　매일생한불매향(梅一生寒不賣香). 매화는 일생을 춥게 살더라도 향기를 팔지 않는다. 조선 중기의 문신 신흠의 수필집 《야언》에 등장하는 이 글귀는 매화의 고고한 아름다움을 이야기할 때 자주 인용되는 문장이다. 따뜻한 봄바람에 함부로 꽃봉오리를 터트리는 다른 꽃들과 달리 매화는 혹독한 바람을 이기고 차가운 눈 속에 꽃을 피워

봄이 멀지 않았음을 온몸으로 알린다. 바람결에 아득한 매화 향기는 코끝이 아찔할 만큼 단내를 풍기는 어린 꽃들과 비교도 할 수 없을 정도로 매혹적이다.

우리나라엔 고매화로 불리는 오래된 매화나무 몇 그루가 있다. 특히 율곡이 직접 가꾸었다는 오죽헌의 '율곡매'와 화엄사의 '흑매', 백양사의 '고불매' 등이 손에 꼽히는데 대부분 한 그루가 홀로 남아 꽃을 피운다. 그런데 '선암매'로 불리는 순천 선암사의 고매화는 경내에 50여 그루가 한데 살아남아 봄이면 눈부신 절경을 이룬다. 모두 수령이 350~650년에 이르는 것들이라 은은하게 피어오르는 향이 자꾸만 걸음을 멈추게 한다. 이 같은 선암매의 존재를 처음 알게 된 것은 황동규의 시 〈풍장〉에서였다.

> 선암사 매화 처음 만나 수인사 나누고
> 그 향기 가슴으로 마시고
> 피부로 마시고
> 내장(內臟)으로 마시고
> (중략)
> 나는 매화의 내장 밖에 있는가,
> 선암사가 온통 매화,
> 안에 있는가?

여고생의 상상 속에선 그저 매화가 흐드러진 고즈넉한 사찰 정도로 그려졌지만 실제로 만난 선암사는 기대했던 것보다 훨씬 더 아름다운 절집이었다. 우거진 숲 사이로 난 부드러운 흙길을 따라 걷다 보니 정겨운 새들의 지

Landscape

저켠 너머로 물 흐르는 소리가 맑다. 가까이 다가가면 아치형의 기려한 무지개다리, 승선교가 모습을 드러낸다. 크기도 모양도 제각각인 냇돌로 쌓아올린 다리는 마치 풍경의 일부처럼 자연스럽다. 그러나 신선들이 건너는 다리란 이름처럼 이 다리 하나로 현세와 선계가 구분된다. 참으로 놀라운 건축미학이다.

한때 70여 동의 건물이 들어선 대가람이었던 선암사, 지금은 그 절반도 되지 않는 소박한 규모다. 그러나 입체적으로 배치된 가람 때문인지 걸음을 옮길 때마다 새로운 풍경이 눈에 들어온다. 우아한 조형미와 건실한 균형미를 지닌 삼층석탑에 눈길을 빼앗길 무렵, 어디선가 은은한 매화 향기가 바람결에 불어들었다. 그 향기를 쫓아 걷다 보니 원통전과 각황전 담장을 따라 운수암으로 오르는 길목이 온통 매화 천지다. 수백 년을 품어온 짙은 향기가 한꺼번에 피어올라 정신이 그만 아득할 정도다. 코로는 부족하여 가슴과 피부, 심지어 내장으로 그 향기를 맡는다는 시인의 표현이 그제야 이해되었다. 시인처럼 나도 한번 숨을 더 크게 들이켜 폐부 깊숙이 봄날의 향기를 만끽했다.

---
info

선암사
전남 순천시 승주읍 선암사길 450 선암사,
(061)754-5247,
www.seonamsa.net/
성인 2,000원

+ MORE +

함께
들르면 좋은 곳

1 낙안읍성민속마을 조선의 대표적인 계획도시 중 하나로 1.4킬로미터에 이르는 성곽으로 둘러싸인 마을이다. 읍성 안에는 관아부터 양반들이 거주하던 기와집, 일반 백성들의 초가가 고스란히 보존되어 있어 당시 조선의 삶을 엿볼 수 있다. 현재까지 주민들이 읍성 내에 거주하며 삶의 터전을 가꾸고 있어 살아 숨쉬는 박물관이라 할 수 있다.

info 전남 순천시 낙안면 충민길 30, (061)749-8831, nagan.suncheon.go.kr / 관람시간 제한 없음(단, 매표시간 외 일부시설 관람 제한. 매표시간 12월~1월 09:00~17:00, 2월~4월, 11월 09:00~18:00, 5월~10월 08:30~18:30), 성인 2,000원

2 순천 드라마세트장 격동기의 근대사를 겪으며 산업화를 이룬 대한민국의 과거로 시간여행을 떠날 수 있는 공간. 정확한 고증을 통해 당시의 모습을 섬세하고 완벽하게 복원하였다. 1960년대의 순천 읍내 거리, 1960~1970년대의 서울 달동네, 1980년대의 서울 변두리 번화가로 이루어진 세트장을 거닐며 직접 드라마의 주인공이 되어 볼 수 있다.

info 전남 순천시 비례골길 24, (061)749-4003 / 09:00~18:00, 성인 3,000원

3 순천만 자연생태공원 해마다 수많은 희귀 철새들이 찾아오는 국내 최대 규모의 자연생태공원으로 주변 일대가 온통 갈대로 뒤덮여 있다. 갈대밭 사이로 난 데크를 따라 바람의 속삭임에 춤을 추는 갈대숲에서 즐겁게 노닐 수 있다. 해질 무렵 전망대에 오르면 붉게 물든 갈대와 갯벌들이 바다를 뒤덮는 풍경이 그야말로 장관이다. 노을빛이 내려앉은 갈대밭 사이로 난 부드러운 'S'자 곡선의 물길은 보는 이의 마음을 빼앗는다.

info 전남 순천시 순천만길 513-25, (061)749-4007, www.suncheonbay.go.kr / 09:00~일몰 전, 성인 5,000원

STAY

홀로 머물기 좋은 집

순천 남도게스트하우스 순천터미널에서 걸어서 5분 거리에 위치해 접근성이 좋다. 오래된 한옥을 리모델링하여 게스트하우스로 꾸민 곳. 기와지붕에 현대식 미닫이를 단 독특하면서도 정감 넘치는 공간이다. 주인장이 직접 만들었다는 이층침대도 편안하고 아늑한 옥탑과 안마당을 갖추고 있어 친근한 분위기를 느낄 수 있다.
info 전남 순천시 장천2길 30-17, 010-4356-3255, namdogeha.com / 도미토리 18,000원부터(1인 기준)

순천 하루게스트하우스 주인장이 친절하기로 소문난 게스트하우스. 시설도 깔끔하고 여행자들을 배려하는 마음 씀씀이도 따뜻하다. 카페처럼 꾸며진 객실은 감성 가득한 소품들로 채워져 있고 게스트들끼리 오붓한 파티도 자주 마련된다. 중앙시장 근처에 위치해 다양한 먹거리를 맛볼 수 있다는 것도 장점이다.
info 전남 순천시 옥천길 27, 010-8193-1253, blog.naver.com/harugh / 도미토리 24,000원부터(1인 기준)

EAT

홀로 들르기 좋은 맛집

건봉국밥 머리고기로 끓인 구수한 국물과 쫄깃쫄깃한 고기가 듬뿍 담겨 나오는 국밥 한 그릇이 든든한 맛집. 아랫장을 드나드는 지역 주민들이 즐겨 이용하지만 입소문이 나면서 관광객들도 일부러 찾아온다. 수익금의 일부는 각종 사회단체에 기부하는 착한 식당이기도 한다. 순대국밥과 내장국밥 등 다양한 종류의 국밥을 만들어내므로 본인의 입맛에 따라 선택할 수 있다.
[info] 전남 순천시 장평로 65, (061)752-0900 / 국밥 7,000원

원조동경낙지 오동통하게 살이 오른 낙지를 과일을 이용해 만든 특제 소스로 끓여낸다. 양념이 골고루 배인 낙지가 매콤하면서도 쫄깃하게 씹히는 맛이 일품이다. 국물 위주의 전골과 달리 푸짐한 당면 사리와 건더기를 건져내 밥과 함께 비벼먹는 맛이 별미. 함께 내는 동치미의 시원한 국물과도 찰떡궁합을 이룬다.
[info] 전남 순천시 금곡길 26, (061)755-4910 / 낙지전골(1인) 9,000원

이인수과자점 순천역 건너편에 자리해 기차여행자들에게 잘 알려진 동네빵집이다. 주인장이 직접 만든 다양한 종류의 빵을 파는데 특히 푸짐한 크기의 슈가 인기다. 수제 쿠키도 종류별로 갖춰 놓았고 커피도 함께 팔고 있어 잠시 쉬어가기 좋다.
[info] 전남 순천시 조곡동 160-3, (061)744-0098

혼자 떠나는 순천 선암사 매화 여행 추천 PLAN

1 DAY

순천터미널
걸어서 10분
(아랫장 방면)

건봉국밥
`1번 버스`
(선암사 정류장 하차)
:
1시간 30분

선암사

`1번 버스`
(종합터미널 정류장 하차)
:
1시간 30분
+
`66, 67번 버스`
(순천만 정류장 하차)
:
30분

순천만 자연생태공원

원조동경낙지
`67번 버스`
(중앙시장 정류장 하차)
:
30분
+
`걸어서 5분`
(길을 건너 남문교 방향)
+
`걸어서 5분`
(중앙 사거리에 삼성생명 방면 왼쪽 길)

1박 2일 코스

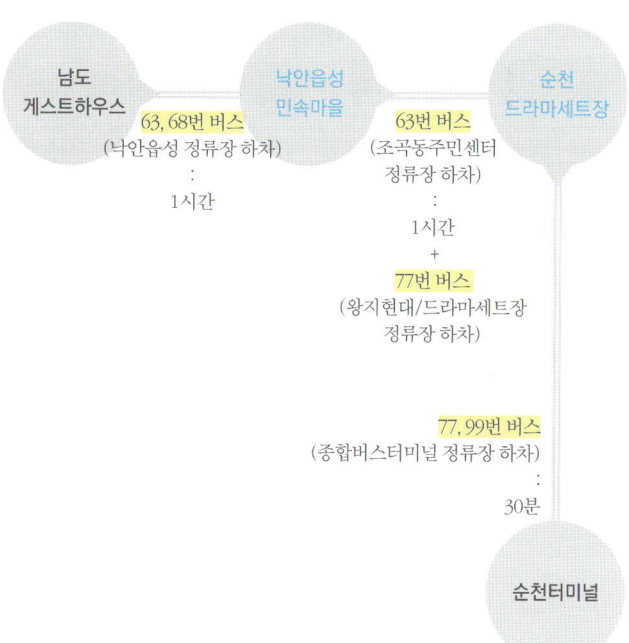

2 DAY

남도 게스트하우스 — 63, 68번 버스 (낙안읍성 정류장 하차) : 1시간 — 낙안읍성 민속마을 — 63번 버스 (조곡동주민센터 정류장 하차) : 1시간 + 77번 버스 (왕지현대/드라마세트장 정류장 하차) — 순천 드라마세트장 — 77, 99번 버스 (종합버스터미널 정류장 하차) : 30분 — 순천터미널

순천 찾아가는 방법
- 서울센트럴시티터미널에서 3시간 45분 소요 | 06:10~00:40(30~40분 간격)
- 부산종합터미널에서 2시간 30분 소요 | 07:00~22:00(2시간 간격)
- 대구동양버스터미널에서 3시간 소요 | 07:30~19:30(4시간 간격)
- 대전복합터미널에서 2시간 30분 소요 | 10:10, 12:30
- 광주종합버스터미널에서 1시간 10분 소요 | 05:40~23:00(10~30분 간격)

그대, 국화꽃 향기

안동
봉정사 국화 여행

서양에선 아름다운 꽃을 보통 여성에 비유하지만 과거 동양에선 남자, 그중에서도 굳은 절개와 고매한 인품을 지닌 선비를 상징할 때가 많다. 특히 국화는 뜻을 굽히지 않고 초야에 묻혀 사는 선비를 상징하는 꽃으로, 사군자에 속할 만큼 조선시대 문인들의 사랑을 독차지했다. 따라서 대표적인 선비 동네인 안동에 국화가 흐드러진 것은 어쩌면 당연한 일. 맑은 산속 깊숙한 곳에서 노란 꽃송이를 피운 감국은 눈부신 자태와 은은한 향기로 여행자의 마음을 사로잡는다.

    심상치 않은 하늘이 어째 불안하다 싶었는데 결국 한바탕 비를 뿌렸다. 젖은 흙을 밟으며 걷는 일은 만만치 않았지만 빗물에 먼지가 씻겨나간 감국은 더욱 눈부신 황금빛으로 여행자들을 맞는다. 마침 축제기간이라 입구에서 향긋한 국화차를 한 잔씩 나눠주었는데, 덕분에 가을비에 젖은 몸과 마음이 금세 따뜻해졌다.

    조금 걸어 올라가면 일주문 옆으로 노란 꽃밭이 선물처럼 펼쳐진다. 주로 산에서 자라는 감국은 노란 빛깔 때문에 '황국'이라고도 불리는데, 향이 짙어 관상용으로 키우거나 감기와 폐렴에 효능이 있어 한방에서도 요긴하게 쓰인다. 봉정사 일대에선 감국을 비롯한 여러 종류의

Landscape

국화를 이용해 차를 만든다. 농약과 비료를 전혀 사용하지 않는 것은 물론, 전통방식으로 찌고 말리기를 반복해 맛과 향이 뛰어나다. 축제기간에는 직접 국화를 따보는 체험도 할 수 있으며, 집집마다 조금씩 다른 국화차를 시음해보는 재미도 쏠쏠하다. 그러고 보니 나이에 상관없이 여자들의 귓가엔 다들 노란 국화꽃 한 송이가 걸렸다. 나도 슬쩍 땅에 떨어진 꽃송이 중 싱싱한 녀석을 하나 골라 귀에 걸었다. 달달한 향기가 코끝을 은은하게 스쳐 지난다.

국화꽃 향기로 뒤덮인 절간의 아름다움이야 말할 것도 없겠다. 천등산 자락에 위치한 봉정사는 우리나라에서 가장 오래된 목조 건축물인 극락전(국보 제15호)으로 잘 알려진 사찰이다. 신라 의상대사의 제자인 능인스님이 창건했다고 전해지는 이곳은 고려 중기에 지어진 극락전과 조선 초기의 대웅전, 조선 중기의 승방인 고금당, 조선 후기의 대방인 화엄강당 등 각 시대를 대표할만한 건축물들이 한데 어울려 그야말로 살아 있는 목조건물 박물관이나 다름없다. 그중에서도 동쪽 능선 위에 자리 잡은 암자, 영산암은 봉정사 건축의 백미로 꼽힐 만큼 절묘한 아름다움을 뽐낸다.

영산암에 이르기 위해선 촘촘한 돌층계를 지나야 하는데, 계단 하나하나를 오를 때마다 조금씩 모습을 드러내는 영산암은 수줍고 비밀스럽다. 구조 또한 ㄷ자 모양의 승방이긴 하나, 전체적으로 숨은 듯 닫힌 느낌이다. 하지만 꽃비가 내리는 누각이란 의미의 우화루가 아름다운 천등산 풍경을 안마당으로 끌어들이고, 돌계단을 따라 높낮이가 다르게 건물들이 들어앉아 답답하기보다 아늑하고 고요한 승방의 분위기를 만들어낸다. 특히 마당 한가운데 선 소나무는 어정쩡하게 맞붙은 두개의 마당을 절묘하게 구획한다. 가지를 뻗은 모양새 또한 은근한 힘이 느껴지니 영산암의 화룡점정이라 해도 과언이 아니다.

봉정사에서 내려오는 길에 찻집에 들러 국화차 한 잔을 주문했다. 향기마저 기억에 새겨두려 깊이, 또 깊이 음미했다. 가을의 끝자락에 찬연히 피어나 은연히 사람의 마음속으로 스며드는 향기, 국화가 새삼 아름다워지는 곳이다.

|info|
봉정사
경북 안동시 서후면 봉정사길 222,
(054)853-4181 /
07:00~19:00(동절기 08:00~18:00),
입장료 성인 2,000원

+ MORE +
함께
들르면 좋은 곳

1 병산서원 서애 류성룡이 제자들과 함께 학문을 논하던 곳으로, 본래 고려 말 풍산현에 있던 사학을 선생이 지금의 자리로 옮겨왔다. 낙동강이 한눈에 내려다 보이는 오붓한 언덕에 자리한 병산서원은 자연을 건축의 일부로 받아들이는 유연함이 가장 큰 매력. 물길을 따라 산자락을 넘어 하회마을로 향하는 유교문화길은 깊어가는 가을에 걷기 더없이 좋다.

info 경북 안동시 풍천면 병산리 30, (054)858-5929 / 09:00~18:00(동절기 17:00까지), 입장료 없음

2 옥연정사 · 부용대 낙동강이 휘돌아나가는 하회마을의 전경이 한눈에 내려다 보이는 부용대와 서애 류성룡이 '앞에 흐르는 못이 마치 옥처럼 맑고도 맑다'며 사랑해 마지않았던 옥연정사는 꼭 한번 들러보아야 할 곳이다. 나룻배를 이용하면 강 건너에 도착하는데 뱃사공의 노 젓는 솜씨를 구경하는 것도 남다른 정취를 불러일으킨다.

info 경북 안동시 풍천면 광덕솔밭길 72(부용대), (054)856-3013 / 입장료 없음(나룻배 이용료 왕복 3,000원)

3 월영교 조선판 '사랑과 영혼'으로 불리는 원이엄마 이야기에서 모티프를 얻어 설계한 목책교, 특히 야간 조명이 아름다워 연인들의 데이트 코스로 인기다. 투병 중인 남편의 쾌유를 빌며 자신의 머리카락으로 미투리를 지었던 원이엄마의 헌신적인 사랑은 안동호의 경치와 어우러져 은은한 감상에 젖게 만든다.

info 경북 안동시 상아동 486-2, (054)856-3013

4 하회마을 조선시대 유교문화가 그대로 살아 숨쉬는 안동 하회마을은 지난 2010년 유네스코 세계문화유산으로 등재될 만큼 역사적으로 보존 가치가 높다. 풍산 류씨의 대종가인 양진당과 서애 류성룡의 종택인 충효당 등 기품이 넘치는 고택들이 즐비해 보는 눈을 즐겁게 한다. 마을 공연장에선 〈하회별신굿탈놀이〉도 선보이니 함께 챙겨보면 좋겠다.

info 경북 안동시 풍천면 종가길 40, (054)853-0109 / 09:00~19:00(동절기 18:00까지), 입장료 성인 3,000원

5 하회세계탈박물관 하회탈은 우리나라에 전해지는 수많은 탈 중 유일하게 국보로 지정된 귀중한 문화유산이다. 특히 턱 부분을 분리시킨 양반탈과 선비탈, 중탈, 백정탈은 광대의 움직임에 따라 다양하고 생생한 표정을 연출해 신령스러운 탈이라는 평가까지 얻고 있다. 이곳 박물관에는 하회탈을 비롯해 세계 각국의 개성 넘치는 탈들이 전시되어 있어 보는 재미를 더한다.

info 경북 안동시 풍천면 전서로 206, (054)853-2288 / 09:30~18:00, 입장료 성인 2,000원

STAY

홀로 머물기 좋은 집

EAT

홀로 들르기 좋은 맛집

피터팬게스트하우스 안동 중앙신시장 바로 옆에 위치해 주요 관광지로 향하는 교통편을 이용하기가 수월하다. 주인장은 서울 토박이지만 아는 이 하나 없는 이곳에 보금자리를 틀 만큼 안동에 대한 애정이 남다르다. 게스트들끼리 찜닭을 먹으러 가는 등 쉽게 어우러지는 분위기도 장점.

[info] 경북 안동시 중앙시장길 5, 010-3124-8277, http://cafe.naver.com/andongguesthouse / 6인실 도미토리 20,000원(1인 기준)

행복한게스트하우스 조용히 여행의 피로를 풀고 휴식을 취하고 싶다면 이곳을 추천한다. 모텔 건물을 리모델링해 여행자들에게 독립적인 공간을 제공한다는 게 큰 매력이다. 단, 방에서 음주나 흡연은 금지이고 밤 11시 이후엔 외출도 제한된다. 아침엔 갓 끓여낸 호박죽을 제공한다.

[info] 경북 안동시 중앙시장 5길 2, 010-8903-1638, http://cafe.naver.com/happy1522 / 2인실 20,000원(1인 기준, 혼자 사용할 경우 25,000원)

까치구멍집 월영교 건너편에 자리한 식당으로 안동의 향토음식 중 하나인 헛제삿밥으로 유명하다. 헛제삿밥이란 제상에 올렸던 나물과 탕채를 비벼먹는 것을 가리키는데, 옛 선비들이 음식 냄새가 이웃에 풍기면 폐를 끼친다고 하여 실제로는 제사를 지내지 않고 제사를 지냈다며 이웃을 불러 모아 함께 음식을 나눴던 데서 유래한다.

[info] 경북 안동시 석주로 203, (054)855-1056 / 헛제삿밥 9,000원

맘모스제과 블로거들 사이에서 '전국 3대 빵집'으로 꼽히는 곳으로, 얼마 전 서울의 한 백화점에서 초대전을 가졌을 만큼 지역 빵집이라고 하기엔 상당한 명성을 누리고 있다. 녹두앙금과 팥앙금을 층층이 쌓은 후 고소한 소보로를 얹어 구워낸 맘모스빵이 이곳의 대표 메뉴. 달콤하고 향긋한 유자를 넣어 구운 유자파운드도 여자 손님들에게 인기만점이다.

[info] 경북 안동시 문화광장길 34, (054)857-6000 / 맘모스빵 4,000원

CAFE

홀로 들르기 좋은
카페

하회대가찜닭 하회마을장터에 자리한 식당 중 하나로 전통한옥을 개조하여 멋스러운 분위기가 인상적이다. 특히 날씨만 좋다면 아름다운 풍광으로 둘러싸인 누마루가 최고의 명당. 이름대로 찜닭을 전문으로 하는 식당이지만 간고등어도 고소하게 잘 구워낸다. 밑반찬도 깔끔해 정갈한 저녁메뉴로 딱이다.

info 하회마을 내 위치, (054)841-5184 / 간고등어구이 15,000원

만휴 천등산 자락에 위치한 찻집 겸 게스트하우스다. 주인장의 살가운 손길이 그대로 느껴지는 아름다운 정원에 멋스런 팔각형 목조건물이 들어앉았다. 건물 가운데 원통형 공간과 2층을 게스트하우스로 사용하고 낮에는 직접 만든 차와 다과를 판매한다. 다양한 모양과 크기의 찻잔이나 차주전자 등도 판매하고 있어 함께 구경하는 재미가 쏠쏠하다.

info 경북 안동시 서후면 봉정사길 242, (054)855-2268 / 국화차 5,000원

혼자 떠나는 안동 봉정사 국화 여행 추천 PLAN

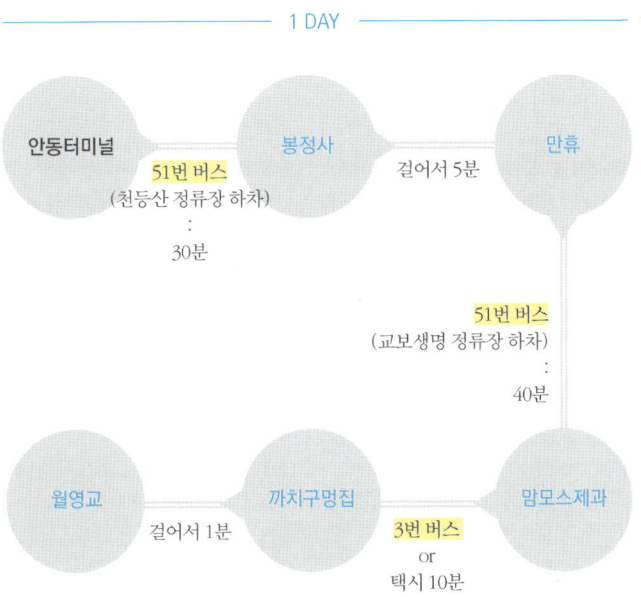

1 DAY

안동터미널 → 51번 버스 (천등산 정류장 하차) : 30분 → 봉정사 → 걸어서 5분 → 만휴 → 51번 버스 (교보생명 정류장 하차) : 40분 → 맘모스제과 → 3번 버스 or 택시 10분 → 까치구멍집 → 걸어서 1분 → 월영교

안동 찾아가는 방법
- 서울센트럴시티터미널에서 2시간 50분 소요 | 06:10~20:10(50분 간격)
- 부산종합버스터미널에서 2시간 30분 소요 | 07:00~19:30(40~60분 간격)
- 동대구고속터미널에서 1시간 40분 소요 | 06:40~20:50(20~25분 간격)
- 대전복합터미널에서 2시간 50분 소요 | 06:50~20:00(20~50분 간격)

1박 2일 코스

2 DAY

피터팬 or 행복한 게스트하우스
— 46번 버스 (병산서원 정류장 하차) : 50분 →
병산서원
— 걸어서 1시간 30분 (하회마을 방면) →
하회마을
— 나룻배 : 3분 →
옥연정사・부용대
— 셔틀버스 : 10분 →
하회세계탈박물관
— 걸어서 2분 →
하회대가찜닭
— 46번 버스 (안동터미널 정류장 하차) : 1시간 →
안동터미널

Landscape

울긋불긋 꽃 대궐 차리인 동네

전주 완산공원 봄꽃 여행

전주 하면 맛으로 기억되는 대표적인 여행지. 새벽을 깨우는 시원한 콩나물국밥을 시작으로 갖가지 맛과 색이 한데 어우러진 전주비빔밥, 깊어가는 달빛을 안주 삼아 기울이는 막걸리까지, 전주를 제대로 맛보려면 하루 종일이 모자랄 정도다. 여기에 예부터 성품이 질박하지 않고 행동이 신중하다고 하여 인물이 많이 난 전주는 여전히 꼿꼿한 기품과 살가운 속정으로 여행자들을 맞는다. 때문에 누구든 전주를 만나면 쉽게 매료되고 만다. 그런데 매년 봄이면 전주를 찾아가야 할 또 하나의 이유가 생겼다. 바로 꿈처럼 황홀한 꽃대궐이 그곳에 있기 때문이다.

"꽃동산 한번 갈까요?"

봄날의 전주는 처음이라는 말에 게스트하우스 주인장은 가벼운 꽃놀이를 제안했다. 벚꽃길 예쁘기로 소문난 동물원에라도 가는가 싶어 얼른 따라나섰더니 한옥마을에서 그리 멀지 않은 완산공원 한편이다. 전주시립도서관 뒤 나무계단을 올라서면 바로인데, 들어서는 순간 왜 이곳에 꽃동산이란 이름이 붙었는지 단번에 이해할 수 있다. 키를 훌쩍 넘는 철쭉덤불과 하늘을 가득 덮은 겹벚꽃의 탐스러운 꽃망울. 정말이지 이곳은 꽃. 동. 산. 이다.

꽃동산은 원래 개인 소유였다. 땅주인은 40년 동안 봉급을 쪼개어 철쭉과 벚나무를 심고 틈틈이 그것들을 돌보았다. 오랜 정성과 애정 덕분인지 나무는 훌쩍 자라 유독 크고 싱싱한 꽃망울을 터트린다. 조경업자들이 찾아와 나무를 탐내기도 했지만 할아버지는 아무런 대가 없이 이토록 아름다운 꽃대궐을 누구에게나 열어둔다. 보다 많은 사람들과 꽃동산을 나누고 싶었기 때문이다. 결국 시에서

Landscape

할아버지의 뜻을 받아들여 토지와 꽃나무를 매입, 시민들을 위한 공원으로 정비했다. 언덕배기에 전망대도 설치했는데, 이곳에선 꽃나무 흐드러진 꽃동산의 전경은 물론, 멀리 전주의 구도심이 한눈에 내려다 보인다.

"에잇, 망했다!"

아까부터 옆에서 신나게 카메라 셔터를 눌러대던 여대생들이 결과물이 마음에 들지 않는 모양인지 불만을 터트린다. 슬쩍 카메라를 훔쳐보니 이유를 알겠다. 꽃이 너무 아름다워 인물이 빛을 잃는다. 사람이 꽃보다 아름답다는 게 이곳에선 새빨간 거짓말이 되고 만다. 봄이면 온 산천을 뒤덮는 흔하디흔한 철쭉이건만 이곳의 철쭉은 농익은 여인네처럼 요염하다. 가볍게 흩날리기보다 꽃송이째로 툭, 떨어지는 겹벚꽃은 비장하리만큼 청초하다. 욕심을 버리고 꽃에 초점을 맞추면 그제야 사람도 은은하게 어울린다.

아름다운 꽃길은 누군가와 함께 걸어야 한다. 혼자였을 때 비로소 제 속살을 드러내 보이는 풍경도 있지만 봄꽃의 낭만은 공유할 때 더욱 넉넉해진다. 홀로 떠나는 여행에 익숙한 나도 눈부신 꽃길 앞에서만큼은 문득 외로워진다. 이내 흐드러진 겹벚꽃을 찍은 사진을 연인에게 전송하며 한마디 덧붙인다.

'당신이 함께였으면 좋겠다.'

---
info

완산공원
전북 전주시 완산구 곤지산4길 12,
(063)281-5044

+MORE+

함께
들르면 좋은 곳

1 덕진공원 전주시민들이 가장 사랑하는 휴식공간으로 고려시대에 조성된 연못을 중심으로 꾸며져 한가로운 봄날 여운을 즐기기에 좋다. 연못 중앙에 놓인 아치형 현수교를 걸어보거나 취향정에 앉아 바람을 즐겨보는 것도 낭만적이다. 하루 네 번 쏘아 올리는 음악분수도 볼거리다.

info 전북 전주시 덕진구 권삼득로 390, (063)239-2607 / 24시간 개방, 입장료 없음

2 오목대 고려 장군이었던 이성계가 왜구를 정벌하고 돌아가는 길에 들러 연회를 베풀었던 곳으로, 이 자리에서 그는 한나라를 건국한 유방이 불렀다는 대풍가를 읊었다고 한다. 이는 새로운 국가 건설의 야심을 엿볼 수 있는 대목으로, 후에 고종이 비를 세워 조선의 시작을 기억하도록 했다. 한옥마을이 한눈에 내려다 보이는 뷰포인트로 특히 야경이 아름답다.

info 전북 전주시 완산구 기린대로 55, (063)281-2114

3 이름 없는 카페 여행자들 사이에서 '이름 없는 카페', '철문카페'로 불리는 이곳은 정말 간판 하나 없다. 갤러리와 카페가 어우러진 복합문화공간으로 각광받고 있는 '오스갤러리'의 한옥마을점이지만 이름 없는 카페로 소문이 나면서 그렇게 굳어졌단다. 다양한 드립커피와 허브차를 즐길 수 있으며 카페 공간을 활용한 전시도 꾸준히 열리고 있어 쉬어가기 좋다.

info 전북 전주시 완산구 은행로 52, (063)232-1153/핸드 드립커피 5,000원

4 자만벽화마을 한옥마을에서 그리 멀지 않은 자만마을은 도심 속 달동네로 노후하고 쇠락한 모습이었지만 벽화마을로 새롭게 단장하면서 조금씩 생기를 되찾고 있다. 40여 채의 주택 담벼락에 자리한 그림들이 꽃을 테마로 그려져 보는 사람마저 기분 좋은 활기를 얻게 된다. 낡은 대문을 그대로 그림 속에 활용하는가 하면 연인들을 위한 사랑스러운 하트 담벼락을 만들어놓은 센스도 돋보인다.

info 전북 전주시 완산구 교동

5 전주한옥마을 한해 500만 명 이상의 관광객들이 다녀갈 정도로 전주를 대표하는 명소다. 소담스런 한옥들 사이를 걸으며 전통문화의 멋과 옛 선비의 풍류를 느껴볼 수 한옥마을은 천천히 걷다 보면 마치 시간여행을 떠나온 느낌마저 든다. 이국적인 건축양식이 돋보이는 전동성당과 조선왕조의 뿌리라 할 수 있는 경기전은 놓쳐선 안 될 볼거리다.

info 경기전-전북 전주시 완산구 태조로 44, (063)287-1330 / 09:00~19:00(6~8월 20:00까지 11~2월 18:00까지, 매주 월요일 휴관), 입장료 성인 1,000원

6 전주향교 드라마〈성균관 스캔들〉의 촬영지로 큰 화제를 모았던 전주향교는 전국의 향교 중에서도 아름다운 전경을 간직한 곳으로 꼽힌다. 게다가 공자와 맹자, 증자, 안자의 아버지 위패를 봉안한 계성사와 대성전 등 주요 건물의 원형도 잘 보존되어 있어 역사적 의미 또한 크다. 드라마에도 등장한 바 있지만 웅장한 크기를 자랑하는 네 그루의 은행나무가 노랗게 물드는 가을이 가장 낭만적인 풍경을 자랑한다.

info 전북 전주시 완산구 교동 26-3, (063)288-4544

7 청년몰 버려진 창고와 백반집만 겨우 남은 남부시장 2층 공간을 활용해 꾸민 젊은이들의 시장으로 카페와 분식집, 디자인 숍, 칵테일 바 등 개성 넘치는 가게들이 성업 중이다. 매월 첫째, 셋째 주 토요일엔 전국에서 모인 젊은이들이 함께 어울려 물건을 사고파는 프리마켓형 야시장도 열려 색다른 축제 분위기를 형성한다.

info 전북 전주시 완산구 풍남문2길 63 2층, (063)284-1344

STAY

홀로 머물기 좋은 집

게스트하우스 분 경기전 후원이 내려다 보이는 단아한 이층집을 활용한 게스트하우스로 내 집처럼 편안한 분위기가 큰 매력이다. 주인장의 남다른 취미 덕분에 방마다 손때 묻은 앤티크가구와 직접 짠 옛 무명 이불이 놓여 있어 더욱 아늑한 잠자리를 경험할 수 있다.

[info] 전북 전주시 완산구 어진길 82, 010-4614-3300, www.jhpd.co.kr / 2인실 70,000원(주말 80,000원)부터

베가게스트하우스 여성 여행자들을 위한 안전하고 편안한 숙소를 지향하는 곳으로 단순한 잠자리를 넘어 문화적 감성을 충전하고 일상에 지친 몸과 마음을 힐링할 수 있는 공간이다. 옥상에 마련된 흔들의자에 앉아 있으면 멀리 남고산성이 한눈에 들어오고 저녁노을도 감상할 수 있다.

[info] 전북 전주시 완산구 전동성당길 33-6, 010-2664-4267, www.vegaguesthouse.com / 4·6인실 도미토리 25,000원(1인 기준)

단경 1943년에 지어진 전통한옥에 모던한 갤러리의 느낌을 더한 게스트하우스로 독창적인 가구와 감각적인 소품, 은은한 조명이 아름답게 어우러진다. 뜰 건너편엔 갤러리 겸 카페가 자리해 여자들끼리 쉬어 가기 좋다.

[info] 전북 전주시 완산구 한지길 99, 011-657-9138, www.dankyung.co.kr / 2인실 130,000원부터

EAT

홀로 들르기 좋은 맛집

베테랑분식 한옥마을을 대표하는 맛집 중 하나. 처음 문을 연 게 1977년이라고 하니 벌써 그 역사만 36년에 이르는 오랜 분식집이다. 이곳의 대표 메뉴는 칼국수인데 칼칼하게 매운맛에 계란과 들깨, 김가루를 넉넉하게 올려 고소한 맛까지 즐길 수 있다. 양이 푸짐해 주머니 가벼운 여행자들에게 인기가 좋다.
info 전북 전주시 완산구 경기전길 135, (063)285-9898 / 칼국수 5,000원

상덕커리 경기전 담벼락을 따라 걷다 보면 자작나무와 낡은 타이어를 이용해 붙인 재활용 간판 하나가 눈에 띈다. 채식카레 전문점 상덕커리다. 메뉴도 매운맛과 부드러운 맛 두 가지로 단출하지만 점심시간만 되면 테이블이 가득 찬다. 채소만으로 카레를 만들어 맛이 깔끔할 뿐 아니라 '밥상 위의 덕'을 뜻하는 이름처럼 재료부터 꼼꼼하고 간깐하게 고르기 때문에 단골손님도 많다.
info 전북 전주시 완산구 풍남동3가 67-18, (063)288-0824 / 11:30~15:00(매주 월요일 휴무)

옛날땡땡이상추튀김 전북대 구 정문 건너편에 자리한 분식집으로 김말이와 오징어 등 각종 튀김을 산처럼 쌓아놓고 판다. 이 집의 인기비결은 바로 상추! 튀김을 주문하면 싱싱한 상추를 함께 내는데, 간장 소스에 찍은 튀김을 싸서 먹으면 특유의 느끼함을 잡아줘 한 접시가 순식간에 사라진다.
info 전북 전주시 덕진구 권삼득로 313, (063)273-0903 / 상추튀김 4,000원

현대옥(남부시장 본점) 콩나물과 밥을 따로 끓여 아삭하게 씹히는 맛을 살린 남부시장식 콩나물국밥의 원조다. "전주에 가면 현대옥에 갔다 와야 제대로 대접받은 것"이라는 말이 있을 만큼 명성 자자한 맛집으로, 남부시장 골목 깊숙이 자리한 본점은 아담하니 옛 향수를 그대로 간직하고 있어 꼭 한번 들러볼 만하다.
info 전북 전주시 완산구 풍남문2길 63, (063)232-0074 / 콩나물국밥 6,000원

CAFE

홀로 들르기 좋은
카페

교동다원 오래된 한옥에 앉아 따뜻한 차 한 잔에 몸과 마음의 평화를 얻어갈 수 있는 곳이다. 마당에서 직접 차나무를 재배할 만큼 우리 차에 대한 지식과 애정이 넘치는 주인장이 차의 종류부터 마시는 법까지 친절하게 설명해준다. 주인 내외의 정성스런 손길로 단장한 안마당 풍경도 아름다운데, 특히 비 오는 날에는 빗물 떨어지는 소리가 음악처럼 들린다.

info 전북 전주시 교동 64-7, (063)282-7133

BAR

홀로 들르기 좋은
술집

차가운 새벽 맛난 칵테일과 편안한 수다가 정겨운 칵테일 바다. 칵테일의 매력에 빠져 독학으로 수십 가지의 레시피를 터득했다는 이곳 주인은 손님의 취향에 따라 즉석에서 개발한 칵테일을 내놓기도 한다. 오랜 연구 끝에 선보인 '어른의 아이스크림'은 베일리스를 넣고 얼린 아이스크림에 원하는 리큐르를 첨가하는 것으로 그녀의 여름 강추 메뉴다.

info 전북 전주시 완산구 전동3가 2-241 6동 2층

혼자 떠나는 전주 완산공원 봄꽃 여행 추천 PLAN

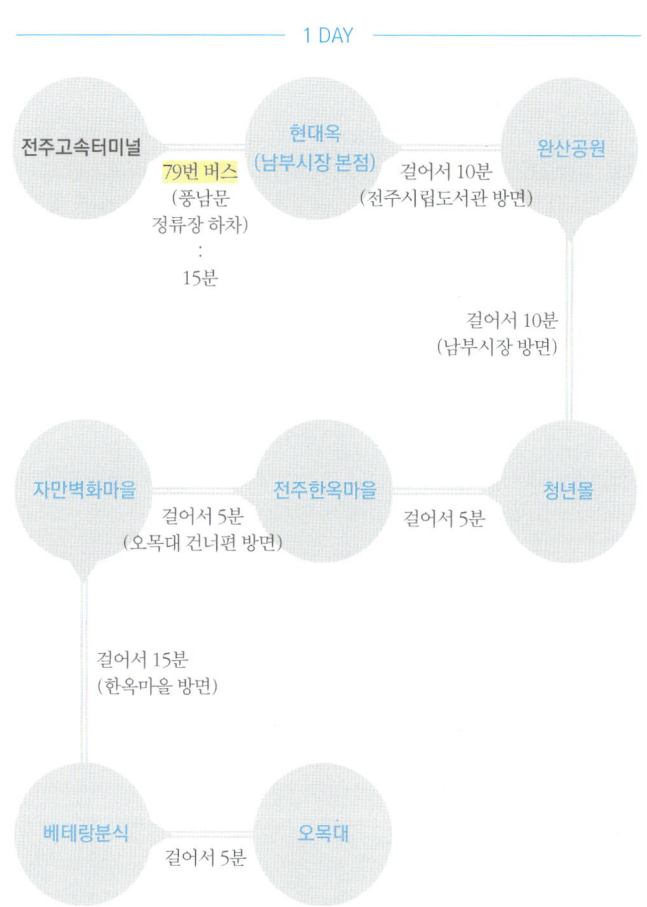

1박 2일 코스

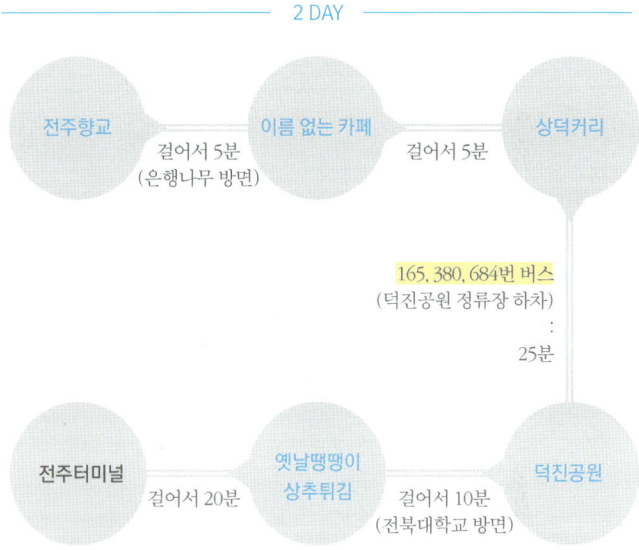

전주 찾아가는 방법
- 서울센트럴시티터미널에서 2시간 45분 소요 | 05:30~20:00(10~20분 간격)
- 부산종합터미널에서 3시간 20분 소요 | 07:00~19:00(70분 간격)
- 동대구고속터미널에서 3시간 소요 | 06:30~19:40(70~120분 간격)
- 대전복합터미널에서 1시간 20분 소요 | 06:30~21:30(30분 간격)
- 광주종합터미널에서 1시간 20분 소요 | 06:05~22:20(20~30분 간격)

한 폭의 동양화를 담은

풍류의 호수

―――――
제천
청풍호 풍류 여행

청풍명월. 송나라를 대표하는 문호, 소식은 그의 대표작인 〈적벽부〉에서 '강 위의 맑은 바람과 산간의 밝은 달은 귀로 들으면 소리가 되고 눈으로 보면 빛이 된다.'고 했다. 바람 한 줌과 달빛 한 조각에도 귀와 눈을 열어두는 것은 작가뿐 아니라 여행자에게도 꼭 필요한 태도가 아닐까. 비록 인공호수이긴 하나 청풍호에 남다른 눈길이 가는 것은 아마도 그 이름 때문일 것이다.

인터넷 검색창에 '청풍호'를 치면 충주호의 관광정보가 뜬다. 충주댐 건설로 조성된 인공호수이니 정식명칭은 충주호가 맞다. 하지만 수몰된 지역의 절반 이상이 제천에 속해 있고 이곳 지명이 청풍면이니 제천 사람들은 고집스레 청풍호라 부른다. 예전에 이곳을 흐르던 남한강도 청풍강이라 불렀으니 충주호라는 이름에 남모를 박탈감을 느끼는 것은 어쩌면 당연하겠다. 나 역시 충주호란 이름보단 청풍호란 이름이 더 가깝게 다가온다. 충주호라고 불렀을 땐 막막했던 풍경이 청풍호라고 하면 보다 선명하게 그려지는 때문이다.

맑은 바람과 밝은 달이란 뜻의 청풍명월은 아름다운 자연을 비유할 때 흔히 사용되는 말로, 진나라 사혜란 인물이 '내 방을 자유로이 드나드는 건 맑은 바람이요, 나와 술을 나누는 이는 밝은 달뿐이다.'라고 말한 데서 비롯되었다. 청풍호는 그처럼 호젓하고 여유로운 정취를 즐길 수 있는 장소로 청풍나루에서 유람선을 이용하면 퇴계 이황이 그토록 탐냈다는 옥순봉도 가까이서 감상할 수 있다.

월악산 자락에 자리한 옥순봉은 마치 푸른 대나무 싹이 솟아오른 것처럼 독특한 절경을 지니고 있다고 하

Landscape

여 이름 붙여진 봉우리다. 과거 단양군수로 부임했던 이황도 그 아름다운 경치에 반하여 단양군에 속하게 해달라고 청했으나 청풍군수가 거절하자, 석벽에 단양의 입구란 뜻으로 '단구동문'이라고 적어두었다는 이야기가 전해진다. 단원 김홍도도 그의 대표작인 〈병진년화첩〉 중 한 폭에 '옥순봉도'를 남겼을 만큼 옥순봉은 수많은 시인묵객과 예술가들에게 사랑받았다.

봉우리 꼭대기의 바위가 마치 거북의 머리 모양 같다고 하여 이름 붙은 구담봉도 청풍호의 손꼽히는 비경이다. 후일 청풍군수를 지내며 선정을 베풀었던 조선 중기의 학자 이지번이 한때 벼슬을 버리고 은거했던 곳이 바로 이곳 구담봉이다. 그는 구담봉에 칡으로 엮은 동아줄을 매달아 배를 타는 것을 즐겼는데, 그 모습이 마치 한 마리 학과 같다고 하여 구담봉의 신선으로 불리기도 했다.

유람선에 오르자마자 맥주 한 캔을 사들고 전망이 좋은 자리를 차지하고 앉았다. 이내 배가 움직이기 시작하자 기분 좋은 봄바람이 볼을 어루만졌다. 마치 여인네의 가슴처럼 불룩하게 솟아올랐다 가느다란 허리처럼 잘록해지는 산자락은 호수의 푸른 물결과 어울려 한 폭의 그림처럼 일렁였다. 시원 쌉쌀한 맥주를 한 모금 들이켜니 그 옛날 선비들의 풍류가 이와 같았을까 싶다. 돌아오는 길에는 잠시 눈을 감았다. 살랑대는 봄바람과 배에 부딪혀 흩어지는 물방울에 귀를 기울였다. 눈으로 보지 않아도 그것은 절경이다.

|info|
청풍호 유람선(청풍나루)
충북 제천시 청풍면 문화재길 54, (043)647-4566, www.chungjuho.com /
하절기 09:00~17:00, 동절기 10:00~16:00, 대인 14,000원(장회나루 왕복 기준)

+ MORE +

함께
들르면 좋은 곳

1 박정우 염색갤러리 염색에 사용되는 염료를 이용해 천에 그림을 그리는 염색화가의 이색 갤러리. 박정우 작가의 염색 그림은 손으로 그린 그림처럼 정교하고 생동감이 넘친다. 색감이 곱고 어렵지 않아서 편안하게 즐기면서 관람할 수 있다. 1층에는 직접 염색을 해볼 수 있는 염색체험관이 있고, 2층은 염색 작품 전시관과 작가가 직접 만든 의류 관련 소품 등을 판매하는 상점이다.

info 충북 제천시 청풍면 읍리 22-5 (043)644-4051 / 10:30~18:00(월요일 휴관), 무료

2 청풍문화재단지 충주댐 건설로 수몰된 지역에 있던 문화재를 모아 지금의 자리에 복원하였다. 43여 점에 이르는 문화재뿐만 아니라 실생활에 사용되었던 유물들이 1,600여 점이나 전시되어 있어 작은 민속촌이라 불린다. 고려 충숙왕 때 처음 만들어진 한벽루에 오르면 충주호의 아름다운 모습을 감상할 수 있다.

info 충북 제천시 청풍면 청풍호로 2048, (043)647-7003 / 하절기 09:00~18:00 동절기 09:00~17:00, 성인 3,000원

STAY

홀로 머물기 좋은 집

청풍게스트하우스 제천역 건너편에 새롭게 오픈한 게스트하우스로 세련된 인테리어와 편의시설, 세심한 서비스 덕분에 여행자들의 평가가 좋다. 특히 여성 여행자들을 배려한 개별 샤워실과 파우더룸이 인기. 침대 곁에는 독서등과 간이책상을 설치해 여행 중 책을 읽거나 일정을 정리하는 데도 유용하다.

info 충북 제천시 의림대로 6길 5, 070-8621-5886 / 1인 30,000원

EAT

홀로 들르기 좋은 맛집

예촌 소담스런 나무집과 정갈하게 꾸며진 안마당이 들어서는 순간부터 마음을 편안하게 만들어주는 이곳은 제천시가 선정한 약채음식점 중 하나다. 약채란 몸에 약이 되는 채소를 일컫는 말로 우리 땅에서 나온 약채들을 하나하나 정성스레 담은 반찬들이 맛깔스럽다. 제철에 난 갖가지 나물들을 맛볼 수 있는 약채정식을 비롯해 구수한 곤드레나물밥이 인기다.

info 충북 제천시 청풍면 신리 32, (043)648-3707 / 곤드레나물밥 10,000원

혼자 떠나는 제천 청풍호 풍류 여행 추천 PLAN

1일 코스

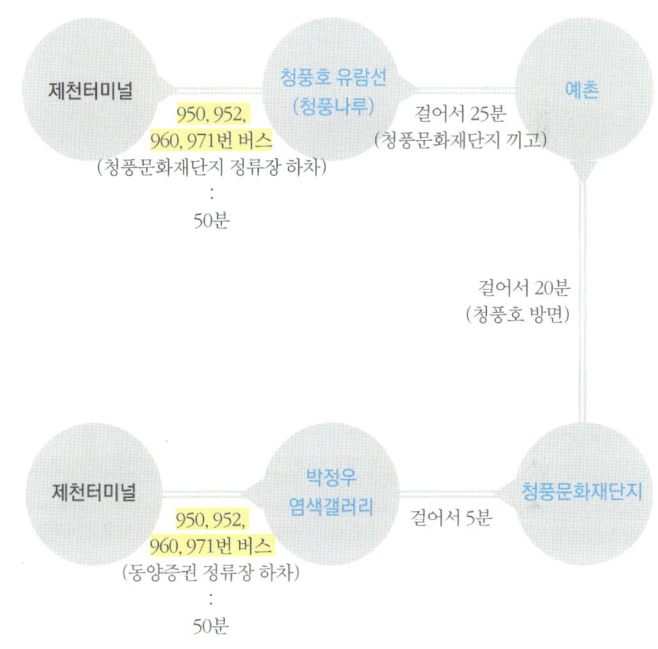

제천터미널 → (950, 952, 960, 971번 버스) (청풍문화재단지 정류장 하차) : 50분 → 청풍호 유람선 (청풍나루) → 걸어서 25분 (청풍문화재단지 끼고) → 예촌

↓ 걸어서 20분 (청풍호 방면)

제천터미널 → (950, 952, 960, 971번 버스) (동양증권 정류장 하차) : 50분 → 박정우 염색갤러리 → 걸어서 5분 → 청풍문화재단지

제천 찾아가는 방법
- 서울고속버스터미널에서 2시간 소요 | 06:30~21:00(30~40분 간격)
- 부산종합버스터미널에서 5시간 소요 | 07:45~17:40(3~4시간 간격)
- 대전복합터미널에서 3시간 40분 소요 | 08:32/09:55/13:20/14:10/18:00(1일 5회 운행)
- 대구중앙고속버스터미널에서 2시간 소요 | 08:00~20:00(80분 간격)

Landscape

서울 서촌 예술 산책
광주 미술 여행
대전 대흥동 예술 여행
벌교 문학 여행
통영 클래식 여행
청주 수암골 벽화마을 산책

04 Art

감성을 두드리다

세월의 향기 은은한 옛집

서울
서촌 예술 산책

한때 '박노수 가옥'이라고 적힌 안내판만 삐죽 세워둔 채 하얀색 철문을 굳게 닫아두었던 이곳을 나는 까치발을 딛고 서서 훔쳐보곤 했다. 높다란 담장과 지나온 세월만큼 무성하게 가지를 뻗은 고목들 때문에 내부를 들여다보기란 거의 불가능했지만 사진으로 보았던 고풍스런 옛집에 매료돼 몇 번이고 그렇게 헛수고를 했더랬다.

반가운 소식이 들려왔다. 80대의 노화가가 자신의 집이자 화실이었던 이곳을 종로구에 기증하겠다는 뜻을 밝힌 것이다. 아쉽게도 자신의 이름을 딴 미술관이 문을 열기 몇 달 전 화가는 세상을 떠났지만, 종로구립 박노수 미술관은 그렇게 녹슨 대문을 열고 선뜻 세상의 시선을 허락했다.

미술관 개관 소식에 설레는 마음을 안고 들어선 박노수 가옥은 그동안의 나의 연모가 헛되지 않을 만큼 아름다웠다. 1930년대 후반 건축가 박길룡에 의해 지어졌다는 이곳은 일본풍의 다다미방과 서양식 건축기법이 절묘하게 조화를 이룬 고풍스런 근대식 주택이다. 사실 이곳은 친일파로 잘 알려진 윤덕영이 자신의 딸을 위해 지은 건물로, 그 유명한 화신백화점을 설계한 박길룡에게 의뢰해 완성한 호화주택이라고 한다.

건물을 지은 의도는 괘씸하지만 1970년대 우리나라를 대표하는 한국화가 중 한 명인 박노수가 이 가옥을 매입, 거주하기 시작하면서 뜨거운 예술 혼이 꽃피는 아름다운 공간으로 탈바꿈한다. 그는 이곳에서 대담하고 감각적인 한국화 작품들을 쏟아내며 세상을 떠나는 그 순간까지 독자적인 화풍을 이어나갔다.

아쉽게도 작품들이 전시된 가옥 내부는 사진촬영이 금지되어 있지만, 반들반들 잘 닦인 바닥이며 손때 묻은 문고리 하나까지 눈을 뗄 수 없을 만큼 소중하고 빛났다. 화백의 생활공간 속에 전시된 작품들 역시 특별하다. 망설임 없는 그의 붓놀림이 한국화 특유의 정신을 그대로 담아내면서도 의외로 밝고 감각적인 색채를 사용해 현대적인 느낌을 물씬 풍겼다. 그래서 자꾸만 돌아보고 또 돌아보게 만들었다. 개인적으로 묵직한 먹과 신비로운 푸른색이 만나 오묘한 분위기를 풍기는 〈달과 소년〉 시리즈도 좋았지만 먹음직스런 복숭아 그림이 참 마음에 든다. 게다가 작품제목이 〈삼천년결실지도(三千年結實之桃)〉, 즉 삼천 년 만에 열린 복숭아란다.

미술관을 나오는 길에 해설사가 현관 입구에 걸린 현판을 꼭 보라고 당부한다. '여의륜', '이 집에 들어오는 사람은 만사가 뜻대로 잘 돌아간다'는 뜻을 담은 추사 김정희의 글씨다. 집주인은 세상을 떠났어도 집은 오늘도 그렇게 반갑게, 그리고 따뜻한 마음으로 손님들을 맞고 있다.

|info|
박노수미술관
서울 종로구 옥인1길 34, (02)2148-4171 /
10:00~18:00, 성인 2,000원

+ MORE +

함께
들르면 좋은 곳

1 가가린 서촌을 즐겨 찾는 이들에겐 꽤 이름난 헌책방. 미술을 전공한 두 친구가 의기투합해 만든 의미 있는 문화공간이다. 헌책방이라고는 하지만 주로 일반서점에서 구하기 어려운 디자인 분야나 예술서적들을 중고로 사고팔다 보니 젊은 예술가들의 아지트처럼 여겨진다. 더불어 상업성에 흔들리지 않는 독립출판물을 제작하고 유통하는 역할도 하고 있어 색다른 서점의 분위기를 느껴볼 수 있다.

info 서울 종로구 자하문로 10길 23, (02)736-9005 / 12:30~19:30

2 사진위주 류가헌 서촌의 좁은 골목길에 자리한 사진 전문 갤러리로 소박하면서도 옛 정취가 고스란히 남은 한옥을 활용해 찾아오는 관람객 누구든 편안하게 눈과 마음을 쉬어갈 수 있다. 한옥 두 채가 나란히 기와지붕을 마주 댄 이곳은 서까래가 고스란히 드러난 낭만적인 전시공간과 이름 그대로 아름다운 음악이 흐르는 카페로 나뉜다. 전시 관람은 무료이며 소규모 전시가 짧은 단위로 바뀌기 때문에 매번 찾더라도 새로운 볼거리를 즐길 수 있다.

info 서울 종로구 효자로 7길 10-3, (02)720-2010, www.ryugaheon.com / 10:30~18:30(매주 월요일 휴무), 무료

3 수성동 계곡 박노수 미술관에서 조금만 걸어 올라가면 정선의 산수화에도 등장했던 조선 최고의 절경, 수성동 계곡을 만날 수 있다. 옥인아파트를 철거하면서 자연계곡의 옛 모습을 되찾은 이곳은 인왕산의 멋스런 바윗 자락을 배경으로 맑은 물소리가 몸과 마음을 편안하게 만들어준다. 옛 선비들이 거닐었다는 돌다리도 그대로 남아 있어 정취를 더하고, 정자에 홀로 앉으면 시원한 바람이 도시의 번잡함을 잊게 만든다.

info 서울 종로구 옥인동 185-3

4 윤동주문학관 우리나라 사람들이 가장 사랑하는 서정시인 윤동주의 아름다운 시 세계를 만나볼 수 있는 공간이다. 그는 연희전문학교 재학시절 옥인동에서 하숙하며 아침저녁으로 인왕산 자락을 따라 산책을 즐겼다고 전해지는데, 지금의 문학관이 자리한 공간 역시 시인의 걸음이 지나던 곳이다. 본래 수도가압장이 자리했던 이곳을 윤동주의 시 속에 등장하는 우물로 형상화한 독특한 내부구조가 인상적이다.

info 서울 종로구 창의문로 119, (02)2148-4175 / 10:00~18:00(매주 월요일 휴관), 무료

STAY
홀로 머물기 좋은 집

서원게스트하우스 서촌에서 나고 자란 한글서예가 난정 이지연 선생과 그녀의 딸이 운영하는 게스트하우스로 아담한 마당과 정갈한 실내, 곳곳에 걸린 한글서예 작품의 예술적 정취까지 어우러진 편안한 휴식공간이다. 여성 여행자들을 위한 전용 도미토리도 운영한다.

[info] 서울 종로구 자하문로 13길 4, (02)720-9300 / 도미토리 20,000원부터, 싱글룸 50,000원부터

EAT
홀로 들르기 좋은 맛집

나의 아름다운 세탁소 프랑스 가정식을 표방한 작고 아담한 레스토랑으로 실제 프랑스에서 오랜 유학생활을 마치고 돌아온 주인장이 소박하지만 정성 가득한 밥상을 낸다. 메뉴는 프랑스 지방의 채소 스튜인 라따뚜이와 부르고뉴 지방의 소고기 와인찜을 뜻하는 뵈프 부르기뇽, 라구소스를 듬뿍 올린 볼로네제 파스타 세 가지로 단출하다. 와인이 저렴한 편이라 식사에 곁들이면 프랑스 어느 도시 뒷골목에 앉아 있는 듯한 낭만적인 기분이 든다.

[info] 서울 종로구 자하문로 7길 19, 070-8877-8075 / 런치 수~일요일 12:00~14:00(일요일 ~15:00), 디너 화~토요일 17:00~23:00(매주 월요일 휴일)

CAFE
홀로 들르기 좋은 카페

대오서점 서촌의 상징적인 공간으로 60여 년의 세월 동안 헌책방으로 운영되다가 카페로 새롭게 단장했다. 서촌의 전형적인 개량한옥을 활용한 카페 내부는 낡은 교복과 풍금 등 추억을 떠올리게 하는 소품들로 가득 채워져 있다. 음료를 주문하면 함께 나오는 달고나도 반갑다.

[info] 서울 종로구 자하문로 7길 55, 010-9219-1349

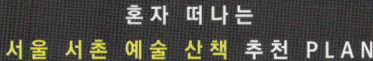
혼자 떠나는
서울 서촌 예술 산책 추천 PLAN

1일 코스

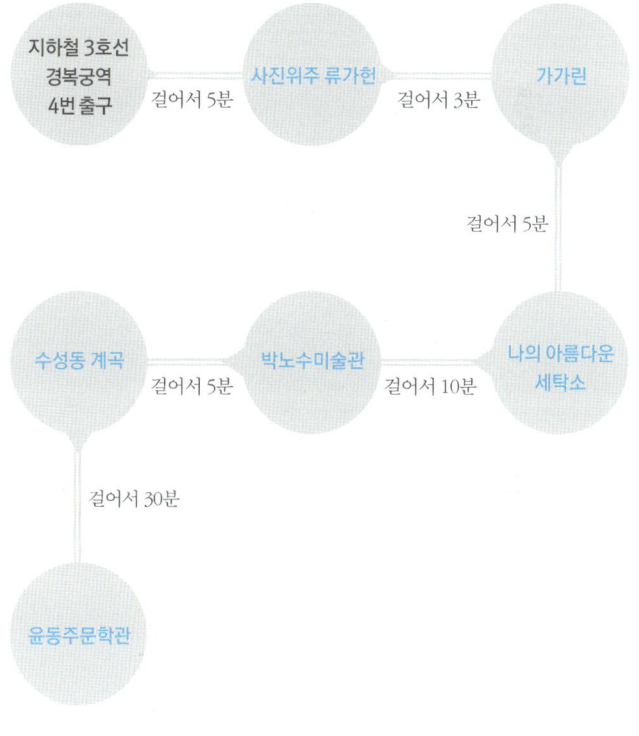

- 서울 찾아가는 방법
  - 대전복합터미널에서 2시간 소요 | 06:00~24:00(15~30분 간격)
  - 서대구고속터미널에서 3시간 50분 소요 | 06:00~01:30(20~30분 소요)
  - 광주종합버스터미널에서 3시간 20분 소요 | 04:00~02:00(15~60분 간격)
  - 부산종합버스터미널에서 4시간 20분 소요 | 06:00~02:00(30분 간격)

산자락 아래

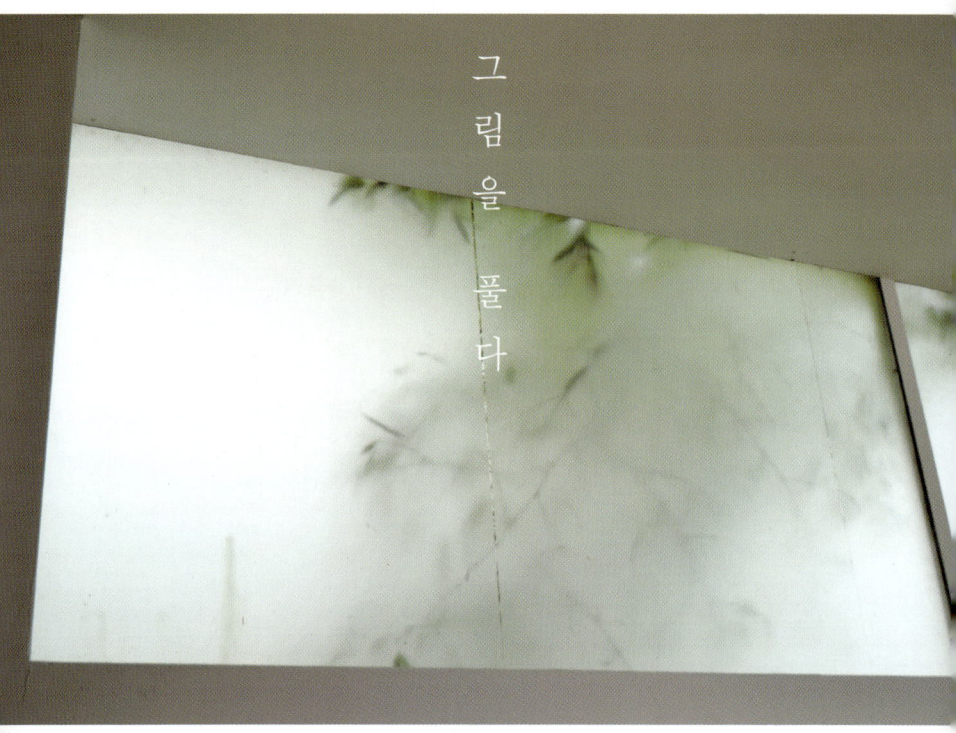

그림을 풀다

**광주
미술 여행**

처음엔 무등산이 목적이었다. 그런데 뜻하지 않은 봄비에 운동화가 온통 젖어버렸고, 잠시 걸음을 쉬러 들어갔던 미술관에서 마음을 사로잡는 그림 한 점을 만났다. 그저 붓질 몇 번으로 돌배와 대추 두 알을 그린 것이었는데 제목이 '한일여묵(閑日餘墨)', 즉 어느 한가한 날 남은 묵으로 그렸다는 의미다. 담박한 산수화와 화려한 병풍그림도 충분히 훌륭했지만 이 손바닥만 한 작품에서 화가의 기품과 여유가 고스란히 느껴지는 듯했다. 그리고 그날, 마치 첫눈에 사랑에 빠진 여인처럼 난 그만 목적지를 잊어버렸다. 그렇게 걸음을 멈춘 곳은 광주 무등산 자락에 자리한 의재미술관이다.

의재 허백련은 19세기 조선을 대표하는 한국화가로 수묵과 담채를 사용해 간결하면서도 온화한 인품을 드러내는 남종화의 대가로 꼽힌다. 그는 일본에서 법정학을 공부했지만 박물관에서 옛 그림과 명화들을 모사하는 데 더 열심이었다. 한국으로 돌아와 제1회 조선미술전람회에 입상하면서 주목받는 작가로 떠오르기 시작한다. 예술가로서는 비교적 이른 성공이었지만 세속의 평가에는 큰 관심을 두지 않았다. 오히려 명성이 절정에 다다랐을 무렵 무등산 계곡에 은거하며 제자들을 길러내는 데 더 힘썼다.

중국 화가들의 그림을 따라 그리고 일본 화가 밑에서 배우기도 했다지만, 그의 작품은 지극히 한국적인 산수와 자연을 벗 삼은 청빈한 선비의 삶을 담았다. 때문에 미술관에 걸린 작품 하나하나 친근하고 자연스럽게 다가온다. 유려한 담채와 부드러운 필법 때문인지 한참을 들여다보고 있노라면, 마치 내가 그림 속 촌부가 된 것 같은 착각마저 들었다. 그림 못지않게 학식과 필력을 갖춘 그였기에 함께 곁들이는 짧은 글을 읽는 재미도 남달랐다. 차 끓이는 화로와 몇 권의 책을 뜻하는 '다로경권(茶爐經

券)'은 그림뿐 아니라 글씨에서도 문인의 우아한 향취가 풍기는 듯했다. 그는 이 글씨를 따로 작품으로 쓰기도 했는데, 사실 이 글씨는 추사 김정희가 쓴 편액으로도 유명해 슬쩍 비교해보는 마음도 들었다.

추사 하면 차를 빼놓을 수 없듯 의재 선생도 평소 차를 즐기고 주변에도 권하였다. 제자들에게 "고춧가루를 많이 먹으면 성질이 급해져 나라가 망하고 차를 많이 마시면 정신이 차분해져 나라가 흥한다"고 강조했을 정도다. 무등산 자락엔 그가 직접 가꾸던 차밭이 그대로 남아 지금도 '춘설'로 불리는 향기로운 차를 생산하고 있다. 춘설은 송나라 나대경의 시 '한 사발의 춘설이 제호(중국 신화에 나오는 상상의 음료)보다 낫다'는 데서 따온 것으로, 그는 차밭 옆 자신의 화실에도 '춘설헌'이라 이름 붙였다. 춘설차는 보통 이른 봄을 전후해 한 잎 한 잎 정갈하게 채취해 만드는데, 차의 본고장인 중국에도 수출될 만큼 그 품질을 인정받고 있단다.

이쯤 되니 직접 춘설차밭으로 올라가보고 싶다는 생각이 들었다.

"비가 와서 길이 많이 미끄러울 텐데요."

미술관 직원은 걱정스러운 눈빛이었지만 굳이 말리지는 않았다. 미술관 입구에 적힌 화살표를 따라 올라가니 잡초가 무성한 샛길이 나타났다. 차밭이라고 하기에 보성처럼 잘 다듬어진 정원 같은 풍경을 떠올렸는데 예상 밖이었다. 사람은 그저 찻잎이 자라는 것을 지켜볼 뿐 춘설차는 하늘이 키운다는 말이 그제야 이해가 됐다. 봄비에 말갛게 씻긴 찻잎은 사람의 손길이 함부로 닿지 않

은 탓인지 싱싱하고 생기가 넘쳤다. 차밭 한가운데 서니 물안개에 휩싸인 무등산 자락이 꿈처럼 펼쳐졌다. 의재의 작품을 보고 난 직후라 그럴까? 그 풍경조차 한 폭의 수묵화처럼 은은하게 눈으로 젖어들었다.

겨우 물기가 말랐던 운동화는 어느새 진흙범벅이 되고 무등산을 목표로 올랐던 걸음은 시작도 해보지 못하고 되돌아섰지만, 광주에서 돌아오는 내내 짙은 차 향기가 잔잔한 여운으로 남았다. 그 맛이 궁금해 한 상자 사들고 온 춘설차 포장에는 이런 글귀가 적혀 있다.

"만약 다시 태어난다 해도 여기서 녹차를 키우고 싶다."

---

info

의재미술관
광주 동구 증심사길 155, (062)222-3040, www.ujam.org /
하절기 09:30~17:30, 동절기 09:30~17:00(매주 월요일 휴관), 성인 2,000원

함께
들르면 좋은 곳

1

2

3

4

1 무등현대미술관 서양화가인 정송규가 운영하는 지역미술관. 광주를 대표하는 명산인 무등산 자락을 문화 중심 공간인 일종의 아트밸리로 꾸미고 싶어 했던 그의 바람을 구체화시킨 공간이다. 다양한 장르의 현대미술 작가들 작품을 선보이고 있으며, 전시공간은 소박하나 실험적이고 기발한 지역미술을 살펴볼 수 있는 특별한 장소다.

info 광주 동구 증심사길 9, (062)223-6676, www.mdmoca.com / 하절기 10:00~18:00, 동절기 10:00~17:30(매주 월요일 휴관), 무료

2 양동시장 광주를 대표하는 재래시장 중 하나로 호남지역 최대 규모를 자랑한다. 5·18민주화운동 당시 상인들이 자비를 털어 시민군에게 주먹밥과 음료수, 약품 등을 무료로 제공하며 든든한 지원군 역할을 했을 만큼 광주시민들과는 마음이 가까운 장터다. 고소한 통닭튀김을 비롯해 떡볶이와 팥칼국수 등 넉넉한 시장 먹거리를 만날 수 있다.

info 광주 서구 천변좌로 238, (062)366-0884

3 양림동 역사문화마을 한때 '서양촌'으로 불릴 만큼 서양식 교육과 예술활동의 중심지였던 덕분에 곳곳에 근대의 세련된 정취가 흐른다. 광주에 남아 있는 가장 오래된 서양식 주택으로 평가받고 있는 우일선 선교사 사택을 비롯해 전남 최초의 선교사인 오웬을 기념하기 위해 건립한 오웬기념각, 아름다운 건축양식이 돋보이는 근대 문화유산인 커티스메모리얼홀 등 볼거리가 풍부하다.

info 양림동주민센터-광주 남구 3 만세운동길 6, (062)607-4502

4 증심사 무등산의 정취를 고스란히 담은 호젓하고 아담한 사찰로 임진왜란 때 소실된 것을 여러 차례 중수·증축하여 지금에 이르렀다. 오백나한을 모신 오백전이 특히 유명한데, 오백나한에 대한 정확한 유래는 알 수 없으나 석가모니불을 중심으로 십대제자와 오백나한이 펼쳐져 자리한 모습은 일반적인 대웅전과는 또 다른 감동으로 다가온다.

info 광주 동구 증심사길 177, (062)226-0108, www.jeungsimsa.org

EAT

홀로 들르기 좋은 맛집

STAY

홀로 머물기 좋은 집

신시와게스트하우스 옛 기와의 멋스러움을 고스란히 담고 있는 한옥게스트하우스로, 숙박 외에도 다양한 전시와 공연이 이뤄지는 일종의 복합문화 공간이다. 한옥의 특성상 도미토리 대신 온돌방으로 이뤄져 있으며 홀로 여행할 경우 2인실인 작은방을 사용하면 적당히 아늑하고 편안하다.

[info] 광주 동구 동계천로 81-3, (062)233-2755, cafe.naver.com/sinsiwaguesthouse / 작은 방 50,000원

아이엠게스트하우스 광주역 근처에 자리한 게스트하우스. 비교적 깔끔하고 세련된 시설 때문에 여성 여행자들이 즐겨 이용한다. 여자들의 마음을 읽기라도 한 듯 파우더룸도 따로 마련해두었다. 무엇보다 아침식사로 토스트 대신 따끈한 밥과 국을 내기 때문에 든든하게 이튿날을 시작할 수 있다.

[info] 광주 북구 경양로 165번길 23, (062)528-0012, www.iamgh.co.kr / 1인 23,000원부터

송정떡갈비 1호점 떡갈비 하면 담양을 최고로 꼽지만 의외로 많은 이들이 송정떡갈비에 더 후한 점수를 준다. 소고기의 퍽퍽한 맛을 줄이기 위해 돼지고기를 적당한 비율로 섞어 내는 송정떡갈비만의 부드러운 식감과 담백함이 담양의 명성 못지않다는 것이다. 게다가 고기를 발라내고 남은 갈비뼈로 끓여내는 이곳만의 뼛국은 떡갈비만으론 아쉬운 속을 든든하게 채워줄 뿐 아니라 진한 맛 또한 일품이다.

[info] 광주 광산구 광산로 29길 1, (062)944-1439, www.sjddukgalbi.co.kr / 떡갈비 11,000원

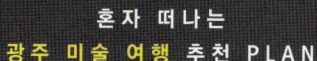

혼자 떠나는 광주 미술 여행 추천 PLAN

1일 코스

광주종합터미널
→ 서구760, 송암31, 금호36번 버스 : 10분 + 걸어서 3분 (길 건너 양동시장 방면)
→ 양동시장
→ 첨단09번 버스 : 20분 + 걸어서 25분 (직진 방향)
→ 증심사
→ 걸어서 3분 (의재미술관 방면)
→ 의재미술관
→ 걸어서 20분 (시내 방면)
→ 무등현대미술관
→ 첨단09번 버스 : 30분
→ 양림동 역사문화마을
→ 지하철 : 50분
→ 송정떡갈비 1호점
→ 걸어서 5분
→ 광주송정역 (KTX)

광주 찾아가는 방법
- 서울센트럴시티터미널에서 3시간 30분 소요 | 05:30~01:00(10~20분 간격)
- 부산 종합터미널에서 3시간 30분 소요 | 06:20~23:30(40~60분 간격)
- 대구 서대구고속터미널에서 3시간 30분 소요 | 06:00~22:40(40분 간격)
- 대전 복합터미널에서 2시간 10분 소요 | 06:00~22:00(30~40분 간격)

근대, 젊은

대전
대흥동 예술 여행

대전의 첫인상은 멀끔했다. 덕분에 세련된 고층빌딩과 잘 정비된 도로, 현란한 간판들 사이에서 소도시의 수수하고 다정한 얼굴을 찾아보기란 어려운 일 같았다. 그러다 우연히 잘못 들어선 길에서 화려한 화장 너머 숨겨두었던 말간 민얼굴을 마주했다. 낡고 허물어진 담벼락을 거리낌 없이 내놓은 골목은 정겨웠고, 곳곳에서 만나는 옛 시간의 흔적들은 가슴 떨렸다. 모두가 떠나려는 거리에 새로이 둥지를 튼 젊은 예술가들의 열정은 남루한 거리에 따뜻한 활기를 불어넣고 있었다. 쇠락해가던 대전의 구도심이었던 대흥동은 그렇게 새로운 매력을 덧입는 중이다.

충남도청이 지금의 홍성으로 옮겨가기 전까지 자리했던 곳이 바로 대전의 대흥동이었다. 자연스레 대규모 상권이 형성되었고 모두들 이곳을 대전의 심장부라 일컬었다. 그러나 1990년대 둔산 신도시가 형성되면서 사람들은 새롭고 낯설고 화려한 거리로 몰려들었다. 중심지의 기능을 빼앗긴 대흥동은 깊은 침체기에 빠져들었고 상인들도 하나둘 가게를 옮겨갔다. 거리엔 폐허처럼 무거운 공기가 내려앉았다. 밤이면 알록달록한 네온사인만이 옛 영화를 추억하듯 반짝였다. 가게 세는 반 토막이 난 지 오래였고 사글세가 시골인 옥천보다 싸다는 이야기가 나올 정도였다.

그런데 바로 이 저렴한 임대료 덕분에 가난한 예술가들이 대흥동으로 모여들기 시작했다. 과거 도심지였던 탓에 공연장이나 전시장 같은 문화시설도 잘 갖춰져 있으니 이들에겐 최적의 조건이었다. 젊은 예술가들끼리 지역 예술잡지를 펴내고 문 닫을 위기에 처한 여인숙을 게스트하우스로 꾸몄다. 허름한 담장과 건물 외벽에 그림을 그려 쓸쓸했던 풍경에 생기를 더했다. 오랫동안 이 동네를 지켜왔던 주민들, 상인들과도 열린 마음으로 소통했다. 그렇게 대흥동은 성공적인 구도심의 부활을 일궈냈다.

대흥동을 여행하려면 묵직한 시간의 흔적을 간직하고 있는 근대건축물부터 둘러볼 것을 추천한다. 한때 대전에서 가장 높은 종탑을 자랑했다는 대흥동 성당은 하늘을 향해 우뚝 솟은 외관이 인상적이다. 여러 차례 개축이 있긴 하지만 웅장하되 위압적이지 않고 간결하되 담백한 화려함을 지닌 대전의 멋스런 건축물 중 하나다. 특히 성당 내부에는 건축 초기 독일인 신부가 그렸다는 벽화가 남아 있는데, 이질적인 색감과 분위기 탓에 양쪽에 두 점만 남기고 모두 도색되었다고 한다. 일반 성당에서는 보기 어려운 그림이라 색다른 느낌을 만날 수 있다.

그 맞은편에 자리한 대전시립미술관 창작센터는 1958년 국립농산물품질관리원으로 건립됐던 건물로, 서양의 기능주의 건축에 영향을 받은 한국 근대건축의 경향을 잘 보여주고 있어 등록문화재로도 지정돼 있다. 아치형의 출입구와 돌출된 상자 모양의 창틀, 창문 위에 설치한 수직 블라인드 등 기능적인 요소들이 흥미롭다.

대흥동의 랜드마크처럼 여겨지는 낡은 티셔츠 그림이 그려진 '산호여인숙'은 과거 가난한 예술가들의 휴식처가 되어주었던 곳이다. 버려진 가구와 가전제품을 재활용해서 꾸민 만큼 독특한 분위기를 풍긴다. 더불어 유료 독자만으로 창간 8년째를 맞은 지역 예술잡지 〈토마토〉에서 운영하는 북카페 '이데(Idee)'에선 대흥동 일대에서 이뤄지는 다양한 공연과 전시 소식을 접할 수 있어 꼭 한 번 들러볼 만하다.

대흥동에서 내가 가장 사랑하는 공간은 '초록지붕'이다. 여자들이라면 누구나 한번쯤 꿈꿔봤을 《빨강머리

앤》의 비밀스런 초록지붕에서 이름을 따왔다는 이곳은 대흥동에서 꽤 알려진 맛집이다. 하지만 맛보다 더 마음을 끄는 것은 초록지붕의 독특한 외관인데, 붉은 벽돌로 쌓아올린 굴뚝과 사선으로 엇댄 뾰족한 지붕선 등 일제시대 가옥의 형태를 고스란히 간직하고 있어 색다른 감성을 일으킨다. 어디선가 주근깨 가득한 소녀 앤이 툭 튀어나올 것만 같은 아담한 실내도 여행자의 마음을 편안하게 해준다.

"카메라 스트랩이 참 예뻐요."

길버트처럼 귀여운 빵모자를 쓴 아르바이트생이 말을 걸었다. 며칠 전 한 디자인 숍에서 충동적으로 구입한 알록달록한 스트랩을 알아봐준 게 매우 반가워서 활짝 웃어보였다. 그는 음식이 입에 맞는지, 부족한 것은 없는지 살뜰하게 챙기고는 앞마당까지 따라 나와 훈훈한 미소로 배웅해주었다. 그 따뜻한 마음 씀씀이가 초록지붕을 동화 속 한 장면처럼 만들어버렸다. 맞다. 대흥동의 진짜 매력은 이처럼 오랜 시간 속으로 스며든 사람의 온기에서 시작된다.

|info|
대흥동 성당
대전 중구 대종로 471,
(042)252-9611
대전시립미술관 창작센터
대전 중구 대종로 470,
(042)255-4700/
10:00~18:00(3~10월 19:00까지,
매주 월요일 휴관), 입장료는 전시에
따라 다름

북카페 이데
대전 중구 대흥로 139번 길 38,
(042)222-4008/핸드드립커피
5,500원, 허니브레드 7,000원
초록지붕
대전 중구 보문로 262번 길 25,
(042)226-4415/
수제돈가스 8,000원

+ MORE +

함께
들르면 좋은 곳

1

2

1 이응노미술관 프랑스를 중심으로 유럽에서 주로 활동하며 동양적 추상화라는 새로운 장르를 개척했던 고암 이응노 화백의 작품들을 상설 전시하는 미술관이다. 그의 대표작인 〈문자추상〉을 비롯해 동양의 세계관에 서양의 기법과 생기를 더한 독특한 작품들을 만나볼 수 있을 뿐 아니라 건축물 또한 아름다워 구경하는 재미가 남다르다.

info 대전 서구 둔산대로 157, (042)611-9821 / 10:00~18:00(3~10월 19:00까지, 매주 월요일 휴관), 입장료 성인 500원

2 한밭수목원 도심 한복판에 자리한 녹음 짙은 수목원으로 동원과 서원, 열대식물원으로 나뉘어 다양한 종류의 식물들을 만나볼 수 있도록 꾸몄다. 산책로도 잘 다듬어져 있고 호수와 벤치 등 쉬어갈 수 있는 공간도 많아 늦은 오후의 산책길로 그만이다. 날씨가 조금 쌀쌀하다면 열대식물원부터 구경하는 것도 좋은 방법이다.

info 대전 서구 둔산대로 169, (042)472-4972 / 08:00~19:00(4~9월 06:00~21:00, 매주 월요일 휴원), 입장료 없음

EAT

홀로 들르기 좋은 맛집

성심당 대전에 가면 꼭 한번 맛봐야 할 간식으로 꼽힐 만큼 유명한 빵집이다. 1956년에 작은 찐빵집으로 시작해 지금은 레스토랑과 케이크전문점을 따로 운영할 만큼 대형 베이커리가 됐다. 이곳의 대표 메뉴인 튀김 소보로는 갓 튀겨 나왔을 때 먹으면 바삭하고 달콤한 맛이 중독성 강하다. 처음 출시됐을 땐 번호표를 받아서 기다릴 정도였다고 하니 기대할만하다.

[info] 대전 중구 대종로 480번 길 15, (042)256-4114 / 튀김 소보로 1,500원

카이스트 그라지오소 아름다운 캠퍼스로 유명한 카이스트 내부에 자리한 이탈리안 레스토랑으로 합리적인 가격대에 만족스런 식사를 할 수 있어 시민들도 즐겨 찾는다. 소고기 스테이크부터 파스타, 피자 등 다양한 메뉴를 갖추고 있으며 대학 내 식당인 만큼 셀프서비스로 운영된다. 식사 후에는 저녁 노을에 물든 캠퍼스를 거닐며 카이스트의 명물인 오리들도 구경해보자.

[info] 대전 유성구 대학로 291, (042)867-6879

STAY

홀로 머물기 좋은 집

산호여인숙 대흥동의 상징적인 공간 중 하나로 실제 여인숙으로 사용됐던 공간을 여행자들을 위한 게스트하우스로 꾸몄다. 대전에서 활동하는 문화예술가들이 함께 힘을 합쳐 만들어낸 공간인 만큼 감성 넘치는 인테리어와 개성 있는 분위기를 자랑한다. 1층에는 지역 예술가들의 작품을 판매하는 점빵도 운영하고 있다.

[info] 대전 중구 보문로 262번 길 31-2, 070-8226-2870 / 도미토리 1인 18,000원

혼자 떠나는 대전 대흥동 예술 여행 추천 PLAN

1일 코스

대전터미널
↓ 201, 701, 802번 버스
(은행동 정류장 하차)
: 15분

성심당
→ 걸어서 5분

대흥동 성당
↓ 걸어서 1분

대전시립미술관 창작센터
← 걸어서 5분
(중부경찰서 방면)

초록지붕
← 걸어서 1분
(중앙로역 방면)

북카페 이데
↓ 604번 버스
(서구보건소 정류장 하차)
: 25분

이응노미술관
→ 걸어서 3분
(광장 건너)

한밭수목원
→ 104번 버스
: 15분

카이스트 그라지오소
↓ 104번 버스
: 30분

대전터미널

대전 찾아가는 방법
- 서울고속터미널에서 1시간 10분 소요 | 06:00~21:40(15~20분 간격)
- 부산종합터미널에서 3시간 10분 소요 | 08:00~19:00(120~150분 간격)
- 동대구고속터미널에서 2시간 소요 | 06:00~20:30(40~70분 간격)
- 광주종합터미널에서 2시간 30분 소요 | 06:00~21:00(30~60분 간격)

태백산맥을

품
고

**벌교
문학 여행**

일상의 소소한 감상이나 개인의 사유를 담은 작품보다는 웅장한 이야기와 다양한 인물들이 얽히고설키는 대하소설을 더 좋아한다. 거대한 강물과도 같은 시대의 흐름 속에서 개인의 내적·외적 갈등을 복합적으로 그려낸 대하

소설은 읽는 이로 하여금 인간과 사회를 바라보는 새로운 시선을 갖게 한달까. 특히 조정래의 소설 《태백산맥》은 학창시절 단순한 지식으로만 습득했던 분단 상황을 보다 입체적으로 이해할 수 있도록 해준 작품이다. 소설 속 김범우와 소화의 흔적을 찾겠다고 무작정 벌교행 기차에 몸을 실었던 스무 살 이후, 또래들 사이에선 그저 꼬막으로 유명한 이 동네가 내겐 조금 특별하게 남아 있다.

　벌교를 다시 찾은 것은 보성여관에서의 하룻밤이 목적이었다. 《태백산맥》 속에서 '남도여관'이란 이름으로 등장하는 보성여관은 토벌대장 임만수와 대원들의 숙소로 쓰이던 곳이다. 당시 벌교가 일본인들의 식민지 수탈에 중심적인 공간으로 떠오르면서 보성여관은 한때 5성급 호텔을 방불케할 만큼 규모도 크고 시설도 화려했다. 지난 여행에서 그 일본식 목조건물을 무척 인상적으로 봤던 기억이 있다. 문화재청과 보성군의 지원을 받아 현대적 숙박시설로 다시 복원됐다는 이야기에 얼른 여행가방을 꾸렸다.

　다행히 건물외관은 크게 손을 보지 않은 느낌이다. 1930년대 목조건축물의 담박한 특징과 세월의 때를 입은 짙은 농갈색도 그대로 남아 있다. 다만 전면에 카페와 소극장을 마련해 누구나 옛 보성여관의 향수를 느낄 수 있도록 했다. 실제로 당시 일본풍의 근대식 여관들은 차를 마시는 공간을 따로 마련하고 차대(茶代)라 하여 숙박료와는 별도로 요금을 받는 경우가 많았다고 하니, 어쩌면 당시 보성여관에 보다 가까운 모습이라 하겠다. 카페 뒤편으로는 전시실이 꾸며졌는데 보성여관뿐 아니라 이를 모델로 한《태백산맥》속 남도여관의 모습을 가늠해볼 수 있는 공간이다. 한쪽 구석엔《태백산맥》의 일부를 직접 원고지에 필사할 수 있는 자리도 마련돼 이곳을 찾는 사람들끼리 특별한 추억을 이어나갈 수 있다.

안내를 받아 숙박동으로 들어서니 소설 속 남도여관의 정취가 한걸음 더 가깝게 다가왔다. 당시 남도여관의 화려함이 이에 못지않았을까 싶을 만큼 근대식 정원과 건축양식을 그대로 간직한 보성여관은 현대적 온수난방 시설을 갖추었음에도 예스러움을 잃지 않았다. 등록문화재로 지정된 건축물인 만큼 기본 골조를 함부로 해치지 않아 소설 속에서 잠들고 싶었던 소망을 이룬 기분이다. 가파른 계단을 따라 올라간 2층 다다미방에선 벌교 시내가 한눈에 들어왔다. 바로 옆 초등학교의 모습도 정겨웠다.

마침 방 한편에《태백산맥》몇 권이 놓여 있어 여유롭게 뒹굴며 책을 읽었다. 남도여관이 묘사된 부분을 찾아 읽으니 내가 같은 공간에 숨쉬고 있다는 사실이 더욱 특별하게 느껴졌다. 밤은 깊고 여관엔 숨소리조차 들리지 않을 만큼 깊은 고요가 내려앉았다. 슬쩍 방문을 열고 얼굴을 내미니 아스라한 달빛에 물든 동백이 파리한 꽃잎을 떨고 있었다. 문득 그 모습이 애달픈 새끼무당 소화를 닮았다는 생각이 들어 한참 눈을 떼지 못했다.

이튿날 아침은 시끌벅적한 소리에 눈을 떴다. 등교하는 아이들의 웃음소리였다. 나도 모르게 입꼬리가 올라가게 만드는, 기분 좋은 알람이다.

---
info

보성여관
전남 보성군 벌교읍 태백산맥길 19, 061-858-7528,
www.boseonginn.org / 작은 방 80,000원(아침식사 포함)

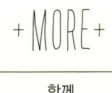

+ MORE +

함께
들르면 좋은 곳

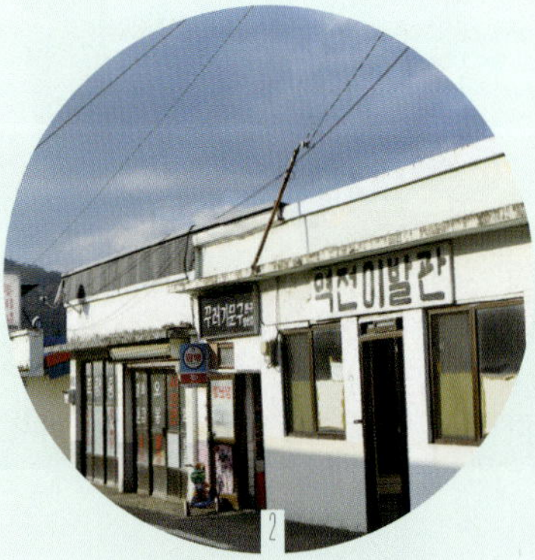

2

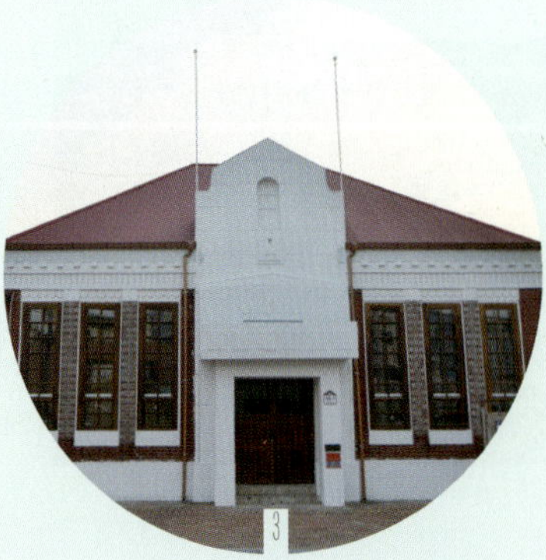

3

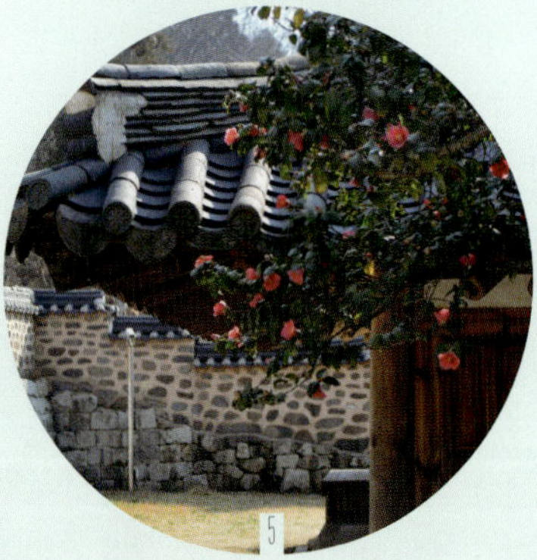

5

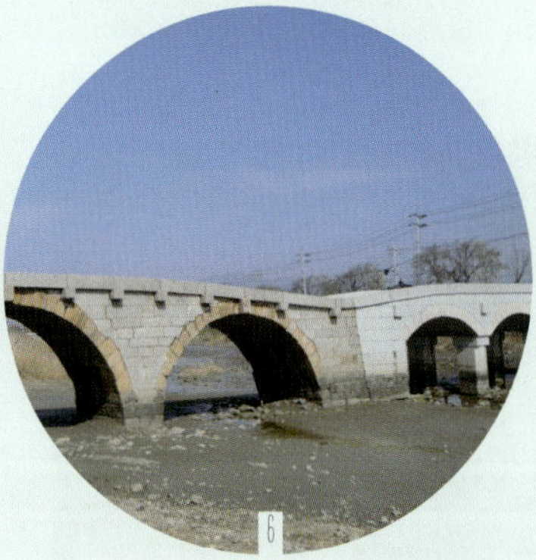

6

1 김범우의 집 소설 속 주요 인물 중 한 명인 김범우는 민족주의자로서 좌익의 잔인한 숙청과 우익의 과도한 보복을 모두 비판하다 결국 빨갱이로 몰려 갖은 고초를 당하는 지식인으로 등장한다. 영화 〈태백산맥〉에서 배우 안성기가 맡아 열연하기도 했는데, 실제 배경이 되었던 집이 그대로 남아 색다른 볼거리가 된다. 한동안 관리가 안 된 모습이었지만 곧 옛 모습 그대로 복원될 예정이다.

2 득량역 추억의 거리 벌교 못지않게 과거 보성에서 번성한 읍내 중 하나였던 득량은 최근 추억의 거리가 조성되어 새롭게 각광받고 있다. 벌교역에서 기차를 이용해 20분이면 득량역에 도착하는데, 역에서 내리자마자 마치 시간여행을 떠나온 듯 1970~1980년대의 이발소와 다방 등이 눈길을 끈다. 추억의 교복을 빌려 입고 거리를 거닐어보는 것도 색다른 경험이 되겠다.

info 전남 보성군 득량면 역전길 28

3 벌교금융조합 일제강점기의 전형적인 관공서형 건물로 붉은 벽돌 외관이 원형 그대로 남아 있어 소설 속 당시 벌교 시내 풍경을 짐작케 한다. 《태백산맥》에서 벌교금융조합은 조합장인 송기묵이라는 인물을 통해 그 실상을 여실히 드러내는데, 일제에 협조했던 그가 해방 이후에도 기득권을 누리는 모습에서 친일파가 척결되지 못했던 민족의 비극을 꼬집고 있다.

info 전남 보성군 벌교읍 태백산맥길 39-1

4 태백산맥문학관 소설 《태백산맥》이 처음 시작되는 제석산 자락에 위치한 문학관으로, 묻혀져 있던 역사적 진실을 세상에 드러냈던 작품의 주제의식을 형상화하기 위해 산자락을 파내어 설계했다. 철저한 자료조사로 유명한 조정래 작가의 취재수첩을 비롯해 육필원고와 관련 자료들을 한자리에서 만날 수 있다. 생존하는 작가의 문학관인 만큼 실제 조정래 작가가 집필활동을 하는 작업실도 만날 수 있다.

info 전남 보성군 벌교읍 홍암로 89-19, (061)858-2992, tbsm.boseong.go.kr / 하절기 09:00~18:00, 동절기 09:00~17:00(매주 월요일 휴관), 성인 2,000원

5 현부자네&소화의 집 《태백산맥》의 첫 장면에 등장하는 현부자네의 실제 공간으로, 일제강점기에 지어진 건물로 언뜻 한옥처럼 보이지만 일본식 천장과 벚꽃무늬 단청 등이 일본풍의 장식요소를 가미했음을 알 수 있다. 안채에는 양변기가 설치된 화장실도 존재한다. 현부자네와 문학관 사이에 자리한 소화의 집은 소설 속 정하섭과의 애틋한 사랑의 보금자리로 눈길을 끈다.

info 전남 보성군 벌교읍 홍암로 89-19

6 홍교 보물 제304호로도 지정될 만큼 역사적·건축사적 의미가 큰 다리다. 벌교천 위에 걸쳐진 무지개형 다리로 조선 영조 때 지어진 것으로 전해지는데 우리나라에 남아 있는 홍교 가운데 가장 규모가 크다. 원형의 다리에 콘크리트로 덧댄 현대의 다리가 이어져 있어 세월의 흐름을 한눈에 볼 수 있다는 점도 흥미롭다.

info 전남 보성군 벌교읍 벌교리

EAT
홀로 들르기 좋은 맛집

CAFE
홀로 들르기 좋은 카페

거시기꼬막식당 벌교에 왔다면 싱싱한 꼬막을 놓칠 수 없다. 거시기꼬막식당은 꼬막 하나로 만들어내는 다양한 요리와 푸짐한 상차림 때문에 여행자들이 즐겨 찾는다. 무엇보다 1인분을 주문해도 한상 가득 차려내기 때문에 나 홀로 여행자들도 부담 없이 벌교의 맛을 느껴볼 수 있다.
[info] 전남 보성군 벌교읍 계두길 3, (061)858-2255 / 거시기꼬막정식 15,000원, 꼬막정식 13,000원

빈스탑 벌교 읍사무소 건너편에 자리한 널찍한 카페로 야외테라스에서 바라보이는 읍내의 오밀조밀한 풍경이 사랑스럽다. 커피와 각종 음료 외에도 생맥주와 몇 종류의 수입맥주를 함께 판매하고 있어 부담 없는 분위기에서 혼자 가볍게 술 한 잔 즐기기 좋다.
[info] 전남 보성군 벌교읍 채동선로 294, (061)857-2900

혼자 떠나는 벌교 문학 여행 추천 PLAN

1박 2일 코스

1 DAY

벌교버스 공용터미널 — 걸어서 10분 — 태백산맥문학관 — 걸어서 1분 — 현부자네 & 소화의 집

걸어서 20분

김범우의 집 — 걸어서 5분 — 홍교 — 걸어서 5분 — 벌교금융조합

걸어서 10분

거시기꼬막식당 — 걸어서 10분 — 보성여관

2 DAY

보성여관 — 기차 (벌교역에서) : 20분 — 득량역 추억의 거리 — 기차 : 40분 — 순천역 (순천터미널)

벌교 찾아가는 방법

- 서울센트럴시티터미널에서 4시간 30분 소요 | 15:10(하루 1회)
  *순천터미널에서 벌교행 시외버스로 환승 가능 05:30~22:10(15~20분 간격)
- 부산서부터미널에서 3시간 소요 | 06:30~18:30(30~90분 간격)
- 광주종합버스터미널에서 1시간 20분 소요 | 06:30~20:25(20~40분 간격)

클래식 선율에 물든

항
구
풍
경

———————
통영
클래식 여행

매년 봄이면 열병처럼 마음이 가 닿는 곳이 있다. '한국의 나폴리'로 불리는 경남 통영. 수식어가 필요 없을 만큼 충분히 아름다운 이곳을 나폴리라는 낯선 단어에 묶어두는 것이 마음에 들지는 않지만, 어쨌거나 세계적인 도시 못지않은 로맨틱한 동네임에는 이견이 없다. 한려수도를 접하고 있으니 여름이 통영 여행의 적기이긴 하나, 나는 장사도에 동백이 흐드러지고 온 마을이 클래식 선율에 물드는 3월의 통영을 더 좋아한다. 낮에는 바다에 젖고 밤에는 음악에 젖는 이 아찔한 낭만을 무엇에 비교하랴.

통영에서는 매년 봄 '통영 국제음악제'가 열린다. 이곳에서 유년시절을 보내며 음악가의 꿈을 키웠던 윤이상을 추모하기 위해 마련된 음악제는 10여 년이 지나 세계적인 음악축제로 발돋움하고 있다. 탄둔, 하이너 괴벨스, 하인츠 홀리거 등 현대음악을 대표하는 걸출한 음악가들이 통영을 찾아왔고 장한나, 임동혁, 김선욱 등 국내 유명 음악가들을 만나볼 수 있는 자리도 마련되었다. 이들의 열정적인 음악이 통영의 푸른 바다를 만나 빚어내는 환상적인 조화만으로도 떠날 이유는 충분하다.

이제 막 서른을 넘긴 어느 봄날, 나는 거짓말처럼 통영으로 향하고 있었다. 인터넷에서 필요한 정보를 찾던 중 통영국제음악제의 티켓 오픈을 알리는 팝업 창이 선물처럼 짜잔, 내 앞에 나타났던 것이다. 일단 봄 향기 그득한 도다리쑥국으로 배를 채운 후 음악제의 모티프가 된 윤이상부터 만나보기로 했다. 그는 생전에 "고향은 나의 창작에 다시없이 귀중한 정서적인 원천이 되었고 내 음악의 모태는 통영의 숲과 바다, 갈매기, 고기 잡는 소리"라고

할 만큼 통영을 사랑하고 그리워했다. 정치적인 이유로 고국을 떠나 독일의 한 병원에서 눈을 감는 마지막 순간까지 그는 고향의 바다를 떠올렸다고 한다. 도천동에 마련된 윤이상기념공원에 가면 유럽인들이 꼽은 '현존하는 현대음악의 5대 거장'으로 선정될 만큼 뛰어났던 그의 음악적 업적은 물론 파란만장했던 예술가로서의 삶을 엿볼 수 있다.

공원 한편에 앉아 스피커 너머로 윤이상의 음악을 감상하던 난 따사로운 햇살의 유혹을 견디지 못하고 달콤한 꿀빵 한 봉지를 사들고 미륵산에 올랐다. 미륵존불이 출현할 곳이라 하여 미륵산이라 부른다는데, 그리 높은 산은 아니지만 산세가 신묘하고 아름다워 찾는 이들이 많다. 특히 산 정상에 오르면 통영 시내는 물론 청아한 한려수도의 한 자락이 꿈처럼 펼쳐진다. 왜 이곳에서 윤이상이 음악을 짓고, 김춘수가 시를 쓰고, 전혁림이 그림을 그렸는지 그 이유를 알겠다. 짙푸른 바다를 벗 삼아 옹기종기 모여 앉은 그림 같은 도시는 수많은 예술가들의 뮤즈가 되기에 부족함이 없었다.

어느덧 붉은 노을이 통영을 뒤덮고 나는 남망산에 자리한 공연장으로 향했다. 거장의 음악을 만날 생각에 관객들의 얼굴에선 즐거운 설렘이 묻어난다. 멋스런 은발의 노신사부터 총기 가득한 눈빛의 예비 음악가까지 세대를 뛰어넘은 좋은 음악은 통영의 밤을 더욱 풍요롭게 만들었다. 얼굴까지 잘 생긴 알렉산더 리브라이히(Alexander Liebreich)의 손끝에서 완성된 바흐는 고독할 만큼 순수하고 아름다웠다. 음악이 끝난 후에도 박수는 멈출 줄 몰랐고 누구 하나 함부로 자리를 뜨지도 않았다. 연주자들을 위한 박수는 관객들에게 아쉬운 여운으로 남았다.

공연장을 빠져나온 후 뜨거운 감동을 어쩌지 못해 밤바다를 향해 걸어갔다. 철썩이는 파도를 오케스트라 삼아 차가운 맥주를 들이켰다. 멀리 섬처럼 떠 있던 고깃배 불빛이 맛있는 안주가 되었다. 볼은 금세 붉어졌고 난 아는 사람 하나 없는 이 도시와 사랑에 빠졌다. 그렇게 통영은 내게 그리운 이름이 되었다.

---

info

윤이상기념공원
경남 통영시 통영해안로 515,
1577-0557 /
09:00~18:00(매주 목요일 휴관)

통영국제음악제
경남 통영시 통영해안로 515 1층
베를린하우스,
(055)645-2137,
www.timf.org

+MORE+

함께
들르면 좋은 곳

1 남망산조각공원 해발 72미터의 작은 동산이지만 세계 각국의 현대조각가 15명이 참여해 꾸민 조각공원이 자리해 아기자기하면서도 예술적 정취가 흐르는 공간이다. 꼭대기에 자리한 정자에 오르면 한려수도의 한 자락이 그림처럼 펼쳐지고 평화로운 어촌 풍경도 눈에 담을 수 있다. 이곳에서 바라보는 노을 또한 무척 아름답다.
info 경남 통영시 남망공원길 29, (055)650-6360

2 김춘수유품전시관 통영이 낳은 또 한 명의 위대한 시인이 바로 〈꽃〉의 김춘수다. 이곳 통영에서 태어나 어린 시절을 보냈던 그는 통영중학교에서 교사로 재직하던 때 첫 번째 시집 《구름과 장미》를 펴낸다. 우리나라를 대표하는 순수시인이자 국민들이 가장 사랑하는 시인이기도 한 그의 다양한 흔적들을 만나볼 수 있어 더욱 특별한 공간이다.
info 경남 통영시 해평5길 142-16, (055)650-4538 / 09:00~18:00(매주 월요일 휴관)

3 동피랑마을 한때 통영의 낙후된 달동네로 여겨졌으나 이제는 '한국의 몽마르트 언덕'이라 불릴 만큼 낭만적인 풍광을 뽐낸다. 지역예술가들이 낡은 담벼락에 그려 넣은 벽화가 동피랑의 시작이었는데, 지금은 언덕 전체에 다양한 테마의 알록달록한 그림들이 채워져 동화 같은 풍경을 선사한다. 언덕 꼭대기에서 내려다 보이는 강구안 풍경도 일품이다.
info 경남 통영시 동피랑로 일대, (055)650-4550

4 전혁림미술관 '색채의 마술사', '바다의 화가'로 불리던 故 전혁림 화백이 직접 디자인하고 설계한 미술관이다. 미술관 자체가 하나의 작품이라고 해도 과언이 아닐 만큼 독특한 개성과 아름다운 색채를 뽐내는데, 미륵산 자락에 위치해 조용하고 평화로운 주변 분위기와도 잘 어울린다. 미술관 내에 자리한 카페도 커피 한 잔의 여유를 즐기기에 더없이 좋다.
info 경남 통영시 봉수1길 10, (055)645-7349 / 10:00~17:30(11~2월 17:00까지, 매주 월·화요일 휴관)

5 한려수도 조망케이블카
info 경남 통영시 발개로 205, 1544-3303 / 3월 09:30~18:00(4~8월 19:00까지, 10~2월 17:00까지, 매월 2주 월요일 휴장), 성인 왕복 9,000원·편도 5,500원

6 해저터널 당동에서 미수2동을 잇는 해저터널로 1932년에 완공된 동양 최초의 바다 밑 터널이다. 등록문화재로도 지정될 만큼 역사적, 건축적 가치가 높지만 일제강점기에 지어진 만큼 우리 선조들의 눈물과 땀이 곳곳에 묻어 있기도 하다. 충무교가 개통되면서 지금은 드나드는 이들이 많지 않지만 통영의 근대를 돌아볼 수 있는 공간으로 의미가 깊다.
info 경남 통영시 도천1길 1, (055)650-4683

STAY

홀로 머물기 좋은 집

거북선호텔 거북선 모양의 외관이 인상적인 이곳은 아름다운 바다 전망은 물론 호텔 곳곳을 갤러리로 꾸며 예술적 정취가 가득한 공간이다. 통영의 바다를 모티프로 디자인한 가구와 손누비 쿠션, 통영의 동백으로 만든 샴푸와 헤어컨디셔너 등 소품 하나하나 정성이 깃들어 있다.

[info] 경남 통영시 미수해안로 70, (055)646-0710, www.geobukseonhotel.com / 스탠다드룸 80,000원(주말 100,000원)

동피랑게스트하우스 동피랑마을 입구에 자리한 게스트하우스로 통영여행 최적의 위치를 자랑한다. 화이트 톤의 깔끔한 외관부터 기분 좋은 설렘을 느낄 수 있고, 통영 출신 예술가들의 이름과 작품으로 꾸민 객실도 색다른 정취를 전한다.

[info] 경남 통영시 중앙시장4길 6-31, (055)646-5300, www.동피랑게스트하우스.kr / 1인 20,000원(주말 25,000원)

게스트하우스 슬로비 한적한 바닷가 마을에 자리한 조용하고 아늑한 게스트하우스로, 슬로비란 이름처럼 느리지만 행복한 여행을 만들어가는 여행자들을 위한 휴식공간을 지향한다. 카페를 겸하고 있어 여행의 피로를 풀며 여유로운 커피 한 잔을 즐길 수도 있다.

[info] 경남 통영시 산양읍 풍화일주로 1609-14, 010-3943-1178, www.slobbies.com / 4·6인실 도미토리 20,000원(1인 기준, 주말 25,000원)

EAT

홀로 들르기 좋은 맛집

뚱보할매김밥 통영에 왔다면 꼭 한번 맛봐야 할 향토음식 중 하나가 충무김밥이다. 지금은 너무도 익숙한 메뉴이지만 원래 통영에서 뱃사람들이 밥을 상하지 않고 오래 보관하며 먹을 수 있도록 고안한 데서 시작된 것으로 전해진다. 함께 곁들이는 오징어초무침이 맛있는 집이 인기가 좋은데 뚱보할매김밥도 그중 하나다. 중앙시장 근처에 자리해 접근성도 좋다.

info 경남 통영시 통영해안로 325, (055)645-2619 / 1인분 4,500원

오미사꿀빵 50년이 넘는 오랜 역사를 지닌 빵집으로 간판 하나 없이 장사를 시작했지만 지금은 통영을 대표하는 맛집으로 입소문이 자자하다. 부드러운 밀가루 반죽에 달달한 팥앙금을 가득 넣고 겉에 물엿을 한 번 더 입힌 꿀빵은 이름 그대로 달콤한 즐거움을 선사한다. 케이블카를 타기 전에 한 봉지 사고 가면 최고의 간식거리가 된다.

info 경남 통영시 충렬로 14-18, (055)645-3230 / 한 상자(10개) 8,000원

통영맛집 통영의 바다를 가득 품은 멍게유곽비빔밥은 멍게 특유의 향을 유곽으로 중화시켜 고소한 맛이 일품이다. 통영맛집은 인공조미료 대신 조개양념으로 간을 하기 때문에 맛이 자극적이지 않고 씹을수록 담백하다. 멍게를 즐겨 먹지 않더라도 비빔밥 위에 올린 파릇파릇한 새싹과 꽃송이를 보면 절로 군침이 돈다.

info 경남 통영시 항남1길 15-6, (055)641-0109 / 멍게유곽비빔밥 10,000원

한산식당 중앙시장 내에 자리한 식당으로 주인 내외의 손맛이 좋기로 입소문이 난 식당이다. 상인들도 즐겨 이용하는 맛집으로 봄이면 향긋한 도다리쑥국으로 여행자들의 입맛을 돋운다. 평소엔 복국이나 멍게비빔밥이 인기 메뉴다.

info 경남 통영시 중앙시장1길 8-38, (055)644-5828 / 도다리쑥국 싯가

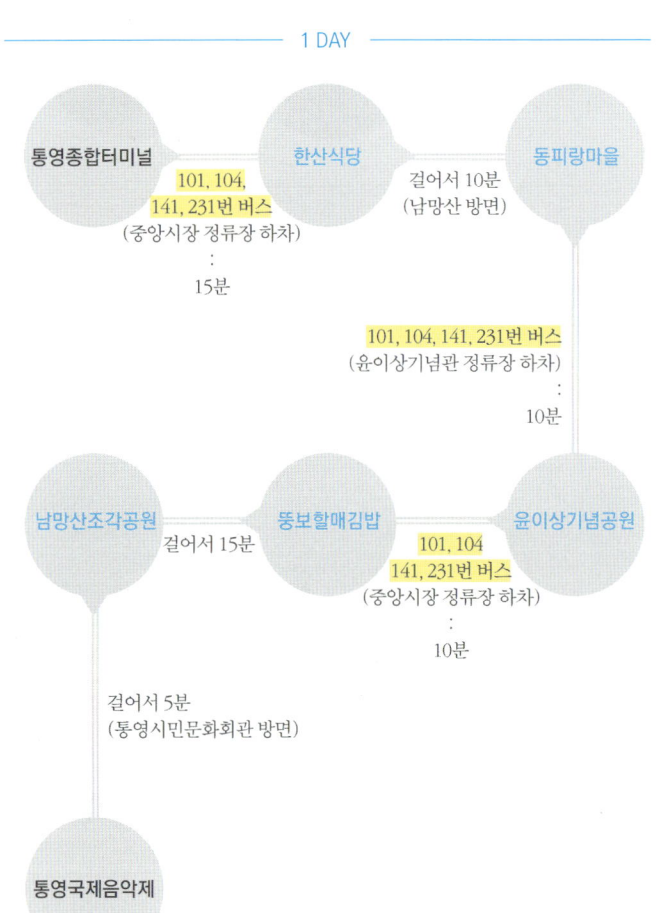

1박 2일 코스

— 2 DAY —

통영맛집
— 걸어서 10분 (명정동주민자치센터 방향) →
오미사꿀빵
— 100, 101, 141, 700번 버스 (SLS조선소 또는 케이블카하부역사 정류장 하차) : 20분 →
한려수도 조망케이블카

↓ 걸어서 15분 (통영고등학교 방면)

해저터널 ← 걸어서 10분 (충무교 방면) — 김춘수 유품전시관 — 걸어서 10분 (도남로 방면) → 전혁림미술관

↓ 101, 141, 231, 700번(수시 운행) 버스 (통영종합터미널 정류장 하차) : 25분

통영터미널

통영 찾아가는 방법
- 서울고속터미널에서 4시간 10분 소요 | 07:10~19:30(40~50분 간격)
- 부산서부터미널에서 1시간 40분 소요 | 06:10~19:40(20~30분 간격)
- 대구서부터미널에서 2시간 소요 | 07:30~20:00(40~60분 간격)
- 대전복합터미널에서 2시간 30분 소요 | 06:50~22:10(30~60분 간격)
- 광주종합터미널에서 2시간 30분 소요 | 08:00~18:35(60~90분 간격)

부서진 연탄재가 건네는

위
로

청주
수암골 벽화마을 산책

수암골의 역사를 거슬러 올라가자면, 한국전쟁 직후 임시로 천막을 짓고 살던 피난민들이 들어와 마을을 형성한 것이 그 시작이다. 산비탈에 다닥다닥 붙은 집들, 그야말로 전형적인 달동네의 모습이었는데 인기드라마 〈카인과 아벨〉, 〈제빵왕 김탁구〉, 〈영광의 재인〉 등이 이곳에서 촬영되면서 지금은 청주에서 가장 핫한 동네로 떠올랐다.

실제로 몇 년 만에 다시 찾은 수암골은 좁은 골목길과 낡은 담벼락 그대로였으나 주변으로 번지르르한 새 건물들이 마구잡이로 들어섰다. 대부분 카페나 레스토랑들인데 수암골의 소박한 풍경과는 어쩐지 어울리지 않는다. 화려하고 세련된 그 건물들 사이에 고립된 섬처럼 자리한 수암골이 반가우면서도 왠지 애틋하다.

몇 년 새 벽 그림이 조금 바뀌기는 했지만 지금의 수암골을 상징하는 대표적인 그림들은 여전히 제 자리를 지키고 있었다. 전봇대에 그려진 여자아이의 뒷모습이라든가 이빨 빠진 아이들의 순박한 웃음, 소지섭, 한지민과는 한참 거리가 있는 듯한 드라마 속 프로포즈 장면 등등. 그러다 문득 길가에 쌓인 연탄재 위에 그려진 익살스런 미소와 짧은 글귀가 걸음을 멈추게 했다.

"부서지고 깨어져도 사랑합니다. 사랑합니다."
흙더미 속에 버려진 연탄재에도 글귀가 적혀 있다.
"우리는 괜찮아. 다시 흙으로 돌아가는 중이야."
아마도 새로 수암골에 자리 잡은 젊은 예술가의 작품인 듯했다. 여전히 연탄보일러를 사용하는 수암골에서 밤새 하얗게 태워진 연탄재는 쉽게 구할 수 있는 재료였을 터. 연탄에 새로운 생명을 불어넣고 전하고 싶은 메시지를 꾸밈없이 담았다. 작품들을 하나하나 마음에 담느라 걸음이 느려졌다. 제 쓸모를 다하고 버려진 연탄재들이 예술가의 손을 빌려 내게 더없이 고마운 위로를 건넨다.
"Wherever, Whatever, Have a nice day."
유독 많은 연탄재 작품들이 모여 있는 집 앞에 이르니 투명한 유리병 하나가 담벼락에 걸려 있다.
"가난한 예술가에게 담배를."
'담뱃값 인상 결사반대'라고 적힌 피켓을 들고 머리엔 '투쟁'이라고 적힌 붉은 띠까지 두르고 제법 비장한 표정을 짓고 있는 연탄재 옆에 적힌 안내판이다. 정말로 유리병 안에는 여행자들이 넣어 놓은 듯한 담배 몇 개비와 라이터가 들어 있다. 가난한 예술가는 부서진 연탄재에 그림을 그리고, 작품에 감동한 여행자들은 담배 몇 개비로 고마움을 전한다. 이보다 더 아름다운 소통이 어디 있을까. 흡연자가 아님이 이토록 원망스러웠던 적은 없었다. 머리를 굴리다 마을 입구에 자리한 삼충상회를 떠올렸다. 얼른 달려가 아이스크림 하나에 제일 비싼 담배 한 갑을 골랐다. 연탄재가 건넨 위로에 대한 작은 보답이다.

|info|
수암골
충북 청주시 상당구 수동 1, (043)200-2231

+ MORE +

함께
들르면 좋은 곳

1 용두사지 철당간 독특하게도 청주 시내 한복판에 남아 있는 고려시대 당간으로 국보 제41호로 지정돼 있다. 당간은 사찰에서 기도나 법회 등의 의식을 치를 때 '당(幢)'으로 불리는 기를 달아두던 기둥을 뜻하는데, 대개 석조로 된 지주만 남아 있고 당간은 사라진 경우가 많다. 현존하는 철당간은 이곳 용두사지철당간과 함께 공주 갑사의 철당간, 안성 칠장사 철당간 세 개뿐이어서 더욱 그 가치가 크다.

info 충북 청주시 상당구 남문로 2가 48-19

2 청주 고인쇄박물관 현존하는 세계에서 가장 오래된 금속활자본인 〈직지〉는 유네스코 세계기록유산으로도 등재된 우리 민족의 자랑스러운 문화유산이다. 고인쇄박물관은 청주 흥덕사에서 간행된 〈직지〉의 역사적 가치와 우수성을 돌아볼 수 있는 전시공간으로, 신라부터 조선에 이르기까지 우리나라의 인쇄문화를 한자리에서 살펴볼 수 있도록 꾸며졌다. 과거뿐 아니라 근현대 인쇄술의 발전사와 미래 인쇄기술도 소개하고 다양한 인쇄 체험프로그램도 제공한다.

info 충북 청주시 흥덕구 직지대로 713, (043)201-4266, jikjiworld.cheongju.go.kr /09:00~18:00(매주 월요일 휴관), 무료

STAY
홀로 머물기 좋은 집

야곰게스트하우스 수암골 근처는 아니지만 교통이 편리한 조용한 주택가에 자리해 여행자들이 편안하게 쉬어가기 좋다. 빌라를 개조한 형태라 화장실이 하나라는 게 아쉽긴 하나 여행자들을 배려한 다양한 먹거리와 비품을 갖추고 있어 만족도가 높은 편이다.
[info] 충북 청주시 서원구 월평로 34번 길 5-8, 010-5471-1998 / 도미토리 1인 20,000원

영광이네 드라마 〈영광의 재인〉 촬영지로 익숙한 국수전문점이다. 수암골 언덕에 자리하고 있어 창가 테이블에 앉으면 청주 시내가 한눈에 들어올 만큼 탁 트인 전망을 자랑한다. 청주 사람들 사이에선 손꼽히는 우동집인 서문우동이 이곳의 원래 이름이지만 드라마의 유명세 때문에 수암골 지점만 '영광이네'로 이름을 바꿔 사용하고 있다. 굵직하고 쫄깃한 면발의 서문우동이 이곳의 대표 메뉴지만 큼지막한 단팥빵과 크로켓도 별미다.
[info] 충북 청주시 상당구 수암로 56번 길 1, (043)224-2332 / 10:00~21:00, 서문우동 5,500원, 냉모밀 6,500원

EAT
홀로 들르기 좋은 맛집

본정 청주를 대표하는 초콜릿 전문점으로 카카오 특유의 깊고 진한 풍미를 느낄 수 있는 초콜릿 제품과 달콤한 케이크로 큰 사랑을 받고 있다. 이곳에선 초콜릿을 항아리에 담아 멋스럽게 포장하는가 하면, 매실과 인삼 등 우리 농산물을 활용한 퓨전 초콜릿도 직접 개발해 좋은 반응을 얻고 있다. 카카오를 듬뿍 넣은 초콜릿 케이크와 신선한 생딸기를 얹은 딸기 케이크가 대표 메뉴다.
[info] 충북 청주시 상당구 성안로 23-1, (043)252-8653, www.bonjung.com

쫄쫄호떡 중앙공원 근처에 자리한 평범한 분식집이지만 평일에도 손님들로 줄이 늘어설 만큼 인기가 좋다. 이 집의 대표 메뉴는 호떡인데, 굽는 방식 대신 찰랑찰랑한 기름에 충분히 튀겨내 겉은 과자처럼 바삭하고 속은 씹을수록 쫀득한 식감이 특징이다. 시간이 지나도 눅눅해지지 않고 고소한 맛이 잘 유지돼 포장해가는 손님들도 많다. 매콤달콤한 쫄면과 얼큰한 즉석떡볶이도 인기다.
[info] 충북 청주시 상당구 상당로 55번 길 40-1, (043)221-2208 / 호떡 800원

혼자 떠나는
청주 수암골 벽화마을 산책 추천 PLAN

1일 코스

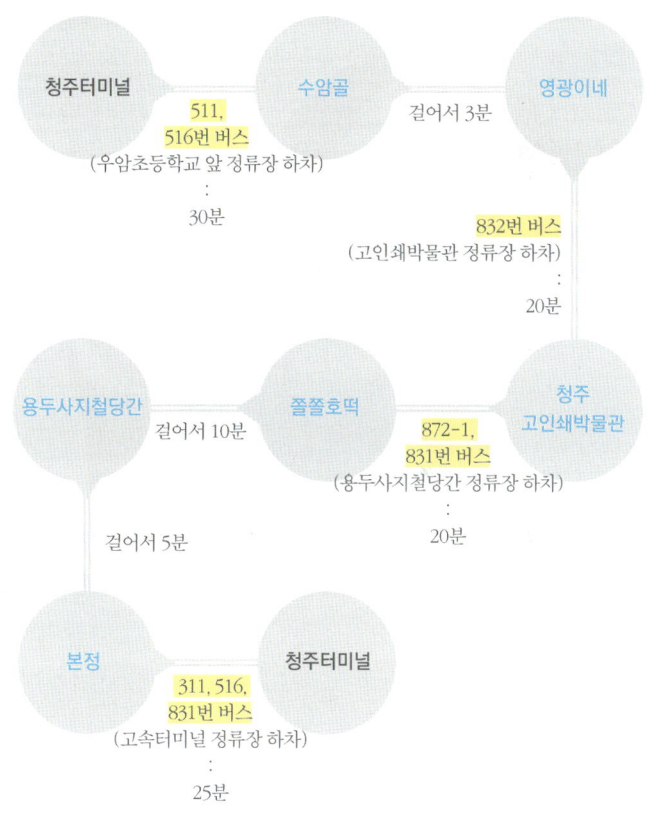

청주터미널 → 511, 516번 버스 (우암초등학교 앞 정류장 하차) : 30분 → 수암골 → 걸어서 3분 → 영광이네 → 832번 버스 (고인쇄박물관 정류장 하차) : 20분 → 청주 고인쇄박물관 → 872-1, 831번 버스 (용두사지철당간 정류장 하차) : 20분 → 쫄쫄호떡 → 걸어서 10분 → 용두사지철당간 → 걸어서 5분 → 본정 → 311, 516, 831번 버스 (고속터미널 정류장 하차) : 25분 → 청주터미널

청주 찾아가는 방법
- 서울고속터미널에서 1시간 40분 소요 | 05:40~24:00(10~15분 간격)
- 대전복합터미널에서 40분 소요 | 06:30~21:40(10~20분 간격)
- 서대구고속터미널에서 2시간 30분 소요 | 06:40~19:30(60~100분 간격)
- 광주종합터미널에서 2시간 50분 소요 | 06:10~22:15(65~90분 간격)
- 부산종합버스터미널에서 3시간 30분 소요 | 06:30~19:30(90분 간격)

서울 연남동 맛집 산책
인천 신포시장 먹거리 여행
속초 아바이마을 여행
부산 국제시장 먹거리 여행
예산 장터국밥 체험
증도 소금 여행

Taste

05

여행의 맛을 즐기다

위로가 되는 밥 한 끼,

커
피
한
잔

서울
연남동 맛집 산책

함박눈이 펑펑 내리는 겨울이었다. 그깟 눈쯤이야, 하고 생각했던 것이 점점 당혹스런 소나기눈으로 바뀌던 순간, 골목 끝자락에 '카레'라고 큼지막하게 적어놓은 노란색 입간판이 눈에 들어왔다. 그렇잖아도 뭉근하게 피어오르는 카레 냄새를 따라 발걸음을 옮기던 중이었다. '히메지'라는 이름의 아담한 식당 앞에 이르자 마치 〈센과 치히로의 행방불명〉에 나올 법한 손때 묻은 나무문과 낡은 자전거 한 대가 멈춰 서 있다. 이 문을 열면 치히로처럼 기이한 세계로 들어서는 건 아닐까, 잠시 엉뚱한 상상을 펼친다. 어쩌면 그게 더 좋겠다는 장난스런 기대감으로 미닫이문을 열고 가게 안으로 들어섰다.

생각보다 앳된 얼굴의 주인은 그리 살갑지도 무뚝뚝하지도 않은 말투로 "뭐 드시겠어요?" 하고 묻는다. 카레라이스를 주문했더니 얼마지 않아 밥을 흠뻑 덮을 만큼 푸짐한 카레가 내 앞에 놓인다. 홍대 근처에서 먹는 고작 5,500원짜리 밥 한 끼 치고는 꽤 인심이 넉넉하다. 고슬고슬하게 잘 지은 밥은 강황가루로 색깔을 냈는지 노르스름하니 고소하다. 진갈색의 카레는 감자와 양파, 브로콜리 등을 넣고 푹 끓여내 부드러우면서도 진한 향미가 입 안을 감돈다. 끝에는 강한 후추 향과 함께 매콤한 여운이 느끼함을 잡아준다. 주인장의 말투만큼이나 유난스럽지도, 화려하지도 않지만 일본에 있는 친구 집에 놀러간다면 그의 어머니가 내올 법한 소소하고 담담한 맛이랄까. 다다미방에 앉아 먹는 카레라 더욱 그렇게 느껴졌는지 모르겠다.

히메지를 빠져나와 이번엔 커피 향을 따라 걷기 시작했다. 몇 걸음 지나지 않아 고소한 커피향이 코끝을 간질인다. 살짝 촌스럽기까지 한 낡은 자개상과 각종 약재 이름이 적힌 커다란 한약장, 카페와는 뭔가 어울리지 않는 것들로 가득 채워진 이곳은 연남동에 문을 열자마자 금세 입소문을 탄 유명 로스터리 카페 '커피 리브레'다.

규모는 작아 보여도 전 세계 주요 커피농가들과 직거래를 통해 다양한 종류의 고품질 생두를 갖춰 놓았다.

낯선 이름의 원두들을 구경하다 프로레슬러를 모티프로 한 듯한 캐릭터가 궁금해 물었더니 영화 〈나초 리브레〉의 주인공이란다. 잭 블랙이 열연한 이 영화 속 주인공은 레슬러를 꿈꾸는 성직자로, 열정은 넘치지만 재능은 턱없이 부족한 인물이라고 한다. 그는 하나님에게 이렇게 항의한다.

"왜 제게 레슬링에 대한 열정과 거지 같은 재능을 함께 주셨나요?"

마침 써지지 않는 원고를 핑계 삼아 떠나온 연남동 산책이었던 터라 나도 모르게 가슴이 뭉클했다. 주문한 커피는 씁쓸하고 무거웠지만 이내 향긋한 초콜릿향이 따스하게 혀끝을 어루만져 주었다.

---

info

히메지
서울 마포구 성미산로 198,
070-4743-1055/
카레라이스 5,500원

커피 리브레
서울 마포구 성미산로 198,
(02)334-0615

+ MORE +
함께
들르면 좋은 곳

1 동진시장 연남동 한복판에 자리한 재래시장으로 한동안 활기를 잃고 쇠락한 모습이었지만 지역의 젊은 예술가들이 앞장선 플리마켓 덕분에 새로운 핫플레이스로 떠오르고 있다. 매주 토요일에 열리는 동진시장 7일장은 다양한 수공예품과 액세서리, 따스한 감성의 소품들을 만나볼 수 있다.

info 서울 마포구 성미산로 198, (02)325-9559

2 심리카페 다르다 사람의 유형을 9가지로 분류한 성격유형 분석의 하나인 에니어그램을 통해 내가 알지 못했던 또 다른 내면의 나를 만나볼 수 있는 심리카페다. 연남동의 한적한 주택가에 자리하고 있어 산책하듯 들러볼 수 있다. 금, 토, 일요일엔 예약제로 운영되므로 가능한 전화를 미리 하고 찾아가는 것이 좋다.

info 서울 마포구 연남로 9길 11-15, (02)323-3406 / 11:00~19:00(매주 월요일 휴무)

3 천가계바람 여행자의 낭만이 물씬 느껴지는 이곳은 주인장이 세계 곳곳을 여행하며 직접 사들고 온 에스닉풍의 옷과 패브릭 소재의 가방, 모자, 핸드메이드 액세서리 등을 판다. 이국의 독특한 향초도 종류별로 갖춰놓고 있어 구경하는 것만으로도 마치 여행을 떠나온 듯 색다른 분위기를 느끼기 좋다.

info 서울 마포구 성미산로 200, (02)334-9245

EAT

홀로 들르기 좋은 맛집

토미즈베이커리 연남동의 한적한 주택가 골목에 자리한 소박한 베이커리로 장시간 숙성시켜 소화가 편한 식빵과 부드러운 크루아상, 일본식 앙꼬빵까지 다양한 종류의 빵을 매일 구워낸다. 20여 년 동안 한국의 특급호텔과 제과업체에서 화려한 커리어를 쌓았던 일본인 베이커 토미가와 오너 셰프로 빵 하나하나 내공이 느껴진다.
info 서울 마포구 연희로 1길 19, (02)333-0608

툭툭 누들타이 국내에서 손꼽히는 타이 레스토랑 중 하나인 툭툭 누들타이는 정통 타이푸드에 곁들이는 시원한 싱하맥주 한 잔의 여유가 잘 어울리는 곳이다. 식사 시간에는 빈 자리를 찾기 어려울 만큼 북적이지만 평일이나 주말 이른 시간에는 홀로 이국적인 낭만을 즐기기 좋다.
info 서울 마포구 연희로 37, 070-4407-5130

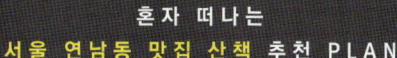

1일 코스

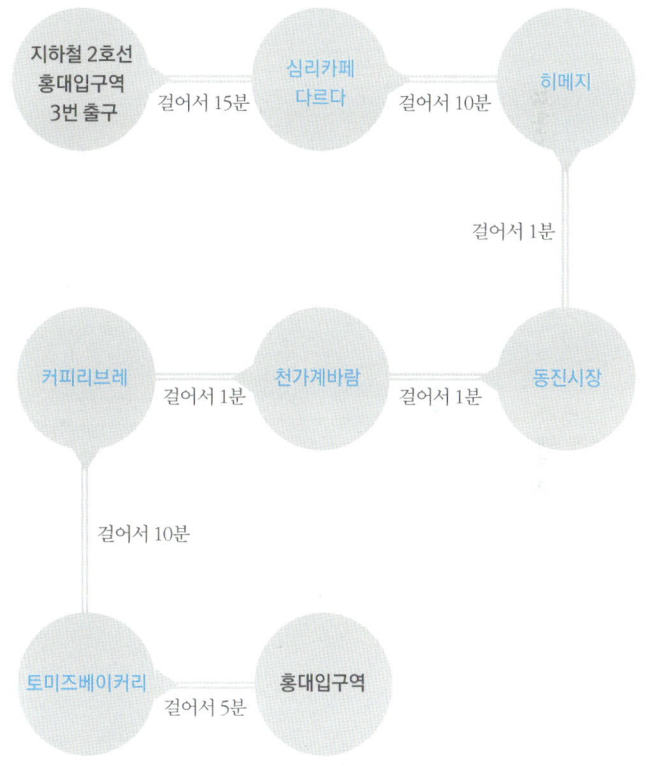

지하철 2호선 홍대입구역 3번 출구 — 걸어서 15분 — 심리카페 다르다 — 걸어서 10분 — 히메지 — 걸어서 1분 — 동진시장 — 걸어서 1분 — 천가계바람 — 걸어서 1분 — 커피리브레 — 걸어서 10분 — 토미즈베이커리 — 걸어서 5분 — 홍대입구역

서울 찾아가는 방법
- 대전복합터미널에서 2시간 소요 | 06:00~24:00(15~30분 간격)
- 서대구고속터미널에서 3시간 50분 소요 | 06:00~01:30(20~30분 소요)
- 광주종합버스터미널에서 3시간 20분 소요 | 04:00~02:00(15~60분 간격)
- 부산종합버스터미널에서 4시간 20분 소요 | 06:00~02:00(30분 간격)

입과 눈이 즐거운 인천 나들이

인천
신포시장 먹거리 여행

신포시장의 역사는 19세기까지 거슬러 올라간다. 개항 이후 인천지역에 몰려든 일본인과 중국인, 서양인들을 상대로 배추와 무, 양파 등의 채소를 팔던 푸성귀전으로 시작한 것이 20세기 들어 인천 최초의 근대적 상설시장으로 성장했다. 무려 백 년이 넘는 세월 동안 인천 시민들의 정겨운 이웃으로 자리 잡은 신포시장은 천 원짜리 한 장도 제대로 위력을 발휘하는 시장 먹거리의 천국으로 누구나 가벼운 마음으로 식도락을 즐길 수 있다.

시장에 들어서면 가장 먼저 눈에 띄는 것이 닭강정 골목에 길게 늘어선 줄이다. 가마솥에 바삭하게 튀긴 닭을 매콤한 청양고추로 맛을 낸 소스에 버무려내는 닭강정은 신포시장 최고의 명물. 보통의 양념통닭과 달리 속살은 부드럽고 소스는 달콤하면서도 칼칼한 끝 맛이 중독성 강하다. 언젠가 인기 예능프로그램에 소개돼 전국에서 손님들이 찾아올 만큼 화제를 모으기도 했는데, 여전히 퇴근시간이나 주말엔 입구부터 북적북적 제대로 시장 분위기를 연출한다.

닭강정 골목을 지나면 색색깔 만두와 찐빵이 눈을 즐겁게 한다. 근처 학생들 사이에선 '오색만두', '색동만두' 등으로 불리는데 체리와 단호박, 쑥 등 천연재료를 이용해 색깔을 낸 것으로 하나만 먹어도 배가 부를 만큼 푸짐한 크기가 매력이다. 만두엔 육즙 가득한 고기와 채소가, 찐빵엔 달지 않고 담백한 팥이 한주먹 들어간다.

시장 끝자락에는 닭강정만큼이나 신포시장의 오랜 명물로 통하는 공갈빵집이 자리하고 있다. 40년이 넘도록 한자리를 지키고 있는 산동공갈빵은 아버지의 가업을 아들이 이어받아 매일 하나하나 손으로 빵을 구워낸다. 그 추억의 맛이 그리워 멀리서도 손님이 찾아올 만큼 인기가 좋다 보니 프랜차이즈의 유혹도 적지 않다. 하지만 아버지에게서 배운 손맛을 그대로 지켜가고 싶다는 아들은 언제 와도 늘 한결같은 맛의 공갈빵을 만드는 것이 꿈이란다. 홀로 반죽실과 화덕 사이를 오가다 보니 주말엔 꽤 오랜 기다림을 감수해야 하지만 갓 구워낸 공갈빵은 바삭하면서도 달콤한 맛이 오랫동안 줄 서서 기다린 보람을 채워준다.

신포시장에 가면 꼭 들러봐야 할 곳이 또 하나 있다. 지금은 어느 동네를 가든 쉽게 만날 수 있는 전국적인 프랜차이즈인 신포우리만두의 본점이 이곳에 자리하고 있다. 분식집의 대표 메뉴 중 하나인 쫄면이 바로 신포우리만두에서 시작됐다고 하는데, 냉면공장에서 실수로 잘못 나온 굵은 면발을 근처 식당에 공짜로 넘긴 것을 이곳 주인이 고추장 양념과 야채를 얹어 판 것이 최초의 쫄면이라고 한다. 프랜차이즈의 특성상 어느 곳을 가든 표준화된 맛을 유지하고 있지만 본점이란 의미 때문에 멀리서도 찾아오는 이들이 많다.

info
신포시장
인천 중구 우현로 49번 길 11-5,
(032)772-5812

Taste

+ MORE +

함께
들르면 좋은 곳

1 답동성당 신포시장 건너편 언덕에 자리한 답동성당은 우리나라 성당 중 가장 오래된 서양식 근대건축물로, 붉은 벽돌로 쌓아올린 로마네스크 양식이 우아한 고전미를 뽐낸다. 세련된 곡선미의 종탑과 위용 넘치는 기둥, 눈부신 스테인드글라스 등 웅장하고 화려한 자태 덕분에 인천시민들이 아끼는 근대건축물 중 하나다. 문화예술적 가치도 높아 지난 1981년엔 사적 287호로 지정되기도 했다.

info 인천 중구 우현로 50번 길 2, (032)762-7613

2 월미공원 50여 년 동안 군부대가 주둔했던 지역으로 일반인들의 출입이 제한되었지만 지금은 공원으로 새롭게 단장해 인천 시민들의 휴식처로 사랑받고 있다. 인천항을 한눈에 내려다볼 수 있는 전망대를 비롯해 전통공원과 한국이민사박물관 등 다양한 볼거리가 자리하고 있어 느긋하게 산책을 즐기기에 그만이다.

info 인천 중구 월미로 131-22, (032)765-4133 / 하절기 05:00~23:00, 동절기 05:00~22:00

3 인천개항누리길 개항기 인천의 거리 풍경을 재현해놓은 곳으로 일본풍의 목조건물들이 색다른 정취를 느끼게 한다. 특히 과거 일본제1은행 건물에 들어선 인천개항박물관은 1883년 개항 이후부터 일제강점기에 들어서는 1910년까지 파란만장했던 인천의 다양한 모습들을 전시해 볼거리가 풍성하다. 돔 지붕을 얹은 르네상스풍의 석조건물도 이국적인 분위기를 느낄 수 있다.

info 인천개항박물관-인천 중구 신포로 23번 길 89, (032)760-7508 / 09:00~18:00, 성인 500원

4 인천아트플랫폼 과거 서구문명이 물밀듯 쏟아져 들어왔던 개항장 근처에 마련된 복합문화공간으로 인천의 근대사를 함축적으로 읽을 수 있는 역사적 장소이기도 하다. 일제가 세운 붉은 벽돌의 건축물을 리모델링해 다양한 장르의 예술가들에게 제공하고 있으며 그 결과물은 전시공간을 통해 시민들과 공유한다. 이국적인 건축물과 색다른 거리 풍경 때문에 드라마〈드림하이〉등의 촬영지로도 등장해 눈길을 끌었다.

info 인천 중구 제물량로 218번 길 3, (032)760-1000, www.inartplatform.kr / 10:00~18:00(매주 월요일 휴관), 무료

5 자유공원 인천에 자리한 우리나라 최초의 서양식 공원으로 인천상륙작전을 이끌었던 맥아더 장군의 동상이 자리하고 있어 눈길을 끈다. 응봉산으로 불리는 야트막한 언덕에 조성된 공원이라 이곳 정자에 오르면 인천항의 전경이 한눈에 들어온다.

info 인천 중구 자유공원남로 25, (032)761-4774

6 제물포구락부 자유공원 아래 자리한 호화로운 서양식 2층 건물로 1901년 인천지역에 거주하는 외국인들의 사교모임 장소로 사용하기 위해 지어졌다. 내부엔 사교모임에 적합한 응접실과 도서실, 당구대, 식당 등을 갖추었으며 당시 모습을 그대로 재현해둬 근대로의 시간 여행을 즐겨볼 수 있는 공간이다.

info 인천 중구 자유공원남로 25, (032)765-0261, www.jemulpoclub.com /
09:30~17:30(12:00~13:00 중식시간 휴관, 매주 월요일 휴관), 무료

7 차이나타운 우리나라 속의 작은 중국으로 불리는 차이나타운은 인천항 개항과 함께 몰려든 청나라 상인들이 모여 살기 시작하면서 형성되었다. 과거에는 중국에서 수입한 물품들을 파는 상점들이 대부분이었지만 지금은 중국음식점들이 거리를 가득 채우고 있다. 우리나라 최초의 자장면집으로 알려진 공화춘을 시작으로 화덕에서 구워낸 전병 등 다양한 중국 먹거리를 맛볼 수 있다.

info 인천 중구 차이나타운로 59번 길 12, (032)760-7537

CAFE
홀로 들르기 좋은
카페

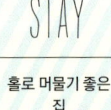

STAY
홀로 머물기 좋은
집

상우재 1900년대 초에 지어진 오래된 근대가옥을 여행자들을 위한 게스트하우스이자 예술가들을 위한 복합문화공간으로 개방하고 있다. 상우재란 이름은 좋은 벗들이 찾아와 이야기를 나누고 싶다는 바람에서 지은 것으로, 살가운 주인장 부부 덕분에 머무는 내내 마음이 편안한 곳이다.
info 인천 중구 신포로 47번 길 10, 070-8615-8562 / 1인 25,000원

루나씨키친 차이나타운 내에 자리한 독특한 감성의 카페로 대만식 쩐주나이차를 우리나라에 처음으로 소개한 곳이기도 하다. 홍차와 밀크커피를 비롯해 녹차와 초콜릿, 딸기, 블루베리 등 다양한 맛에 쫄깃한 버블이 어우러진 음료를 낸다. 겨울엔 따뜻한 중국 전통차도 맛볼 수 있다.
info 인천 중구 차이나타운로 55번 길 6, (032)766-0734 / 밀크티 4,500원

혼자 떠나는 인천 신포시장 먹거리 여행 추천 PLAN

1일 코스

지하철 1호선 동인천역 2, 3번 출구 — 걸어서 10분 → 답동성당 — 걸어서 3분 → 신포시장

신포시장 — 걸어서 15분 → 인천아트플랫폼 — 걸어서 5분 → 인천개항누리길 — 걸어서 5분 → 제물포구락부

제물포구락부 — 걸어서 1분 → 자유공원 — 걸어서 5분 → 차이나타운 — 2, 23, 45번 버스 : 10분 → 월미공원 — 2, 23, 45번 버스 : 10분 → 인천역

인천 찾아가는 방법
- 대전복합터미널에서 2시간 소요 | 06:00~22:00(30~60분 간격)
- 서대구고속터미널에서 3시간 40분 소요 | 06:20~22:30(80~90분 간격)
- 광주종합터미널에서 3시간 45분 소요 | 06:05~23:05(40~55분 간격)
- 부산종합터미널에서 4시간 40분 소요 | 06:25~23:20(60~80분 간격)

그리움이

맛
있
다

**속초
아바이마을 여행**

해마다 명절이면 그리운 고향으로 애끓는 마음만 띄워 보내는 마을이 있다. 대표적인 실향촌 중 하나인 속초의 아바이마을. 급박한 전쟁통에 며칠만 몸을 피하려던 것이 어느새 반백 년이 훌쩍 넘어버렸다. 실향민 1세대의 대부분이 세상을 떠난 지금, 야속한 세월에 절절한 그리움마저 희미해져 버렸지만 그 서글픈 이별의 역사는 여전히 현재진행형이다.

아바이마을에 터전을 잡은 이들은 대부분 함경도 피난민들이다. 한국전쟁 당시 총과 포탄을 피해 미군함정을 타고 부산으로 내려왔던 이들은 휴전과 함께 속초로 몰려들었다. 이곳이 함경도로 향하는 가장 가까운 길목이었기 때문이다. 아마도 휴전이 되었으니 언제든 고향으로 다시 돌아갈 수 있으리라 믿었을 것이다. 피난민들의 임시 거처였던 아바이마을의 시작은 좁은 골목길을 따라 판잣집들이 다닥다닥 붙은 형태였다. 원래 갈대밭이었던 곳이라 상하수도 시설도 열악해 공동화장실을 사용했는데 지금도 마을에는 공동화장실이 몇 군데 남아 있다. 담벼락도 없이 집들이 붙어 있다 보니 옆집에서 고기를 구워 먹으면 싸움이 나기도 했단다. 그래서 고기를 먹을 땐 멀리 바닷가에 나가서 구워 먹었다는 웃지 못할 이야기도 전해진다.

아바이마을이란 이름은 함경도에서 아버지를 가리킬 때 '아바이'라고 불렀던 데서 유래했다. 이들이 간직해 온 대표적인 고향문화 중 하나가 음식인데, 속초를 대표하는 별미로 꼽히는 아바이순대 역시 함경도 음식이다. 예부터 이 지역에선 돼지 창자에 숙주와 미나리 등을 넣어 삶은 도야지순대를 얼려두고 먹었다는 기록이 전해진다. 워낙 귀한 음식이었던 탓에 아버지한테만 대접했다고 해서 아바이순대라 불린다. 하지만 고향과는 영 딴판인 속초에 뿌리를 내리고 살다 보니 상대적으로 구하기 쉬운 식재료인 오징어에 속을 채워 순대를 만든 것이 지금의 오징어순대다.

"어머니 손맛에는 한참 못 미쳐요."

대를 이어 아바이순대를 만든다는 식당 주인은 아내의 내림 손맛을 꽤 냉정하게 평가했다. 마침 아바이순대 한 접시를 푸짐하게 담아 내오던 아내는 슬쩍 입을 삐죽인다. 그의 남편은 아바이마을에서 태어났지만 평생 함경도 고향 땅을 그리워하던 부모님의 정서를 그대로 물려받

았단다. 자신은 가보지도 않은 땅일 텐데 유독 함경도 음식에 대해선 까다롭게 군다며, 그래도 술 한 잔 생각날 땐 아내가 직접 만든 아바이순대를 최고의 안주로 여긴다는 게 안주인의 귀여운 반론이다. 머리 희끗한 부부의 정겨운 말다툼을 듣고 있자니 입에 넣은 아바이순대 한 조각이 더 맛깔스럽다. 그리움의 간이 잘 배인 덕분이리라.

|info|
아바이마을
강원 속초시 청호로 122,
(033)633-3171

함께
들르면 좋은 곳

1 대포항 원조튀김골목 길거리 별미 삼아 새우 등을 튀겨내던 튀김집이 새롭게 단장한 대포항 한편에 '원조튀김골목'이란 이름으로 모여 있다. 반갑게도 동해의 싱싱한 새우를 한 마리 통째로 고소하게 튀겨낸 그 맛이 여전하다. 새우튀김 외에도 오징어와 게살 등 메뉴도 제법 늘었다. 튀김골목의 터줏대감으로 불리는 '소라엄마튀김'을 비롯해 수십 개의 튀김집들이 성업 중이다.

info 강원 속초시 대포항희망길 55 / 큰새우튀김(2마리) 3,000원

2 석봉도자기미술관 청초호 한편에 자리한 석봉도자기미술관은 도자기 예술에 평생을 바친 장인의 열정을 만나볼 수 있는 특별한 공간이다. 도자기회화라는 독특한 미술 분야의 개척자로 꼽히는 석봉 조무호가 설립한 이곳 미술관에서는 우리에게 익숙한 전통도자기부터 낯설고 때론 현대적인 감각을 덧입은 도자기의 다양한 변신을 만날 수 있어 흥미롭다.

info 강원 속초시 엑스포로 156, (033)638-7712, www.dogong.net / 09:00~18:00(매주 월요일 휴관), 성인 5,000원

3 설악산국립공원 속초에 와서 설악산을 둘러보지 않으면 서운하다. 사계절 언제 찾든 다양한 풍광을 선사하는 설악산은 케이블카를 이용하면 한두 시간 만에 가볍게 둘러볼 수 있다. 또 신라 진덕여왕 때 창건한 것으로 전해지는 신흥사도 국립공원 내에 자리하고 있는데, 웅장한 산자락과 어우러진 가람이 절경을 이룬다. 높이 15미터에 달하는 통일대불도 압도적인 크기로 눈길을 끄는데, 뒤쪽에 있는 입구를 통해 불상 내부로 들어갈 수 있으며 안에는 천개의 손과 눈을 가진 천수천안관세음보살이 봉안되어 있다.

info 강원 속초시 설악산로 1137, (033)636-7044 / 케이블카 이용시간 09:00~18:00, 입장료 성인 3,500원, 케이블카 이용요금 성인 왕복 10,000원

4 속초등대전망대 영금정이 한눈에 내려다 보이는 언덕에 자리한 등대전망대로 뒤편으로는 설악산 대청봉과 울산바위는 물론 속초 시내 전경까지 360도 조망이 가능하다. 1957년에 세워진 등대도 그대로 남아 있어 색다른 정취를 더한다.

info 강원 속초시 영금정로 5길 8-28, (033)633-3406 / 하절기 06:00~17:30, 동절기 07:00~16:30, 무료

5 속초시립박물관 속초의 역사와 문화를 한자리에서 만나볼 수 있는 공간으로 조양동 선사유적지를 재현해놓은 역사실을 시작으로 민속문화실과 어촌문화실, 피난민문화실 등 다양한 볼거리를 자랑한다. 특히 야외에 마련된 문화촌에서는 평안도와 황해도, 함경도 등 지금은 우리가 직접 가볼 수 없는 북한 지역의 전통가옥을 비롯해 아바이마을의 옛 모습을 그대로 재현해 두었다. 매일 오전 11시와 오후 2시엔 속초시립풍물단의 공연도 이곳 문화촌에서 이뤄지는데, 상모판굿과 태평무 등 평소에 접하기 어려운 귀한 전통공연을 만날 수 있다.

info 강원 속초시 신흥2길 16, (033)639-2977, www.sokchomuse.go.kr / 하절기 09:00~18:00, 동절기 09:00~17:00(매주 월요일 휴관), 성인 2,000원

6 속초중앙시장 속초를 대표하는 재래시장으로 관광객들이 즐겨 찾다 보니 관광수산시장으로 이름을 바꾸긴 했으나 여전히 주민들은 중앙시장으로 부른다. 전국에서 택배로 주문해 먹는다는 '만석닭강정'을 비롯해 즉석에서 구워내는 고소한 씨앗호떡, 한여름의 별미 뻥튀기 아이스크림까지 다양한 시장 먹거리가 넘쳐난다.

info 강원 속초시 중앙로 147번 길 16, (033)633-3501

7 속초해수욕장 속초터미널에서 걸어서 10여 분 거리에 위치해 여행자들에겐 가장 접근성이 뛰어난 해변이다. 부드러운 모래와 깨끗한 바다, 울창한 소나무 숲이 어우러져 동해의 다양한 매력을 느낄 수 있다. 운치를 더하는 갖가지 조형물과 해변 입구에 속초해변자연박물관도 자리하고 있어 볼거리를 더한다.

info 강원 속초시 조양동 1464-11, (033)639-2665

8 영금정 본래 영금정은 지금의 속초등대 아래 자리한 널찍한 바위 지대에 우뚝 솟았던 정자 모양의 바위를 일컫는 말로, 높은 파도가 들이칠 때면 이 바위에 부딪혀 마치 거문고의 울음과 같은 신비한 소리가 난다고 하여 붙여진 이름이다. 그러나 일제강점기 방파제에 쓰일 골재를 채취한다는 명목 하에 이 아름다운 영금정은 폭파되고 만다. 이후 영금정의 비경을 그리워하는 사람들이 그 자리에 정자를 세우긴 했으나 개성 없는 건축물이라 오히려 아쉬움만 든다. 그러나 그 주변 풍광만큼은 예전 모습 그대로 아름답다.

info 강원 속초시 동명동

STAY

홀로 머물기 좋은 집

EAT

홀로 들르기 좋은 맛집

인소게스트하우스 감성적인 인테리어와 친절한 주인장, 그리고 여행자들의 정겨운 친구가 되어주는 강아지 해리가 있어 더욱 편안한 공간이다. 조양동 선사유적지 근처에 자리해 속초 주요 관광지로의 이동도 수월한 편이고, 게스트하우스에서 대여해주는 자전거를 이용하면 더욱 편리하게 여행할 수 있다.

info 강원 속초시 선사로 1길 30-4, 010-7188-0070, www.inn-so.co.kr / 1인 20,000원(성수기 30,000원)

청초수물회 '섭'이란 자연산 홍합을 일컫는 말로 속초 지역에선 육질이 쫄깃하고 살이 푸짐한 홍합을 부추와 버섯 등 각종 야채와 함께 푹 끓여낸 섭국을 보양식이나 해장국으로 즐겨 먹었다. 홍합은 비타민과 단백질이 풍부한 고열량식품이기 때문에 더위에 지친 몸을 보하고 체력을 보충하는 데 도움이 되기 때문. 청초호 주변에 자리한 청초수물회는 전통 방식의 섭국을 푸짐한 건더기는 물론 이곳만의 숙성된 장을 이용해 시원하면서도 구수하게 만들어낸다.

info 강원 속초시 엑스포로 10-3, (033)632-3900 / 섭국 10,000원

항아리물회 속초해변 바로 건너편에 자리해 쉽게 찾아갈 수 있다. 이름 그대로 항아리에 푸짐하게 담아내는 물회가 이곳의 대표 메뉴인데 싱싱한 횟감과 해삼, 멍게 등 다양한 해산물이 어우러져 보기만 해도 든든하다. 양념이 강하지 않은 편이라 담백한 입맛에 잘 맞는다. 겨울에는 홍게 한 마리를 통째로 넣은 홍게라면도 별미다.

info 강원 속초시 해오름로 137, (033)635-4488 / 항아리모듬물회 12,000원

CAFE

홀로 들르기 좋은
카페

어느 멋진 날 속초해변에 자리한 카페로 유리창 너머 짙푸른 바다와 솔숲을 감상할 수 있다. 감성적으로 꾸며진 실내에는 한쪽 벽을 가득 채운 책장과 함께 마음의 위로를 얻을 수 있는 다양한 메시지들이 가득하다.

info 강원 속초시 해오름로 161, 010-4664-7054

카페 나두 아바이마을에 자리한 작은 카페로 커피뿐 아니라 투명한 비닐팩에 담아내는 색색깔 에이드가 인기 메뉴다. 카페 한편에는 여자들의 눈길을 사로잡는 아기자기한 액세서리와 그릇 등을 판매하고 있어 구경하는 재미도 쏠쏠하다.

info 강원 속초시 아바이마을길 24, (033)635-9773

혼자 떠나는 속초 아바이마을 여행 추천 PLAN

속초 찾아가는 방법
- 서울고속터미널에서 2시간 30분 소요 | 06:00~23:30(30분 간격)
- 대전복합터미널에서 4시간 30분 소요 | 09:20/16:00
- 대구동부정류장에서 7시간 소요 | 08:00~22:25(50~80분 간격)
- 부산종합터미널에서 7시간 소요 | 06:58~23:50(60~100분 간격)

1박 2일 코스

━━━ 2 DAY ━━━

인소 게스트하우스 —[7, 9번 버스 : 20분]— 영금정 —[걸어서 1분]— 속초등대전망대

[7, 9번 버스 : 15분]

속초시립박물관 —[3, 3-1번 버스 : 25분]— 석봉도자기미술관 —[7, 9번 버스 : 10분]— 속초중앙시장

3, 3-1번 버스
+
걸어서 15분
(속초소방서 정류장에서)

청초수물회 —[걸어서 10분]— 속초터미널

이게 사는 맛 아잉교?

시장 먹거리 체험

**부산
국제시장 먹거리 여행**

굳이 영화 〈국제시장〉을 이야기하지 않더라도 부산 국제시장은 한국전쟁과 1960~1970년대 경제개발을 거치며 그야말로 서민들의 애환이 고스란히 녹아난 공간이라 하겠다. 광복 직후 일본인들이 철수하면서 전시 물자를 처분하기 위해 노점을 차렸던 것을 계기로 한국전쟁 이후 피난민들이 자연스레 그 자리에 모여들면서 온갖 물건을 사고파는 시끌벅적한 '도떼기시장'을 이뤘다. 시대상황에 떠밀려 아무런 연고도 없는 부산에 자리 잡은 이들에게 국제시장은 호구지책을 마련할 수 있는 유일한 통로였다. 영화 속 덕수도 함경도에서 피난 내려와 구두닦이라도 하며 생계를 유지할 수 있었던 것은 그곳에 국제시장이 있었기 때문이다.

국제시장 하면 가장 먼저 떠오르는 다양한 먹거리도 이 같은 배경에서 탄생한 것들이 대부분이다. 탱글탱글한 당면을 푸짐하게 담아낸 후 멸치육수를 조금 붓고 어묵과 부추, 단무지를 올려 간장에 쓱쓱 비벼먹는 비빔당면이나 역시 당면으로 속을 꽉 채운 유부주머니도 싼값에 시장 상인들의 허기를 달래주던 음식들이었다. 한겨울 상인들의 추위를 달래주던 뜨끈한 완당은 만두피가 얇아서 후루룩 먹기 좋고, 밀면은 한국전쟁 이후 냉면을 대체해 먹은 것이라고 한다. 일명 '승기호떡'으로 불리는 씨앗호떡도 수많은 호떡집들과의 경쟁에서 살아남으려 흑설탕에 고소한 견과류를 더한 것이 시작이다.

영화〈국제시장〉의 인기가 여전하던 지난 봄, 남포동 팥빙수골목에 앉아 때 이른 팥빙수 한 그릇을 주문했다. 재래식 빙삭기로 갈아낸 고운 얼음 위에 직접 삶은 단팥과 달콤한 연유, 색색깔 후르츠 칵테일을 얹은 국제시장표 팥빙수는 오래 전 추억의 맛 그대로다. 영화 덕분에 시장이 활기를 띠는 것 같다고 운을 뗐더니 아주머니는 정작 지갑을 여는 이들은 많지 않다며 아쉬운 목소리다. 그래도 자식들이 영화를 보고 와서는 엄마 고생이 많았어요, 한마디 해준 덕분에 힘이 난다며 활짝 웃어 보인다. 먹고 사는 일이 막막해 시작한 팥빙수 장사이지만 하루도 쉬지 않고 일한 덕분에 자식들 시집장가도 보냈다는 아주머니의 지난 세월은 말하지 않아도 짐작되었다.
"고생을 고생이라 생각했으면 못 버텼지. 그래도 자식들이 알아주니 이런 게 사는 맛 아잉교?"
얼음은 찬데 가슴은 뜨끈해졌다. 고작 3,500원짜리 팥빙수 한 그릇에 이리도 깊은 인생의 맛을 담아낼 수 있는 건 이곳뿐 아닐까 싶다.

---
info

국제시장
부산 중구 국제시장 1길 일대,
(051)245-7389/
09:00~20:00(매월 1, 3주 일요일 휴무)

+ MORE +

함께
들르면 좋은 곳

1

2

3

1 대연문화골목 경성대학교 주변의 주택 다섯 채를 활용해 꾸민 '문화골목'은 상업과 소비 위주로 변질된 대학가 풍경에 새로운 문화적 활기를 불어넣고 있다. 다양한 음악을 LP로 감상할 수 있는 음악주점인 '노가다'와 와인 바인 '다반', 비 오는 날이면 지짐이 굽는 소리가 정겨운 막걸리집 '고방' 등 개성 넘치는 공간들이 한자리에 이웃하고 있다. 1970~1980년대 대학가의 묵직한 감성을 모티프로 했지만 세련된 먹거리와 낭만적인 분위기 때문에 요즘 대학생들도 가볍게 드나든다.

[info] 용천지랄소극장-부산 남구 용소로 13번 길 36-1, (051)625-0767

2 더베이101 해운대의 핫플레이스로 꼽히는 이곳은 앞으로는 마린시티, 뒤로는 동백섬이 자리해 해운대에서 잠시 여유를 즐기기에 최적의 장소다. 특히 어둠이 내리고 마린시티의 화려한 야경이 절정에 달하면 빈 자리를 찾아보기 어려울 만큼 북적인다. 이곳에서 바라보는 마린시티의 빌딩숲은 마치 SF영화에 등장하는 미래도시처럼 낯설고 웅장한 느낌이다. 요트클럽에 정박된 하얀색 요트 때문에 이국적인 분위기도 만끽할 수 있다.

[info] 부산 해운대구 동백로 52, (051)726-8888 / 10:00~22:00(싸이드커피 07:30~23:00), 아메리카노 3,000원

3 미포 철길 바다를 끼고 달리는 철도로 잘 알려진 동해남부선이 복선전철화되면서 4.8킬로미터 정도의 이 구간이 시민들의 철길 산책로로 탈바꿈했다. 시민갤러리로 꾸며진 담박한 외관의 옛 송정역에서 출발해 청사포 방향으로 천천히 걷다 보면 오붓한 포구의 풍경이 반겨준다. 이어 세월의 흔적이 고스란히 남은 터널을 돌아서는 순간 쭉 뻗은 광안대교와 해운대의 빌딩숲이 선물처럼 펼쳐진다. 지나온 길이 짧게 느껴질 만큼 정겹고 아름다운 길이다.

[info] 부산 해운대구 달맞이길 62번 길 11 일대

4 보수동 책방골목 부산 보수동에 자리한 책방골목은 한국전쟁 직후 처마 밑에 박스를 깔고 미군부대에서 나온 헌 잡지와 만화 등을 팔던 것이 그 시작이다. 당장 먹을 것이 고민이던 시절이었으니 헌책이라도 구입할 수 있으면 감지덕지였다. 시대가 변하여 수많은 헌책방들이 문을 닫는 형편이지만 이곳만큼은 고유의 감성과 풍경을 그대로 간직하며 오히려 발길을 끌어 모으고 있다. 학생들을 겨냥한 참고서부터 다양한 인문서적을 구비하고 있을 뿐 아니라 책 상태도 좋은 편이라 신간을 저렴한 가격에 구입할 수도 있다.

info 부산 중구 책방골목길 8 일대, www.bosubook.com

5 오륙도스카이워크 부산에서 가장 아름다운 해안산책로로 꼽히는 이기대공원 끝자락에 자리한 전망대로, 바닥이 모두 유리로 만들어져 발 아래로 파도가 출렁이는 아찔한 풍광을 즐길 수 있다. 마치 바다 위를 걷는 것처럼 전망대로 걸어나가면 오륙도의 기암절벽이 손에 잡힐 듯 생생하게 느껴진다.

info 부산 남구 오륙도로 137 / 09:00~18:00, 무료

6 초량 이바구길 부산이란 도시의 정체성을 가장 단적으로 보여주는 공간을 꼽으라면 단연 산복도로가 아닐까. 초량 이바구길은 산복도로의 진면목을 만나볼 수 있는 도보 코스로, 부산 최초의 근대식 개인종합병원이었던 옛 백제병원을 시작으로 초량동의 옛 모습을 담은 담장갤러리를 지나면 아찔한 경사의 168 계단이 모습을 드러낸다. 계단을 올라서면 멀리 부산항을 배경으로 도심과 주택가가 나란히 붙은 산복도로의 풍경이 고스란히 눈에 들어오는 김민부전망대가 자리하고 있다.

info 옛 백제병원-부산 동구 중앙대로 209번 길 16

STAY
홀로 머물기 좋은 집

EAT
홀로 들르기 좋은 맛집

더게스트하우스 해운대역 근처에 자리한 게스트하우스로 접근성도 좋을 뿐 아니라 3층 전체를 여성전용으로 운영하고 있어 여성들도 안심하고 편안하게 쉬어갈 수 있다. 여성 취향의 감성적인 인테리어로 꾸며져 있으며 세탁실과 파우더룸이 따로 마련돼 있어 여성 여행자들의 편의를 세심하게 배려한다.

info 부산 해운대구 중동1로 13-4, (051)909-9049, www.theguesthousekorea.com / 도미토리 1인 기준 주중 24,000원, 주말 27,000원, 성수기 29,000원

금수복국 식당에 들어서는 순간 가장 먼저 눈에 띈 것은 낡은 흑백사진 속 '금수식당'이라 적힌 간판 아래 화사하게 웃고 서 있는 여인의 모습이다. 마치 영화 〈국제시장〉 속 '꽃분이네'를 떠올리게 하는 이 사진 속의 작고 오붓한 복국집이 1970년 해운대에 처음 문을 열었던 금수복국의 시작이다. 이름 그대로 비단에 수를 놓는 정성으로 한 그릇 한 그릇 음식을 만들겠다는 여주인의 마음이 통했는지 40년이 넘는 세월 동안 한 자리를 지키며 부산 사람들에게 '고향의 맛'으로 꼽힌다.

info 부산 해운대구 중동1로 43번길 23, (051)742-3600 / 24시간 영업, 까치복 20,000원, 밀복 16,000원

옵스 부산을 대표하는 베이커리 브랜드로 20년 넘게 부산 사람들의 입맛을 사로잡은 토종 빵집이다. 이곳의 오랜 베스트셀러인 '학원전'은 경주 토함산 꿀을 사용해 구운 카스텔라로, 학원 가기 전에 엄마가 만들어주는 빵의 정성과 영양을 담았다고 하여 학원전이란 재미있는 이름을 붙였다. 살짝 촌스러운 포장도 1980년대의 감성을 느끼게 한다.

info 부산 해운대구 중동1로 31, (051)747-6886 / 08:00~23:00, 학원전 1,300원

CAFE

홀로 들르기 좋은 카페

장성향 부산 차이나타운 내에 자리한 장성향은 영화 〈올드보이〉의 촬영지로 입소문이 자자하다. 영화 속에서 최민식은 감금생활 내내 먹었던 군만두를 단서로 자신을 가둔 이를 찾아 나서는데, 이때 등장하는 군만두를 직접 맛볼 수 있는 곳이 바로 장성향이다. 실제로 장성향에 들어서면 주연배우인 최민식과 강혜정의 사인을 비롯해 영화 속 주요 장면들을 찍어둔 사진이 곳곳에 걸려 있다. 워낙 세계적으로 성공한 작품인 터라 국내뿐 아니라 해외에서도 '올드보이 군만두'를 맛보려 찾아오는 영화팬들이 줄을 잇는다고 한다.

[info] 부산 동구 대영로 243번 길 29, (051)467-4496 / 12:00~21:00, 군만두(소) 6,000원

할매집회국수 조금은 촌스럽게 느껴질 만큼 단순한 간판부터 주방을 중심으로 'U'자 형태로 굽어진 바 형태의 테이블, 낡고 헤진 의자와 찌그러진 양푼이 흘러간 세월을 짐작케 한다. 보기엔 단출한 국수집이지만 벌써 2대째 손맛을 이어가고 있다. 이곳의 대표 메뉴는 소면 위에 각종 채소와 회 몇 점을 올려 양념장에 쓱쓱 비벼 먹는 회국수다.

[info] 부산 중구 남포동2가 15-14, (051)246-4741 / 09:00~22:30, 회국수 5,000원

커피갤러리 광안동의 한적한 주택가 골목에 자리한 커피갤러리는 열악한 접근성에도 불구하고 몇 년 새 부산에서 가장 유명한 카페로 떠올랐다. 일명 '금가루커피'로 불리는 이색커피 덕분인데, '24k 골드카푸치노'라 이름 붙인 이 커피 한 잔에는 실제로 0.09g의 순금가루가 올려진다. 여기에 우유거품 위에는 인도의 타지마할을 연상시키는 장식이 더해지는데, 이는 사랑하는 왕비를 위해 지은 타지마할의 로맨틱한 전설처럼 영원한 사랑을 기원하는 의미에서 정한 문양이다.

[info] 부산 수영구 호암로 29번 나길 19, (051)754-1734 / 10:30~19:00, 24k 골드카푸치노 20,000원

혼자 떠나는
부산 국제시장 먹거리 여행 추천 PLAN

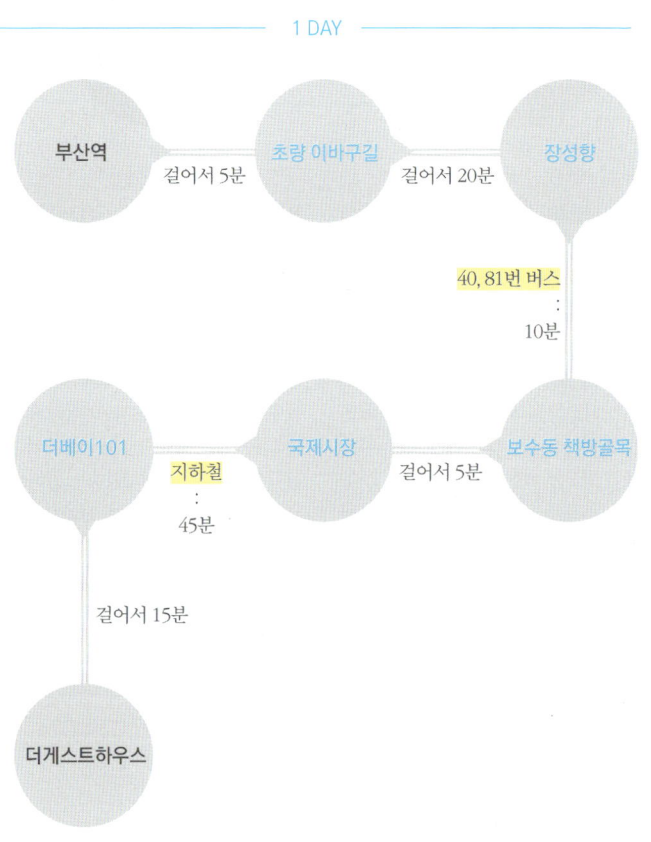

부산 찾아가는 방법
- 서울역에서 2시간 40분 소요(KTX 기준) | 05:10~23:00(20~40분 간격)
- 대전역에서 1시간 40분 소요(KTX 기준) | 05:00~23:35(20~60분 간격)
- 동대구역에서 50분 소요(KTX 기준) | 06:00~23:54(20~40분 간격)

1박 2일 코스

2 DAY

더게스트하우스 → 걸어서 10분 → 금수복국 → 39, 100, 141번 버스 : 20분 → 미포 철길

미포 철길 → 걸어서 15분 → 옵스

옵스 → 지하철 : 30분 → 대연문화골목

대연문화골목 → 27, 131번 버스 : 20분 → 오륙도 스카이워크

오륙도 스카이워크 → 27번 버스 (부산진역에서 지하철로 환승) : 50분 → 할매집회국수

할매집회국수 → 지하철 : 10분 → 부산역

285 Taste

삽교 5일장, 유령식당

**예산
장터국밥 체험**

지방 곳곳을 여행하다 보면 흔하게 먹게 되는 음식 중 하나가 바로 소머리국밥이다. 어느 시골을 가든 읍내에 국밥집 하나쯤은 있기 마련이고, 이들 대부분은 꼭두새벽에 문을 열어 저녁엔 술손님까지 받는다. 아침 일찍부터 밤늦게까지 움직여야 하는 여행자들에겐 가장 만만한 밥집인 셈이다. 덕분에 간판도 없는 허름한 시골국밥집부터 북적이는 장터국밥집까지 다양한 국밥집들을 섭렵했지만 그중 가장 맛있는 곳을 꼽으라면 단연 삽교의 한일식당이다.

삽교는 충남 예산군 일대의 평야지대에 자리한 마을이다. 매 2, 7일에 열리는 삽교 5일장은 한때 금산장과 쌍벽을 이루는 약초장이 열리고 우시장도 활발했다고 한다. 그러나 상권이 쇠락하면서 지금은 장날이라고 해봐야 보따리장수 몇 명이 더 들어서는 정도이고 우시장은 아예 흔적조차 없다. 하지만 그 옛날 장터에 모인 이들에게 뜨끈한 밥 한 끼가 되어주었던 한일식당만큼은 70년이 넘도록 한 자리를 지키고 있다. 여전히 식당이 자리한 골목은 쉴 새 없이 국밥 그릇을 날라야 할 만큼 시끌벅적한 5일장 풍경을 그대로 간직하고 있다.

한일식당은 장날과 장 전날에만 문을 연다고 하여 '유령식당'으로도 불린다. 이곳의 소머리국밥을 맛볼 수 있는 날이 한 달에 겨우 열흘 남짓인 셈이다. 그 특별한 영업전략 때문인지 근처에 갈 일이 있으면 일부러 삽교 장날을 맞추게 된다. 장터에 들어서면 멀리서부터 구수한 국밥냄새가 풍기는데 식당 앞 부뚜막에 올려진 가마솥에서 머리고기와 사골, 우거지 등을 종일 끓여내는 탓이다. 이렇게 다양한 재료들이 뭉근하게 어우러진 국물은 깊고 진하다. 양념은 본연의 국물 맛을 해치지 않을 정도만 했는지 얼큰하지만 맵지는 않다. 마지막 한 숟갈까지 고기가 올라올 만큼 내용물도 푸짐하고, 함께 내는 깍두기는 아삭아삭 시원한 맛과 식감이 일품이다. 그야말로 조화로운 밥상이다. 나의 경험치로는 그저 맛있다는 말 이외에 그 깊숙한 맛을 표현하기 어려운데 '뽀빠이' 이상용 씨가 식당 한쪽 벽에 적어둔 글귀가 절로 고개를 끄덕이게 만든다.

"60년 전 피난시절 장터에서 먹던 그 맛을 여기서 찾았습니다. 눈물 나게 맛있게 먹고 갑니다."

info
한일식당
충남 예산군 예산읍 두리2길 60,
(041)338-2654/
국밥 7,000원

+ MORE +

함께
들르면 좋은 곳

1

2

3

1 리솜스파캐슬 예부터 물 좋기로 유명한 덕산 온천수를 이용한 스파시설로 여행의 마지막에 들러 온천욕을 즐기기에 그만이다. 넓고 쾌적한 온천탕에 아로마습식사우나와 온돌찜질방 등이 갖춰져 있어 피로를 풀어주기 좋다. 이곳에서 서울로 바로 이동하는 직행버스가 운행되고 있어 대중교통도 편리하게 이용할 수 있다.

info 충남 예산군 덕산면 온천단지3로 45-7, (041)330-8000, www.resom.co.kr / 사우나 10,000원

2 수덕사 덕산면에 남아 있는 백제시대 사찰로 봉정사 극락전, 부석사 무량수전에 이어 현존하는 가장 오래된 목조건물 중 하나인 대웅전이 무척 고풍스럽다. 대웅전 뒤편에는 1,080개의 돌계단 너머 정혜사가 자리하고 있는데, 이곳으로 향하는 길에 사면석불과 관음보살입상도 만나볼 수 있다. 수덕사 입구엔 과거 이응노 화백이 머물렀던 수덕여관이 자리해 그 흔적을 더듬어볼 수도 있다.

info 충남 예산군 덕산면 수덕사안길 79, (041)330-7700, www.sudeoksa.com / 성인 3,000원

3 윤봉길의사기념관 매헌 윤봉길의 영정을 모신 충의사를 중심으로 윤봉길 의사가 태어났던 광현당과 중국으로 망명하기 전까지 청년시절을 보낸 저한당, 보물로 지정된 그의 유물을 전시한 기념관이 함께 자리하고 있다. 짧은 생이었지만 민족과 국가를 위해 희생을 망설이지 않았던 의사의 고귀한 정신을 느낄 수 있어 절로 경건해지는 곳이다.

info 충남 예산군 덕산면 덕산온천로 183-5, (041)339-8233 / 하절기 09:00~18:00, 동절기 09:00~17:00, 무료

EAT

홀로 들르기 좋은
맛집

CAFE

홀로 들르기 좋은
카페

대흥식당 예당저수지 근처에 자리한 어죽 전문점으로 창가 너머로 아름다운 풍경을 감상하며 식사를 즐길 수 있어 더욱 좋다. 충청도의 향토음식이기도 한 어죽은 각종 민물고기를 넣고 얼큰하게 끓여내 속을 든든하게 채워준다.

info 충남 예산군 대흥면 예당긍모로 403, (041)335-6034

보해맛동산 리솜스파캐슬 입구에 자리한 식당으로 꼬들꼬들한 식감의 보리굴비정식과 싱싱한 굴이 듬뿍 들어간 영양굴밥이 대표 메뉴다. 이 집에서 직접 만든다는 청국장도 냄새가 적어 부담 없이 먹을 수 있다. 밑반찬도 정갈하고 푸짐하다.

info 충남 예산군 덕산면 덕산온천로 291-1, (041)338-0028 / 영양갈비탕 9,900원

스페이스 이앙 예산을 대표하는 여행지 중 하나인 예당저수지 근처에 자리한 카페로 저수지가 한눈에 내려다 보이는 탁월한 전망이 매력적이다. 카페 한편에 주인장이 직접 수집한 필름카메라와 다양한 작가들의 도록을 전시하고 있어 볼거리도 풍성하다.

info 충남 예산군 응봉면 예당관광로 146, (041)331-3086

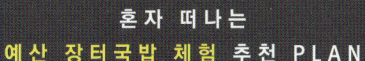
혼 자 떠 나 는
예 산 장 터 국 밥 체 험 추 천 PLAN

1일 코스

예산 삽교역 찾아가는 방법
• 용산역에서 2시간 소요 | 06:23~20:35(60~120분 간격)

눈물이

얼
었
나
보
다

**증도
소금 여행**

소금이
바다의 상처라는 걸
아는 사람은 많지 않다
소금이
바다의 아픔이란 걸
아는 사람은 많지 않다
- 류시화 〈소금〉 중

증도 태평염전에 가면 소금 아이스크림을 맛볼 수 있다. 아이스크림은 달콤해야 하는 것 아니냐고? 어디 산다는 게 늘 달달하기만 하던가. 때론 상처받고 아프기도 하면서 끝내 맛깔스런 인생이 된다는 것을 소금 아이스크림 한 입 베어 물면 깨닫게 된다.

그러니까 소금 아이스크림이 무슨 맛이냐 묻는다면, 짭조름한 눈물 맛이다.

+ MORE +

함께
들르면 좋은 곳

1 소금동굴힐링센터 솔트레스토랑 내에 자리한 소금동굴힐링센터는 유럽 등에서 이미 그 효과가 검증된 소금동굴의 호흡기 치료와 힐링효과를 체험해볼 수 있는 공간이다. 의자와 침대 등에서 편안하게 쉬면서 미세한 항산화소금 입자를 호흡하는 것인데, 처음엔 기침이나 재채기가 나오기도 하지만 곧 목이 개운하고 몸도 가뿐해진다. 예약제로 운영되며 45분 정도 체험 가능하다.

info 전남 신안군 증도면 대초리 1648-2, (061)261-2266 / 성인 10,000원

2 소금박물관 '모든 생물은 생명이 시작된 바다를 기억하고 있다'는 발생학적 논거에서 시작된 박물관으로 소금이라는 단순한 주제를 경제와 기술, 사회, 예술과 신화 등 다양한 장르를 넘나들며 볼거리로 구성했다. 어렵고 지루할 수도 있는 내용들을 무척 흥미롭게 접근하고 있어 특별한 볼거리가 된다.

info 전남 신안군 증도면 지도증도로 1058, (061)275-0829, www.saltmuseum.org / 09:00~18:00(점심시간 12:00~13:00 휴관), 성인 3,000원

3 우전해수욕장 증도를 대표하는 해수욕장으로 곱고 하얀 모래와 투명한 바다, 짙푸른 해송 숲이 어우러져 빼어난 풍광을 자랑한다. 특히 이국적인 모양의 파라솔을 설치해 맑은 날에는 마치 동남아의 어느 해변에 앉아 있는 듯한 착각이 들 정도다. 근처에 짱뚱어다리 등 이색적인 볼거리도 많다.

info 전남 신안군 증도면, (061)240-4003

4 태평염전·염생식물원 태평염전은 우리나라에서 가장 큰 규모의 단일 염전으로 증도의 아름다운 자연과 어우러진 염전 풍경이 마치 한 폭의 그림 같다. 이곳은 한국전쟁 이후에 조성된 염전 형태를 그대로 유지하고 있어 근대 문화유산으로도 지정돼 있으며, 주변에 다양한 염생식물들을 관찰할 수 있는 산책로가 조성돼 있어 색다른 볼거리를 제공한다.

info 전남 신안군 증도면 증동리 1931, (061)275-0370

STAY
홀로 머물기 좋은 집

EAT
홀로 들르기 좋은 맛집

엘도라도리조트 우전해수욕장 근처에 자리한 고급 리조트로 회원제로 운영되고 있기는 하나 소셜커머스나 호텔 예약업체를 이용하면 비교적 저렴한 가격에 숙박이 가능하다. 테라스 너머로 아름다운 증도의 해변이 펼쳐지고 리조트 주변으로 해송숲이 둘러싸고 있어 아침저녁으로 산책을 즐기기에도 그만이다. 오션스파와 해수찜질 등 다양한 편의시설을 이용할 수 있어 증도에서의 여유로운 하룻밤을 보내기에 최적의 숙소다.

[info] 전남 신안군 증도면 지도증도로 1766-15, (061)260-3300, www.eldoradoresort.co.kr

솔트레스토랑 태평염전 근처에 자리한 레스토랑으로 이름 그대로 이곳에서 나는 천일염을 이용한 음식들을 선보인다. 천일염으로 숙성시킨 목살구이와 해초비빔밥, 함초로 맛을 낸 굴비와 칼국수 등 친근하면서도 몸에 좋은 웰빙 메뉴들을 낸다. 소금창고의 원형을 그대로 살린 건축물과 레스토랑 내부에서 바라보는 바다풍경도 아름답다.

[info] 전남 신안군 증도면 대초리 1648-2, (061)261-2277 / 11:00~17:00

이학식당 우전해수욕장 근처에 자리한 식당으로 지역의 향토음식 중 하나인 짱뚱어탕을 시작으로 갯벌낙지를 이용한 연포탕 등 다양한 메뉴를 낸다. 제철 나물과 해초들로 맛깔스럽게 밑반찬을 내는 백반도 나 홀로 여행자들에겐 부담 없는 메뉴다.

[info] 전남 신안군 증도면 증도중앙길 39, (061)271-7800

CAFE
홀로 들르기 좋은 카페

트레져아일랜드 일명 '보물섬카페'로 불리는 곳으로 1970년대 한 어부의 그물에 걸려 올라온 도자기를 시작으로 세상을 깜짝 놀라게 했던 신안해저유물의 일부를 전시하고 있는 복합 문화공간이다. 당시 사용된 배를 활용한 카페에서 바라보는 일몰도 아름답고 주변 산책로도 걷기 좋다.

[info] 전남 신안군 증도면 방축리 960-6, (061)271-8988

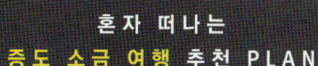

혼 자 떠 나 는
증 도 소 금 여 행 추 천 PLAN

1박 2일 코스

1 DAY

지도 여객터미널 — 증도행 버스 : 35분 — 솔트레스토랑 — 걸어서 1분 — 소금박물관

걸어서 1분

엘도라도 리조트 — 버스 (우전 방면) : 25분 — 소금동굴 힐링센터 — 걸어서 1분 — 태평염전·염생식물원

2 DAY

엘도라도 리조트 — 걸어서 20분 — 우전해수욕장 — 걸어서 5분 — 이학식당 — 지도행 버스 : 50분 — 지도 여객터미널

증도(지도) 찾아가는 방법
- 서울센트럴시티터미널에서 4시간 10분 소요 | 07:30/16:20
- 광주남부시외버스정류소에서 1시간 45분 소요 | 07:00/10:05/19:10

서울 항동 기찻길 산책
경춘선 기차 여행
백두대간 협곡열차 체험
군위 화본마을 여행
곡성 섬진강 기차마을 여행
예천 용궁역 기차 여행

Train

낭만 가득 기차 여행

도심 한복판

기
찻
길

낭
만

서울
항동 기찻길 산책

삭막한 아스팔트와 비교하면 기찻길은 늘 따스한 감성과 풋풋한 낭만, 혹은 그리운 추억 같은 것들을 떠올리게 한다. '국민 첫사랑'이 등장했던 영화 〈건축학개론〉에서도 남녀주인공은 어느 한적한 시골역에서 함께 기찻길을 걸으며 두근거리는 설렘을 나눈다. 조금 냉정한 이야기가 되겠지만, 사실 기찻길 위를 걷는 것은 벌금형을 받을 만큼 위험천만한 불법 행동이다. 하지만 실망하지 말자. 이미 기차가 멈춰버린 기찻길, 그래서 누구나 마음껏 걸어 볼 수 있는 아름다운 기찻길이 서울 한복판에 자리하고 있다.

서울 구로구 오류동에서 경기도 부천의 옥길동까지 이어지는 약 4.5킬로미터의 항동 기찻길은 1950년대 경기화학공업주식회사가 원료와 생산물을 운반하려는 목적으로 설치한 일종의 사설철도이다. 그러나 지금은 근처에 있던 연탄공장과 제강업체가 자리를 옮기면서 화물열차마저 거의 자취를 감춰 기찻길은 제 기능을 잃은 지 오래다. 시간이 흘러 녹슨 레일 사이로 들꽃이 피어나고, 기찻길은 이제 기차 대신 사람들이 걸어 다니는 산책길이 되었다.

야트막한 빌라촌을 가로지른 기찻길은 때론 건널목에 멈춰 서기도 하며 일상 저 너머로 느릿느릿 사라진다. 회색빛 빌딩 숲은 어느새 아득한 풍경이 되고 기찻길 옆으로는 온통 푸르디푸른 나무와 논밭이 이어진다. 그러다 문득 넝쿨에 뒤덮인 '멈춤' 표지판을 보고 이곳이 기찻길임을 깨닫는다.

주변을 돌아보니 영화에서처럼 두 팔을 벌리고 나란히 레일 위를 걷는 어린 연인부터 기찻길 구석구석을 부지런히 카메라에 담는 남학생, 바퀴 달린 가방을 털털거리며 지나는 할머니까지 모두들 자신만의 방식으로 이 길을 걷는다. 그렇게 기차가 멈춰선 기찻길 위엔 누군가의 첫사랑과 추억, 일상의 한 조각이 달리고 있다.

> info
> **항동기찻길(지구촌학교)**
> 서울 구로구 오리로 1189

함께
들르면 좋은 곳

1 푸른수목원 본래 논과 밭이 자리했던 경작지 위에 조성된 서울시 최초의 시립수목원으로 항동 저수지와 어울려 다양한 풍경과 여유로운 산책을 즐길 수 있다. 드넓은 잔디광장과 향기원, 암석원, 야생식물원 등 25개 테마의 정원을 갖추고 있으며 잠시 햇살을 피할 수 있는 북카페와 가든카페가 자리해 반나절 편안하게 쉬어갈 수 있다.

info 서울 구로구 연동로 240, (02)2686-3200 / 05:00~22:00, 무료

EAT
홀로 들르기 좋은 맛집

CAFE
홀로 들르기 좋은 카페

항동 원조순두부집 항동 기찻길 주변에 자리한 식당으로 주로 근처 주민들이 즐겨 이용하지만 주말엔 여행자들도 많이 찾아온다. 대표 메뉴는 순두부백반인데 양념을 하지 않은 담백한 두부 본연의 맛을 느낄 수 있어 자극적이지 않고 든든하다. 어머니의 손맛을 듬뿍 담은 밑반찬도 맛깔스럽다.
info 서울 구로구 연동로 12길 14, (02)2684-3152

타임즈카페 천왕역 2번 출구 바로 앞에 자리해 찾기 쉽다. 동네 입구의 작은 카페이긴 하나 아늑한 분위기와 시원한 테라스 좌석을 갖추고 있어 편안하게 쉬어가기 좋다. 커피나 디저트 메뉴도 비교적 저렴한 편이다.
info 서울 구로구 오리로 1154-15

혼자 떠나는 서울 항동 기찻길 산책 추천 PLAN

1일 코스

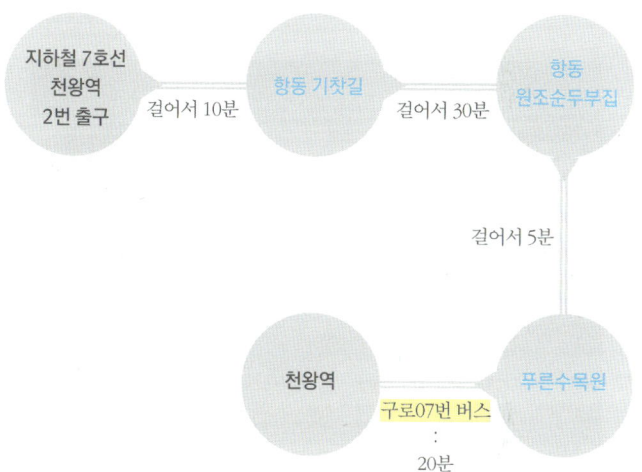

서울 찾아가는 방법
- 대전복합터미널에서 2시간 소요 | 06:00~24:00(15~30분 간격)
- 서대구고속터미널에서 3시간 50분 소요 | 06:00~01:30(20~30분 소요)
- 광주종합버스터미널에서 3시간 20분 소요 | 04:00~02:00(15~60분 간격)
- 부산종합버스터미널에서 4시간 20분 소요 | 06:00~02:00(30분 간격)

청춘의 또 다른 이름,

춘천

경춘선 기차 여행

김현철의 노래 〈춘천 가는 기차〉가 발표되고 10여 년 후, 나는 스무 살이 되었다. 그때도 우린 못 견디게 울렁이는 청춘을 쏟아내기 위해 춘천 가는 기차에 몸을 실었다. 청량리역 광장은 이른 아침부터 일행을 찾기 위해 여기저기서 질러대는 소리 탓에 흡사 전쟁터를 방불케 했지만 목적지가 같은 청춘들이었기에 묘한 연대감을 느끼곤 했다.

대부분은 좌석이 없어(혹은 돈이 없어) 열차와 열차 사이 통로에 쪼그리고 앉아 가는 신세였다. 그러나 우리는 즐거웠고 쉴 새 없이 깔깔거렸다. 좌석을 핑계 삼아 여대와 공대 사이에선 즉석 만남이 이뤄지기도 했고, 그럴 일 없는 우리 같은 한심한 청춘들은 그들의 풋풋한 긴장감을 이죽거렸다. 시를 쓰는 친구 하나는 이 난리통에도 꽤 멋스런 시 한 편을 완성했는데, 김현철의 노래 가사만 못하다는 평에 기차에서부터 소주병을 까기도 했다.

그러했던 춘천행 기차가 달라졌다. 정겹게 덜컹이던 무궁화호 대신 지금은 빠르고 세련된 모습의 ITX가 춘천을 향해 달린다. 속도와 겉모습은 달라졌을지언정 여전히 이 열차의 이름은 '청춘'이다.

마냥 뜨겁기만 했던 청춘의 어느 날, 누구나 한번쯤 춘천행 기차에 몸을 실었을 것이다. 볼이 붉었던 첫사랑의 그녀와, 입대를 앞둔 슬픈 눈망울의 그와, 혹은 못 견디게 울렁이는 청춘을 쏟아내기 위해. 그래서 춘천을 걷는다는 건 순진하고 풋풋했던 그리움의 기억들을 만나는 일이기도 하다.

+ MORE +

함께
들르면 좋은 곳

1 김유정문학촌 학창시절 교과서로 만났던 〈봄봄〉, 〈동백꽃〉의 작가 김유정이 태어난 고향 마을에 지어진 문학관으로 그의 생애와 사랑, 작품세계를 한눈에 살펴볼 수 있는 공간이다. 그가 작품 속에서 자주 묘사하곤 했던 실레마을은 최근 김유정의 흔적을 더듬어볼 수 있는 도보코스 실레길로 개발되었으니 가볍게 주변을 걸어보아도 좋겠다.

info 강원 춘천시 신동면 실레길 25, (033)261-4650, www.kimyoujeong.org / 하절기 09:00~18:00, 동절기 09:30~17:00(매주 월요일 휴관), 무료

2 쁘띠프랑스 가평에 자리한 작은 프랑스마을 쁘띠프랑스는 소설 《어린 왕자》를 모티프로 동화적인 상상력을 현실 공간에 그대로 옮겨놓았다. 프랑스의 어느 거리를 걷고 있는 것처럼 이국적인 건축물은 물론 프랑스의 전통 손인형극인 '기뇰'과 체코의 전통인형인 '마리오네트'의 공연 등 색다른 볼거리와 체험이 가득하다. 최근에는 인기드라마 〈별에서 온 그대〉의 촬영지로 화제를 모으면서 외국인 여행자들도 즐겨 찾는다.

info 경기 가평군 청평면 고성리 616, (031)584-2500, www.pfcamp.com / 일~금요일 09:00~18:00, 토요일 09:00~20:00, 성인 8,000원

3 소양호 열여덟 처녀의 애틋한 순정을 노래한 〈소양강 처녀〉는 누구나 공감할 수 있는 가사에 간드러지는 멜로디까지 그야말로 '국민가요'라 할만하다. 춘천역에서 나와 20여 분 걸어가면 소양호 입구에 자리한 소양강 처녀 동상을 만날 수 있다. '열여덟 딸기 같은 처녀'는 어딘가 구슬픈 느낌이지만 지는 노을이 아름다워 춘천여행의 낭만을 즐기기에 좋다.

info 강원 춘천시 근화동

4 제이드가든 인위적인 수목원 대신 유럽 스타일의 자연스럽고 환경친화적인 정원을 모토로 한 제이드가든은 혼자서도 편안하고 여유롭게 산책을 즐길 수 있는 공간이다. 본래의 지형을 최대한 보존해 아름다운 계곡과 그림 같은 언덕길이 그대로 남아 있다. 붉은 벽돌을 이용한 이탈리아풍의 건축물은 드라마 〈그 겨울 바람이 분다〉에도 등장해 화제를 모았다. 가든 내에 레스토랑이 자리하고 있어 깔끔하게 식사를 즐기기에도 좋다.

info 강원 춘천시 남산면 서천리 산 111, (033)260-8300, www.jadegarden.kr / 09:00~19:30, 성인 8,500원

STAY
홀로 머물기 좋은 집

춘천고택 전통한옥을 카페와 숙소로 활용하고 있는 곳으로 뒤로는 아담한 소나무산이, 앞으로는 작은 개울이 흐르는 소박한 풍경이 아름답다. 춘천 시내와 인접해 있으면서도 고즈넉한 여유를 즐길 수 있어 춘천여행의 색다른 휴식처가 되어준다.
info 강원 춘천시 신동면 솟발 1길 44, 010-2582-2923 / 아가씨방 100,000원(조식 포함)

EAT
홀로 들르기 좋은 맛집

샬롬돈가스 청평터미널 근처에 자리한 아담한 식당으로 치즈와 소시지 등 다양한 종류의 돈가스 메뉴를 낸다. 가격도 저렴할 뿐 아니라 양도 푸짐해서 주변을 오가는 대학생들이 즐겨 찾는다.
info 경기 가평군 청평면 청평중앙로 52, (031)585-4482

CAFE
홀로 들르기 좋은 카페

일상다반사 김유정역 건너편에 자리한 감각적인 분위기의 카페로 커피 외에도 녹차와 홍차, 우롱차, 허브차 등 다양한 종류의 음료를 맛볼 수 있다. 특히 영국식 밀크티와 주인장의 센스가 돋보이는 각종 배리에이션 메뉴들이 인기가 좋다.
info 강원 춘천시 신동면 풍류길 31, 070-4187-1137

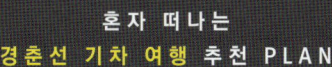

혼자 떠나는 경춘선 기차 여행 추천 PLAN

1일 코스

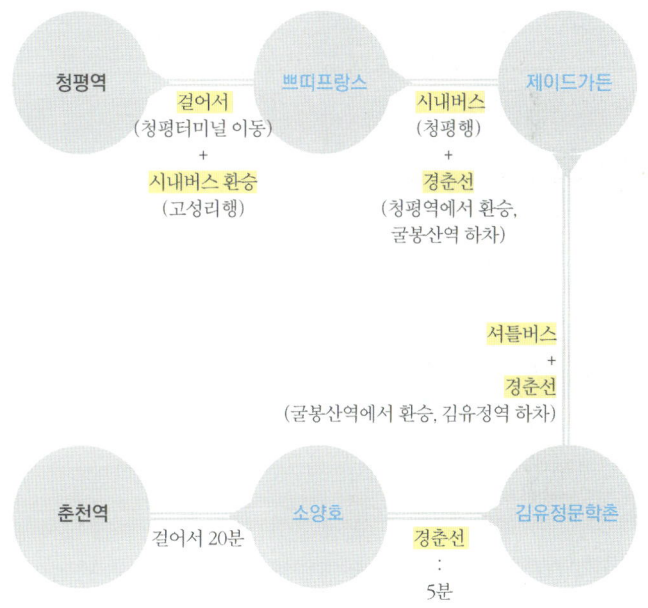

청평역 — 걸어서 (청평터미널 이동) + 시내버스 환승 (고성리행) — 쁘띠프랑스 — 시내버스 (청평행) + 경춘선 (청평역에서 환승, 굴봉산역 하차) — 제이드가든 — 셔틀버스 + 경춘선 (굴봉산역에서 환승, 김유정역 하차) — 김유정문학촌 — 경춘선 : 5분 — 소양호 — 걸어서 20분 — 춘천역

청평역 찾아가는 방법
- 상봉역에서 50분 소요 | 05:10~23:08(10~30분 간격)

백호열차 타고

백두대간을 누비다

**백두대간
협곡열차 체험**

직접 걸어야만 만날 수 있는 풍경이 있듯 기차에 올라야만 담을 수 있는 풍광이 있다. 경북 봉화의 분천역을 출발해 양원역과 승부역, 강원도 태백의 철암역까지 이어지는 27.7킬로미터의 기찻길은 영동선 중에서도 가장 오지 구간이다. 자동차로는 만날 수 없는 때묻지 않은 풍광을 잘 간직한 구간이라 기차 마니아들이 특별히 아끼는 비경이기도 하다. 마치 아이맥스 영화를 보는 것처럼 좁디좁은 협곡 사이를 달리기도 하고 아찔한 절벽이 차창 밖으로 펼쳐지기도 한다. 기찻길 아래로는 맑고 투명한 계곡이 흐르고 간혹 밭에 나와 있던 동네 어르신들은 반갑게 손을 흔들어준다. '아기백호'란 앙증맞은 애칭을 지닌 백두대간 협곡열차를 타면 이 같은 풍경을 제대로 만끽할 수 있다.

백두대간 협곡열차의 출발역인 분천역은 깊은 산골의 작고 인적 드문 간이역이었다. 과거 이곳은 숲이 울창해 목재를 채취하는 벌목사업이 흥했다고 하는데, 당시 분천역 앞마당에서는 아침에 동해에서 갓 잡아 올린 생선을 팔 정도였다고 한다. 하지만 벌목이 쇠퇴해 하루 평균 이용객이 열 명도 채 되지 않던 상황에서 백두대간 협곡열차의 등장으로 새로운 전성기를 맞고 있다. 스위스 체르마트역과 자매결연을 맺은 것을 계기로 담박한 간이역 건물에 스위스풍의 커튼과 장식을 달아 이국적인 느낌마저 든다.

백두대간 협곡열차의 첫 번째 정차역인 양원역은 역이라고 하기에도 민망할 만큼 작은 창고 건물에 나무간판을 달아 놓은 게 전부다. 이곳은 주민들이 직접 세운 일종

의 민자역사인데, 지금도 버스가 들어오지 않을 만큼 오지인 터라 주민들에게 기차는 유일한 교통수단이자 세상과 소통하는 통로이기도 하다.

과거엔 마을에 기차역이 없어 가장 가까운 승부역까지 10리를 걸어야 했다. 도로가 없어 철도를 따라 걷다 보니 주민 일부가 목숨을 잃을 만큼 위험천만한 일상을 반복해야 했다. 결국 1988년 이곳 마을이 임시승강장으로 정해졌고, 기차가 선다는 소식에 마을 사람들은 만세를 부르며 너도 나도 괭이와 호미를 들고 나와 손수 승강장과 대합실을 만들었다. 그 이야기를 알고 나니 참 애틋하고 뭉클한 모습이다. 백두대간 협곡열차는 이곳 양원역에서 10분 정도 정차하는데, 이때 마을 어르신들이 나와 막걸리와 김치볶음, 나물전 등을 판다. 천 원짜리 한 장에 시원한 잔 막걸리를 쭉 들이키는 기분이 참 정겹다.

다음으로 열차는 손꼽히는 오지 중 하나인 승부역에 잠시 멈춰 선다. 승부리 주민들만 간간이 사용하는 기차역이라 일반인들에겐 그리 알려지지 않았던 간이역이지만, 아름다운 설경이 눈꽃열차를 통해 공개되면서 지금은 겨울에 관광객들이 많은 편이다. 승부역 앞에는 예전에 이곳에서 근무하던 역무원이 적었다는 '승부역은 하늘도 세 평이요 꽃밭도 세 평'이라는 글귀가 적혀 있어 그 오붓한 규모를 짐작하게 한다.

깎아지른 듯한 협곡을 달려 백두대간 협곡열차는 마지막으로 철암역에 정차한다. 철암역은 과거 태백지역의 무연탄을 전국 각지로 발송하는 역할을 담당하던 꽤 큰 규모의 역이었다. 하지만 대부분의 탄광이 문을 닫으면서 지금은 그 규모가 너무도 썰렁하다. 이 낡고 헐어버린 풍경을 배경으로 영화 〈인정사정 볼 것 없다〉이 촬영되었다고 한다.

마을을 한 바퀴 걷다 보면 과거 이곳이 얼마나 번성했던 곳인지 짐작할 수 있다. 시장도 꽤 크고 병원 건물도 높다. 하지만 지금은 모두 영업을 하지 않는다. 기차역 건너편에 자리한 삼방동엔 벽화마을이 조성돼 있는데 과거 이곳을 기억하기 위한 다양한 그림들이 그려져 있다. 폐허들 사이로 버려진 시계와 의자 따위가 벽그림과 어우러져 독특한 분위기를 자아낸다. 하지만 마을이 워낙 낡고 인적이 드물다 보니 그마저 애처로운 느낌이다.

---

info

분천역
경북 봉화군 소천면 분천리 964
양원역
경북 봉화군 소천면 분천리 113-2

승부역
경북 봉화군 석포면 승부리 산1-4
삼방동 벽화마을
강원 태백시 삼방동

CAFE

홀로 들르기 좋은
카페

EAT

홀로 들르기 좋은
맛집

봉덕식당 분천역 건너편에 자리한 식당으로 기차역을 드나드는 여행자들에게 제법 입소문이 난 맛집이다. 각종 나물을 곁들여 먹는 산채비빔밥을 비롯해 곤드레밥과 시래기국밥 등 심심한 듯 자연의 풍미를 그대로 간직한 메뉴들을 낸다.

[info] 경북 봉화군 소천면 분천리, (054)672-7841

하이디의 다락방 분천역 입구에 자리한 아담한 카페로 스위스 체르마트역과 자매결연을 맺은 데서 아이디어를 얻어 하이디란 이름을 붙였다. 젊은 여주인이 운영하고 있어 커피나 음료, 간단한 도시락 메뉴도 정갈하고 만족스럽다. 이름 그대로 다락방처럼 소박하고 따스한 분위기로 꾸며져 있어 잠시 쉬어가며 여유를 즐기기 좋다.

[info] 경북 봉화군 소천면 분천 2길 1, (054)673-2220

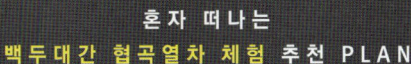
혼자 떠나는
백두대간 협곡열차 체험 추천 PLAN

1일 코스

분천역 찾아가는 방법
- 서울역에서 4시간 45분 소요 | 08:15
- 동대구역에서 3시간 30분 소요 | 06:15/16:30

그림 같은 간이역

꽃 같은 동네

군위 화본마을 여행

집집마다 자동차를 굴리고 아스팔트를 덮어 큰길을 내기 전까지 기차역은 마을 사람들이 들고나는 유일한 문이자 가장 번화한 중심지였다. 기차 시간이 다가오면 하나둘 모여든 이웃들끼리 저마다의 이야기보따리를 풀어놓는 사랑방이기도 했다. 근처 영천에 5일장이 서는 날이면 아침부터 기차역이 들썩일 만큼 온 동네에 활기가 넘쳤다. 편리함을 좇아 달아난 시간은 그 모든 풍경들을 추억으로 만들어버렸지만 마을은 여전히 정답고 푸근하다. 그림 같은 간이역이 자리한 꽃 같은 동네, 바로 경북 군위의 화본 마을이다.

　청량리에서 아침 8시 25분에 출발한 기차는 12시 40분에야 화본역에 도착한다. 서울에선 하루에 한 대뿐인 고마운 열차지만 화본역에서 내리는 이들은 서너 명이 고작이다. 그나마도 여행자로 보이는 건 나 혼자 뿐인 듯하다. "날이 흐려 우야노." 서울 아들네에 다녀오는 길이라며 살갑게 말을 붙였던 어르신은 잠시 안쓰러운 눈빛이더니 곧 걸음을 재촉했다. 먹구름이 잔뜩 낀 하늘을 올려다보며 조금은 원망스런 마음이 들던 그때, 플랫폼 너머로 삐죽이 솟은 급수탑이 눈에 들어왔다.

증기기관차에 물을 공급하기 위해 지어졌던 급수탑은 '칙칙폭폭' 정겨운 기적소리가 사라지면서 이젠 몇 남지 않은 소중한 철도문화재가 되었다. 현재까지 원형이 보존된 급수탑은 스무 개 남짓. 그중에서 연대가 가장 오래된 연산역 급수탑을 비롯 절반 정도가 등록문화재로 지정돼 관리되고 있다. 아직 등록문화재로 지정되지 않아 내부를 직접 들여다볼 수 있는 화본역 급수탑은 기차 여행자들에겐 손꼽히는 볼거리다.

1930년대에 지어진 것으로 알려진 이곳 급수탑은 전형적인 원통형 모양이지만 높이가 무려 25미터에 달할 만큼 규모가 상당하다. 경북 내륙의 험난한 지형을 달리려면 그만큼 강한 동력이 필요했을 것이다. 내부엔 '석탄정돈', '석탄절약'과 같은 당시 작업 풍경을 가늠해볼 수 있는 글귀들이 남아 있어 더 특별한 분위기를 느낄 수 있다.

기찻길 너머 뾰족한 삼각지붕을 얹은 화본역은 낡은 사진 속에서 튀어나온 것처럼 애틋하고 아련한 풍경을 간직하고 있다. 실제로 화본역을 모델로 한 간이역 미니어처도 판매될 만큼 담박한 건축미가 돋보인다. 다른 역사들과 달리 살굿빛으로 칠한 외벽도 마치 시골 소녀의 뺨처럼 수줍고 사랑스럽다. 역사 내부엔 역무원들이 쓰던 제복모자도 비치돼 있어 색다른 기념 사진을 남길 수 있다.

한때 시끌벅적 아이들이 뛰노는 소리로 가득했던 산성초등학교와 중학교는 마을 인구가 자꾸만 줄어들면서 결국 폐교되었다. 아이들이 떠나고 덩그러니 남은 초등학교는 주말이면 관광객들의 주차장으로 활용될 뿐이다. 그래도 화본역 건너편 언덕배기에 자리한 산성중학교는

'엄마 아빠 어렸을 적에'란 이름의 테마박물관으로 변신해 여행자들의 발길을 유혹한다.

학교 안으로 들어서니 옛 교실에 손때 묻은 책상과 걸상, 흑칠판 등이 자리하고 있다. 누구에게나 그리운 학창시절을 떠올리게 하는 풍경이다. '옆 반 정복'이라고 적힌 급훈도 재미있다. 옆 교실에는 뮤직박스와 촌스러운 꽃분홍색 소파가 놓인 음악다방과 추억의 포니 자동차가 1970~1980년대의 감성으로 초대한다. 복도 반대쪽에는 '역전상회'와 '화본이발소' 등 옛 거리풍경을 재현한 공간이 자리해 구경하는 재미가 쏠쏠하다. 또 운동장에는 굴렁쇠와 제기, 달고나 등 '엄마 아빠 어렸을 적'의 놀거리들이 가득하다.

화본마을을 걷다 보면 담벼락에 그려진 아기자기한 그림들이 눈길을 끈다. 흔히 군위를 '삼국유사의 고장'이라 일컫는데, 이는 저자인 일연이 군위 인각사에서《삼국유사》를 완성했기 때문이다. 화본마을의 벽화는《삼국유사》에 실린 다양한 신화를 소재로 그린 것으로 마치 그림으로 책을 읽듯 마을을 걷는 재미가 남다르다. 동화 느낌의 오밀조밀 귀여운 작품부터 일연을 주인공으로 한 사실적인 작품까지 벽화 하나하나 개성이 넘친다. 역무원 관사로 사용되던 일본식 가옥과 마을회관 한쪽 마당을 떡하니 차지하고 있는 고인돌, 마을 입구에 자리한 멋스런 회나무, 과수원 축대로 재탄생한 철도 폐침목 등 벽그림을 따라 걷다 보면 마을 구석구석 볼거리가 보석처럼 숨어 있다.

---info---
급수탑
경북 군위군 산성면 화본리 824-1 /
09:00~18:00,
1인 500원 *열차이용객의 경우 무료

엄마 아빠 어렸을 적에
경북 군위군 산성면 산성가음로 722,
(054)382-3361 /
하절기 10:00~18:00,
동절기 10:00~17:00, 성인 2,000원
화본마을 벽화길
경북 군위군 산성면 산성가음로 722

EAT

홀로 들르기 좋은
맛집

CAFE

홀로 들르기 좋은
카페

마중 벽화길 중간쯤 자리한 작은 식당으로 김밥과 냄비우동, 라면 같은 간단한 분식 메뉴와 함께 커피와 팥빙수 등도 맛볼 수 있다. 혼자 앉기 좋은 좌석도 많고 식당 한편에는 쫀드기 같은 추억의 먹거리들도 판매하고 있어 추억을 곱씹어 보기에도 좋다.

info 경북 군위군 산성면 화본리

더 메모리 화본역 입구에 자리한 오붓한 카페로 추억의 교복을 체험해볼 수 있어 색다른 재미가 있다. 지역 주민이 직접 운영하는 카페인만큼 저렴한 가격에 정다운 분위기를 느낄 수 있으며 커피 맛도 좋다.

info 경북 군위군 산성면 산성가음로 711, (054)382-3666

화본식당 화본역 건너편에 자리한 화본식당은 여주인이 손맛 좋고 인심도 넉넉해 마을 사람들도 즐겨 찾는다. 얼갈이를 푸짐하게 넣고 구수하게 끓여낸 어탕국수와 멸치를 이용한 도리뱅뱅이가 별미다.

info 경북 군위군 산성면 화본리 856-2, (054)382-3983 / 어탕국수 6,000원

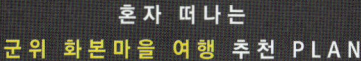

혼자 떠나는 군위 화본마을 여행 추천 PLAN

1일 코스

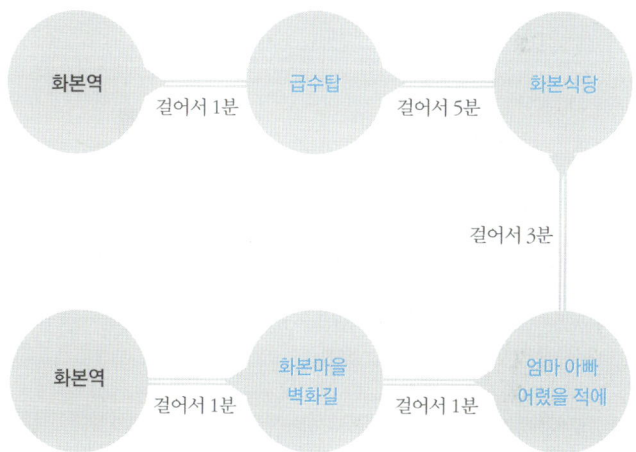

화본역 찾아가는 방법
- 청량리역에서 4시간 20분 소요 | 08:25
- 동대구역에서 1시간 소요 | 15:04/16:30

기차는 추억을 달리고…

곡성
섬진강 기차마을 여행

'버스 여행', '자동차 여행'이란 단어는 조금 낯설게 느껴지지만 '기차 여행'이란 단어는 꽤 익숙하다. 버스나 자동차는 목적지로 가기 위한 수단의 의미가 강하다면 기차는 플랫폼에 들어서는 순간부터 여행이 시작되는 때문 아닐까. 덜컹이는 기찻길은 삶의 풍경 속을 느긋하게 드나들고 운전대 부담이 없으니 차창 밖 풍경은 오롯이 내 것이 된다. 무엇이든 빠른 게 미덕인 속도의 시대에 기차 여행은 삶의 템포를 조금 늦추고 지나온 흔적들을 잠시 돌아볼 수 있는 여유를 갖게 한다.

곡성역에서 내려 섬진강 기차마을 입구에 자리한 옛 곡성역까지는 걸어서 10분 남짓. 맞배지붕을 얹은 전형적인 시골 기차역의 모습을 그대로 간직한 옛 곡성역이 처음 지어진 것이 1933년이니, 이들 사이에 놓인 60여 년의 세월에 비하면 오히려 짧게만 느껴지는 거리다.

영화 〈태극기 휘날리며〉에도 등장한 바 있는 옛 곡성역은 지금껏 남아 있는 옛 역사들 중 꽤 큰 규모를 자랑하지만, 흰색 담벼락에 박공지붕 형태라 군더더기 없이 담백한 분위기가 매력이다. 마치 주인 없는 성을 연상시키는 지금의 곡성역과 비교하면 훨씬 정겹고 친근하달까. 영화촬영 당시 지붕 일부를 손봤다고는 하나 초기 건물 형태가 비교적 잘 보존되어 있어 2004년엔 등록문화재로도 지정되었다. 역사 내부로 들어서면 기둥과 천장 등 목조구조가 더욱 여실하게 드러나고 손때 묻은 나무의자는

옛 대합실 풍경을 고스란히 재현한다. 반세기 넘도록 곡성 사람들은 이곳을 통해 타지로 떠나고 또 돌아왔다. 섬진강 기차마을은 그 켜켜이 쌓인 추억들에서 시작한다.

전라선의 복선화 작업과 함께 옛 곡성역에서 시작해 압록역에 이르는 13.2킬로미터의 기찻길이 폐선되었다. 이 구간은 우리나라에서 가장 아름다운 기찻길로 꼽힐 만큼 빼어난 풍광을 자랑하는데, 그도 그럴 것이 구불구불 이어지는 기찻길을 따라 17번 국도와 섬진강이 나란히 달린다. 전라도의 실핏줄 같은 개울들이 모여 하나로 흘러드는 섬진강은 이곳 곡성에 이르러 물살이 제법 풍성해지는데, 쏘가리 등을 잡느라 허리춤까지 몸을 담근 낚시꾼들이 하나의 풍경을 이룬다. 여기에 기찻길을 따라 자리한 꽃분홍 코스모스가 강바람에 하늘거리며 보는 이의 마음마저 흔들어 놓는다.

이 아름다운 기찻길을 제대로 즐기려면 옛 곡성역에서 출발해 가정역을 왕복하는 증기기관차를 타볼 것을 추천한다. 동절기에는 하루 4회, 하절기에는 하루 5회 운행하는 이 관광형 증기기관차는 시속 30~40킬로미터로 느릿느릿 달리며 차창 밖 섬진강 풍경을 마음껏 눈에 담을 수 있다. 비록 디젤엔진에 증기기관차의 외형을 얹은 것이지만, 둔중한 검은색에 1970년대 비둘기호를 흉내 낸 좌석은 마치 시간을 건너 뛰어 옛 기차 여행의 낭만과 향수를 떠올리게 한다. 기차 여행 하면 자연스레 떠오르던 삶은 달걀과 사이다도 이곳에서만큼은 색다른 별미로 판매되고 있다.

가정역에 도착한 증기기관차는 약 30분 동안 정차하

게 되는데, 이때 우리나라에서 가장 긴 보도 현수교인 섬진강 출렁다리를 건너면 섬진강의 은빛 물결을 보다 가까이에서 만날 수 있다. 이왕이면 차가운 물살에 손도 한번 담가보고 강변을 따라 잠시 여유로운 산책을 즐겨보는 것도 좋겠다.

---
info

옛 곡성역
전남 곡성군 오곡면 기차마을로 232

섬진강 증기기관차
전남 곡성군 오곡면 기차마을로 232,
(061)363-9900 /
하절기 09:30~17:30(1일 5회 운행),
동절기 11:30~15:30(1일 3회 운행),
성인 왕복 6,000원

1 섬진강 기차마을 이름 그대로 기차를 테마로 한 공원이다. 추억의 증기기관차 외에도 기찻길을 따라 페달을 밟으며 마을을 한 바퀴 돌아볼 수 있는 레일바이크와 무려 1,004종의 장미들이 식재된 장미정원, 곤충박물관, 미니동물원 등 다채로운 재미를 만나볼 수 있다.

info 전남 곡성군 오곡면 기차마을로 232, (061)363-9900, www.gstrain.co.kr / 09:00~18:00, 성인 하절기 3,000원, 동절기 2,000원

STAY

홀로 머물기 좋은 집

EAT

홀로 들르기 좋은 맛집

섬진강기차마을 레일펜션 실제 새마을호를 리모델링한 기차펜션은 독특한 재미가 있을 뿐 아니라 기차를 테마로 한 여행과도 무척 잘 어울린다. 투숙객에 한하여 입장권과 증기기관차를 할인된 가격에 이용할 수 있는 쿠폰도 제공하고 있으니 더욱 알찬 여행을 계획할 수 있다.

info 전남 곡성군 오곡면 기차마을로 252-16, (061)362-9712, www.gsrailpension.co.kr / 2인실 기준 주중 60,000원, 주말 120,000원

삼기국밥 읍내에 자리한 삼기국밥은 돼지 내장 대신 암뽕으로 직접 순대를 만드는데 깊고 진한 국물과 어울려 든든한 한 끼가 된다. 순대국밥이 부담스럽다면 콩나물국밥도 좋다. 국물이 칼칼하고 시원해 지역 주민들이 해장국으로 즐겨 먹는다.

info 전남 곡성군 곡성읍 읍내22길 3, (061)363-0424 / 암뽕순대국밥 7,000원

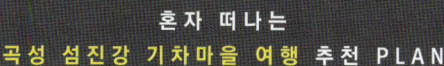

혼자 떠나는 곡성 섬진강 기차마을 여행 추천 PLAN

1일 코스

곡성역 — 걸어서 10분 — 옛 곡성역 — 걸어서 1분 — 섬진강 증기기관차

기차 : 30분

곡성역 — 걸어서 10분 — 삼기국밥 — 걸어서 10분 — 섬진강 기차마을

곡성역 찾아가는 방법
- 용산역에서 2시간 10분 소요(KTX 기준) | 06:52~22:45(40~120분 간격)
- 광주종합터미널에서 1시간 10분 소요 | 06:35~20:35(30~60분 간격)

Train

용궁역에는 용왕님이

살
고
계
실
까

**예천
용궁역 기차 여행**

"기차 운행합니다."

폐역이 아닌 이상 기차역에 기차가 지나는 것은 당연한 일이건만 굳이 안내문을 써 붙인 이유는 무엇일까. 역무실이 없어 매표소 대신 직접 기차에 올라 역무원에게

표를 끊어야 하는 무배치 간이역. 경북 예천에 자리한 용궁역은 이처럼 독특한 시스템으로 운영되고 있다. 덕분에 이곳에선 시골 간이역의 느긋한 풍경과 가끔의 시끌벅적한 활기가 정겹게 공존한다.

'용궁'이란 흥미로운 기차역 이름은 사실 지명인 용궁면에서 따온 것이다. 이곳엔 '용담소'와 '용두소'로 불리는 깊고 푸른 못이 자리하고 있는데, 예부터 마을 사람들은 그 속에 용이 살고 있으며 물밑이 서로 통하여 또 다른 신세계를 이루고 있다고 믿었다. 용은 마을의 수호신으로 여겨져 가뭄이나 질병이 발생하면 주민들이 함께 소에 모여 제사를 올리곤 했다. 본래 '축산' 또는 '원산' 등으로 불리던 마을은 조선시대 들어 이처럼 두 마리 용이 살고 있는 아름다운 용궁을 품고 있다고 하여 지명을 용궁으로 바꾸었다.

지난 1928년부터 기차운행을 시작한 용궁역은 한때 마을 사람들의 유일한 교통수단으로 매일 북적였지만, 1990년대 들어 이용객이 급감하면서 결국 2004년 역장과 역무원이 없는 무배치 간이역이 되었다. 기차도 평일에는 대구·부산 방면과 영주 방면 무궁화호만 하루 네 번 지난다. 그나마 주말엔 부산행과 강릉행 무궁화호가 한 번 더 운행돼 마을 어르신들의 고마운 발이 되어주고 있다.

용궁역에 내리는 순간 역무원 대신 반겨주는 것은 푸른색 비늘로 뒤덮인 용 조형물이다. 힘차게 뻗은 꼬리와 용맹스런 눈빛이 마을은 물론 이 작은 간이역을 지켜주는 수호신처럼 든든하게 느껴진다. 그 뒤로 보이는 역사는 1960년대에 새로 지어진 것으로 다홍빛 기와를 얹은 소박한 삼각지붕이 친근하다. 무엇보다 다른 기차역들에서 보기 드문 분홍빛 외벽이 청룡상과 어울려 색다른 정취를 자아낸다.

기차역 안으로 들어서면 한때 역무실로 사용되었을 공간이 제빵실을 겸한 베이커리 카페로 변신했는데 이곳에서 파는 빵 이름이 재미있다. 이른바 '토끼간빵'. 용궁역이란 이름을 고대소설인《별주부전》과 연관시켜, 병든 용왕님의 생명을 구할 수 있는 영약으로 표현되었던 토끼의 간을 빵 이름에 활용한 것이다. 토끼간빵은 예천군 내에서 재배한 밀가루와 팥을 이용해 맛도 좋지만, 이 같은 옛 이야기가 덧입혀지니 용궁역을 찾아오는 이들에게 특색 있는 별미가 되었다. 역사를 둘러싼 담벼락에도《별주부전》의 이야기를 요약한 벽화가 그려져 있어 또 다른 볼거리가 된다.

+ MORE +

함께
들르면 좋은 곳

1

2

3

1 삼강주막 조선 말기의 전통주막이 고스란히 남아 있는 곳으로 실제로 2006년까지 마지막 주모 유옥련 할머니가 지키고 있던 소중한 문화유산이다. 이후 옛 주막 풍경을 복원하여 삼강나루를 오가던 보부상들의 정겨운 휴식처를 직접 경험해볼 수 있도록 꾸몄다.

info 경북 예천군 풍양면 삼강리길 91, (054)655-3132

2 용궁시장 매 4, 9일이 장날인 용궁시장은 한때 우시장이 따로 열릴 만큼 규모가 상당해서 일대 장사꾼들이 수십 리를 멀다 않고 달려왔다. 지금의 용궁식 순대도 그 시절 소를 사고 판 장사꾼들이 즐겨 먹으며 유명세를 얻었다고 한다. 이제는 한적한 시골장터의 모습이지만 고소한 참기름 냄새가 진동하는 제유소와 플라스틱 바가지에 시원한 막걸리를 들이킬 수 있는 양조장 등 그리운 옛 시장 풍경들이 고스란히 남아 있다.

info 경북 예천군 용궁면 읍부리

3 황목근 높이 15미터에 줄기 둘레만 3.2미터에 달하는 이 거대한 팽나무는 수령 500년에 이르는 고목으로 천연기념물로 지정돼 있다. 흥미롭게도 이 황목근은 우리나라에서 가장 많은 토지를 보유한 '땅부자' 나무다. 금남리 주민들이 4,000평 남짓한 공동 소유의 토지를 이 나무 앞으로 등기 이전했기 때문인데, 황목근이 소유한 땅에서 농사를 짓는 이들이 낸 이용료는 마을 청소년들을 위한 장학금으로 쓰인다니 그야말로 나무계의 '노블레스 오블리주'가 아닐까 싶다.

info 경북 예천군 용궁면 금남리 696

EAT

홀로 들르기 좋은 맛집

단골식당 용궁시장 내에 자리한 순대전문점으로 메뉴는 박달식당과 비슷하다. 용궁순대의 원조로 불리는 식당으로 순대국과 오징어불고기 등을 내는데 보다 현지인들의 입맛에 맞춰 점심시간이면 빈자리를 찾기 어려울 정도다.
info 경북 예천군 용궁면 용궁시장길 30, (054)653-6126

박달식당 용궁역 건너편에 자리해 접근성도 좋고 각종 채소와 한약재를 듬뿍 넣은 용궁식 순대를 맛볼 수 있는 식당이다. 인기 예능프로그램 〈1박 2일〉에도 소개돼 늘 손님들로 북적이는데 쫄깃쫄깃한 오징어를 매콤하게 볶아낸 오징어구이도 별미다.
info 경북 예천군 용궁면 용궁로 77, (054)652-0522 / 순대국밥 5,000원

CAFE

홀로 들르기 좋은 카페

카페용궁 용궁시장 내에 자리한 고즈넉한 시골카페로 옛 용궁면의 다양한 모습들을 담은 사진도 함께 구경할 수 있다. 마당에 들어서면 카페의 '영업부장'으로 불리는 강아지 칠칠이가 반겨주고 커피뿐 아니라 다양한 전통차와 제철음료를 낸다.
info 경북 예천군 용궁면 용궁로 118, (054)655-3080

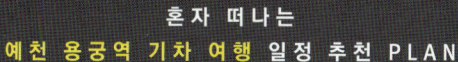

혼자 떠나는 예천 용궁역 기차 여행 일정 추천 PLAN

1일 코스

용궁역 — 걸어서 1분 — 박달식당 — 걸어서 5분 — 용궁시장

걸어서 30분

카페용궁 — 삼강주막 — 황목근

버스 20분 (용궁방면) or 택시 10분

걸어서 (용궁터미널 이동) + 버스 20분 (삼강 방면) or 택시 10분

걸어서 10분

용궁역

용궁역 찾아가는 방법
- 동서울터미널에서 2시간 20분 소요 | 06:40~20:30(60~180분 간격)
- 동대구역에서 2시간 10분 소요 | 08:10/08:34/17:46/20:09
- 부산역에서 4시간 소요 | 06:35/16:10/18:35

서울 정동길 근대 여행
고양 서삼릉 산책
강릉 선교장 고택 체험
대구 근대 골목 여행
포항 시티 투어

History

01

과거로의 시간 여행

돌담길 따라

시간을 걷다

**서울
정동길 근대 여행**

"사는 게 죽는 것보다 치욕스럽다 해도, 나는 살 것이다."

영화 〈가비〉에서 고종이 내뱉은 이 한마디가 내내 마음을 울렸다. 조선 역사에서 홀로 외롭지 않은 임금이 있었겠느냐마는, 고종은 아버지에 의해 임금의 자리를 위협받고 엄중한 궁궐 한복판에서 왕비가 살해되는 잔인한 치욕을 맛봐야 했다. 그럼에도 살아야 한다는 것, 그 무거운 왕좌의 무게를 견뎌야 했던 사내는 얼마나 수치스럽고 쓸쓸했을까.

극장을 빠져나오는 길에 정동길로 향했다. 영화의 배경이 되었던 러시아공사관은 한국전쟁 당시 건물 대부분이 파괴되어 3층 전망탑만 겨우 남아 있다. 하얀색 외벽

에 아치형의 창문, 지금 보아도 이국적인 건축양식이 당시엔 얼마나 낯설고 새로웠을까. 전망탑이 남은 언덕에 올라서니 정동 일대가 한눈에 들어온다. 대한제국 당시엔 덕수궁까지 굽어볼 정도였다고 하니 러시아의 위세가 얼마나 당당했을지 머릿속에 그려진다. 명성황후의 죽음 이후 고종이 어린 세자와 스스로를 지키기 위해 이곳에 피신했던 것도 그 때문이었으리라. 하지만 아무리 화려하고 웅장한들 남의집살이가 마음 편할 리 없다. 게다가 한 나라의 임금이 궁궐과 백성을 두고 도망을 한 모양새였으니 그 원망과 비난이 오죽했을까. 러시아공사관 앞에 앉아 정동길을 내려다보니 살아있음이 그저 수치스러웠을 한 사내의 절망이 고스란히 느껴졌다.

    다음으로 향한 곳은 중명전(重明殿)이다. 본래 황실도서관으로 지어졌던 이 건물은 1904년 덕수궁에 화재가 발생하면서 고종의 집무실인 편전으로 사용하게 된다. 원래 이름이었던 수옥헌도 중명전으로 바뀌게 되는데, 그 뜻을 풀자면 광명이 그치지 않는 전각이란 의미다.

    하지만 그 뜻이 무색하게 중명전에 들어서는 순간 가장 먼저 마주하게 되는 건 을사조약이 체결됐던 공간이다. 한 나라의 외교권을 빼앗기는 모욕적인 순간, 고종은 끝내 이토 히로부미의 알현을 거절했지만 '을사오적'으로 불리는 이완용 등이 이곳에서 조약에 동의하는 사인을 한다. 이로써 무능한 임금으로 낙인찍힌 고종이지만 이상설과 이준, 이위종을 은밀히 중명전으로 불러 을사조약의 부당함을 세계에 알릴 수 있도록 헤이그특사를 계획한 것도 그였다. 하지만 이것이 빌미가 되어 일제는 고종을 강

제 퇴위시키게 된다. 황제로서 머물렀던 마지막 편전, 그 안타까운 의미를 생각하니 쉬이 발길이 떨어지지 않는다.

돌담길을 망설이듯 걷다 덕수궁으로 향했다. 대한제국의 정궁으로 본래 경운궁으로 불리는 것이 맞을 것이다. 그러나 일제에 의해 황제의 자리에서 물러난 고종이 머문다 하여 바뀐 이름인 덕수궁을 여전히 사용하고 있으니 오늘따라 더 씁쓸하다. 평소 같았으면 석조전부터 들렀겠지만 몸을 돌려 정관헌으로 향했다. 함녕전 뒤편에 자리한 정관헌은 고종이 연회를 베풀거나 다과를 즐기며 휴식을 취하던 곳으로 화려한 발코니가 인상적이다. 언뜻 서양식 건축물의 인상이 강하지만 바깥 기둥에 대한제국을 상징하는 오얏꽃이 새겨져 있고 난간에도 소나무와 사슴 등 전통문양이 조각되었다. 이곳에 홀로 앉아 있는 고종의 모습을 상상하니 문득 영화의 한 장면이 떠올라 진한 커피 한 잔이 그립다.

"나는 가비(커피)의 쓴맛이 좋다. 왕이 되고부터 무얼 먹어도 쓴맛이 났다. 헌데 가비의 쓴맛은 오히려 달게 느껴지는구나."

---
info

구 러시아공사관
서울 중구 정동길 21-18
중명전
서울 중구 정동길 41-11,
(02)771-9952/
10:00~17:00, 무료

덕수궁
서울 중구 세종대로 99,
(02)771-9951,
www.deoksugung.go.kr/
09:00~21:00(매주 월요일 휴관)
*석조전은 사전예약제, 성인 1,000원

+ MORE +

함께
들르면 좋은 곳

1 정동전망대 서울시청 서소문별관 13층에 마련된 휴식공간으로 본래 일반인의 출입이 금지되었으나 이곳에서 바라보는 덕수궁의 전경이 아름다워 시민들을 위한 전망대로 전격 개방되었다. 덕수궁을 비롯해 정동 일대를 한눈에 내려다볼 수 있으며 한편에 카페도 마련돼 잠시 걸음을 쉬어가기 좋다.

info 서울 중구 덕수궁길 15 / 09:00~18:00

EAT

홀로 들르기 좋은
맛집

르풀 정동길 한가운데 자리한 샌드위치 전문점으로 치즈를 듬뿍 올려 따끈하게 구워내는 파니니가 인기 메뉴다. 싱그러운 생화로 꾸며진 실내와 신선한 샐러드, 진한 커피, 직접 만들어내는 맛있는 케이크 등이 잘 어우러져 근처 직장인들의 단골 브런치 레스토랑으로 사랑받고 있다.
[info] 서울 중구 정동길 33, (02)3789-0400 / 08:00~21:00, 파니니 8,900원

어반가든 정동길 한편에 자리한 정원식 레스토랑으로 초록빛 나무와 색색깔 생화들로 꾸며져 있어 마치 숲 속에 들어온 것처럼 편안한 분위기가 인상적이다. 파스타와 피자 등 다양한 메뉴를 내는데 수프와 커피까지 곁들이는 알찬 코스 메뉴도 추천할만하다.
[info] 서울 중구 정동길 12-15, (02)777-2254

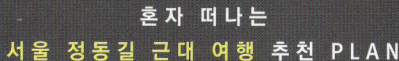

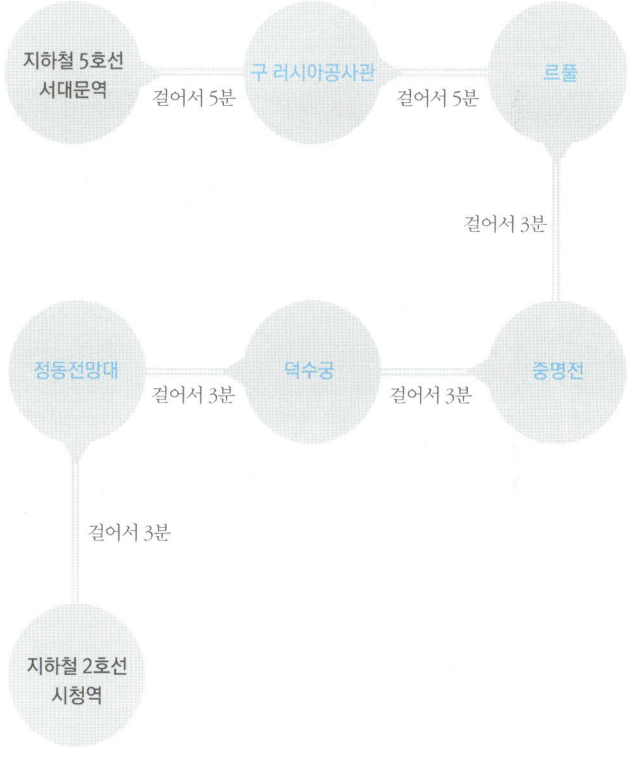

서울 찾아가는 방법
- 대전복합터미널에서 2시간 소요 | 06:00~24:00(15~30분 간격)
- 서대구고속터미널에서 3시간 50분 소요 | 06:00~01:30(20~30분 소요)
- 광주종합버스터미널에서 3시간 20분 소요 | 04:00~02:00(15~60분 간격)
- 부산종합버스터미널에서 4시간 20분 소요 | 06:00~02:00(30분 간격)

임금의 운명이

비극이었어라

**고양
서삼릉 산책**

유네스코 세계문화유산으로 등재된 조선 왕릉. 한 왕조의 왕과 왕비의 무덤이 무려 500여 년의 세월 동안 완벽하게 보존돼 그 가치가 남다르다. 여기에 왕릉의 주인이 누구였고 또 어떤 삶을 살았느냐에 따라 다양한 이야기가 더해지면 흥미로운 역사의 공간으로 다시 태어난다. 고양의 한적한 산자락에 자리한 서삼릉은 임금이라는 운명이 오히려 비극이 되었던 인종과 철종의 능이 자리해 풍성한 이야깃거리를 펼쳐놓는다.

울창한 숲길을 지나 가장 먼저 만나게 되는 예릉은 '강화도령'으로 잘 알려진 철종과 그의 비인 철인왕후의 능이다. 가족과 함께 강화로 유배되어 그저 평범한 시골 무지렁이로 살았던 그는 헌종이 후사 없이 죽게 되자 임금의 자리에 올라 인생이 뒤바뀌게 된다. 임금의 운명은 그렇게 행운처럼 찾아왔지만 실상은 비극의 시작이었다. 당시 권력을 쥐고 있던 안동 김씨 가문이 허울뿐인 임금으로 그를 선택한 것이고, 배운 것이 없다는 이유로 온갖 무시와 멸시를 당하며 무엇 하나 스스로 할 수 있는 것이 없었다.

철종은 순진하게 마음을 나누었던 여인과도 강제로 이별하게 되면서 방탕한 쾌락의 늪에 빠지게 된다. 그를 임금으로 만들었던 이들이 원하는 바였을 것이다. 잔혹한 왕좌의 운명만 아니었다면 그는 사랑하는 여인과 섬에서 평범하게 땅을 일구며 마냥 행복하게 살았을지도 모른다. 철종이 병으로 죽고 나서 왕위에 오른 고종은 왕권강화를 목적으로 그의 능을 크고 웅장하게 꾸몄다. 안쓰러운 임금의 운명을 생각하니 그 화려함마저 허망하게 느껴진다.

예릉에서 나오면 조금 더 안쪽에 희릉이 자리하고 있다. 중종의 계비이자 인종의 어머니인 장경왕후의 능이다. 한 나라의 왕비로 세자까지 출산했으니 당시 여인으로서 최고의 위치에 올랐다고 해도 과언이 아니다. 그러나 안타깝게도 그녀는 산후병으로 인종을 낳은 지 엿새 만에 허무한 죽음을 맞게 된다. 그녀 이후 왕비의 자리에 오른 이가 바로 저 유명한 문정왕후였으니, 질투에 눈이 먼 문정왕후에 의해 남편인 중종의 무덤이 옮겨가면서 그녀는 죽어서도 이곳에 홀로 남게 되었다. 왕의 운명 못지 않게 왕비의 운명 또한 무겁고 잔인하다.

  희릉에서 한참 떨어져 자리한 효릉은 제한적으로 그 묘역을 공개하고 있다. 무려 130만 평에 이르던 서삼릉이 이리저리 쪼개어지고 사유지로 팔리면서 효릉으로 향하는 길목이 소를 키우는 목장에 넘어가게 됐기 때문이다. 효릉의 주인인 인종은 태어나자마자 어머니 장경왕후를 잃고 새어머니인 문정왕후의 품에서 자란다. 그런데 죽어서도 어미에게로 가는 길이 이렇게 끊겨버렸으니 운명이 참으로 짓궂다.

  인종은 어릴 때부터 학문이 깊고 품성이 온화하여 성군이 되리라 모두의 기대를 모았지만 왕위에 오른 지 1년도 채 되지 않아 목숨을 잃고 만다. 권력욕이 남달랐던 문정왕후가 그 죽음의 배후라는 이야기도 전해지지만, 사실이야 어찌되었든 임금의 자리가 그를 죽음으로 몰고 갔음은 자명하다. 생전에 아버지 중종은 물론 새어머니인 문정왕후에게도 지극했던 효심을 기리기 위해 능호도 효릉(孝陵)이라 지었다는데, 먼발치에 누운 어머니 장경왕후는 그저 아들이 건강히 오래 살아주기만을 바라지 않았을까.

  다행히 조선 왕릉이 세계문화유산으로 지정된 덕분에 서삼릉 근처에 추가 부지를 매입해 효릉을 옮겨올 예

History

정이라고 한다. 이토록 서글픈 운명의 모자가 상봉하는 날 꼭 다시 찾아와 기쁨을 나눠야겠다.

---
info

서삼릉
경기 고양시 덕양구 원당동 산37-1, (031)962-6009/
06:00~18:00(6~8월 06:00~18:30, 11~1월 06:30~17:30), 성인 1,000원

+ MORE +

함께
들르면 좋은 곳

1 **원당종마목장** 푸른 초원을 배경으로 금빛 갈기를 휘날리며 달리는 종마들의 그림 같은 풍경을 만날 수 있는 곳이다. 한국마사회에서 우수한 종마를 관리, 보호하기 위해 운영하고 있는 목장으로 일부 공간을 일반인들에게 무료로 개방하고 있어 부담 없이 들르기 좋다. 서삼릉과 담벼락을 나란히 할 만큼 가까워 함께 둘러보길 추천한다.

info 경기 고양시 덕양구 서삼릉길 233-112, (02)509-1682 / 09:00~17:00(매주 월, 화요일 휴무), 무료

2 **중남미문화원** 중남미에서 오랫동안 외교관으로 생활했던 노부부가 운영하는 문화원으로 현지에서 직접 수집한 민속자료와 예술작품들을 만날 수 있다. 특히 붉은 벽돌로 지어진 박물관과 미술관, 종교전시관 등이 아름다운 정원과 어우러져 이국적인 풍경을 만끽할 수 있다. 멕시코의 대중음식 타코를 맛볼 수 있는 카페도 함께 운영 중이다.

info 경기 고양시 덕양구 대양로 285번 길 33-15, (031)962-7171, www.latina.or.kr / 하절기 10:00~18:00, 동절기 10:00~17:00, 성인 5,500원

EAT

홀로 들르기 좋은
맛집

송스키친 효자동과 부암동에서 큰 인기를 끌고 있는 송스키친의 분점. 서삼릉으로 향하는 길목에 자리하고 있어 이곳에서 식사를 하면 서삼릉까지 산책하기 딱 좋은 거리다. 치즈해물떡볶이 같은 퓨전 한식과 이탈리안 요리를 낸다.

|info| 경기 고양시 덕양구 서삼릉길 334, (031)966-1713 / 11:30~23:00

CAFE

홀로 들르기 좋은
카페

고이재 삼송역 8번 출구 근처에 자리한 오붓한 카페로 한쪽 벽을 다 차지할 만큼 큰 책장과 가득 쌓인 책, 낡은 LP판과 필름카메라 등 아날로그적 감성으로 채워져 있다. 커피도 직접 로스팅한 원두를 사용해 신선하고 향이 풍부하다. 가벼운 브런치 메뉴도 낸다.

|info| 경기 고양시 덕양구 삼송로 205번 길 48, (02)381-5257

혼 자 떠 나 는
고양 서삼릉 산책 추천 PLAN

1일 코스

서울 찾아가는 방법
- 대전복합터미널에서 2시간 30분 소요 | 06:30~19:20(60~80분 간격)
- 대구 한진고속터미널에서 4시간 40분 소요 | 07:30/10:00/13:30/16:00
- 광주종합터미널에서 4시간 10분 소요 | 06:20~20:00(60~80분 간격)

History

한여름의 고택 나들이

**강릉
선교장 고택 체험**

누구든 매일 부대끼는 일상의 공간에는 큰 관심과 애정을 두지 않는다. 그것이 얼마나 소중했고 또 아름다웠는지, 우리는 늘 그곳을 떠난 후에야 깨닫는다. 강릉에서 나고 자란 탓에 푸른 동해를 놀이터 삼고 선교장을 이웃집 드나들 듯했지만 정작 그곳을 찾아오는 여행자들을 잘 이해하지 못했다. 오히려 난 그들이 떠나온 도시가 궁금했고 그 화려함을 동경했다. 그런데, 떠나보니 알겠다. 비릿한 짠 내와 고리타분한 옛집이 얼마나 소중했고 또 아름다웠는지.

 학창시절엔 그저 조선 사대부가의 아흔아홉 칸 집이 이렇게 생겼구나, 눈으로만 확인하고 말았던 선교장이었다. 그런데 몇 년 만에 다시 찾은 선교장은 추억 속에 남아 있던 모습과 전혀 달랐다. 활래정 주변으로 연꽃이 무성하여 마치 그 위를 부유하듯 누각이 서 있다. 정자 뒤편으로 걸음을 옮기니 활짝 열어놓은 창 너머로 바람에 흔들리는 연꽃이 한여름의 정취를 더한다. 예부터 선교장을 찾은 수많은 선비들이 이곳에 앉아 시를 짓고 풍류를 즐겼다는데, 오늘에서야 그 상상 속 활래정을 마주하니 이런 풍경을 보고도 시 한 수 읊지 못한다면 어찌 묵객이라 할 수 있을까 싶다.

들어서는 순간 활래정의 연꽃이 눈길을 사로잡더니 사랑채인 열화당 앞에는 능소화가 한창이다. 소화라는 이름의 궁녀가 자신을 찾지 않는 임금을 하염없이 기다리다 한 송이 꽃이 되었다는 애틋한 사연이 떠올라 한참을 바라보았다. 담벼락 너머를 향해 피운 홍색 꽃송이가 마치 정인의 발걸음을 기다리는 듯하여 애처롭다. 어쩌면 열화당을 스쳐간 어느 꽃 같은 선비를 지금껏 기다리는 것일지도 모르겠다.

"풍경이 참 곱네요."

여전히 고택 한편을 지키고 있는 후손에게 인사를

건넸다.

"그렇지요? 달빛 아래서 보면 더 고와요."

몸가짐만큼이나 단정한 그의 목소리에 갑작스럽게 선교장에서의 하룻밤을 결정해버렸다. 부모님은 멀쩡한 집을 놔두고 혼자서 웬 청승이냐며 못내 아쉬운 목소리였지만 반질반질하게 닦인 툇마루에 앉아 있으니 마음은 이미 내 집처럼 편안했다.

활래정 너머로 하늘이 짙푸른 빛깔로 물들더니 곧 청아한 달이 동그란 얼굴을 내밀었다. 연꽃은 이미 봉우리를 닫았고 몽롱한 달빛에 정갈한 기왓장과 띠살문만이 은은하게 떠올랐다. 하룻밤 머물지 않고는 담을 수 없는 비경이다. 도시의 편리한 아파트 대신 낡은 고택 한편의 불편함을 선택한 후손들의 마음이 그제야 이해되었다.

---

info

선교장
강원 강릉시 운정길 63, (033)648-5303, www.knsgj.net /
하절기 09:00~18:00, 동절기 09:00~17:00, 성인 5,000원,
숙박 2인실 100,000원

+ MORE +

함께
들르면 좋은 곳

1

2

3

4

1 정동진 시간박물관 이름 그대로 시간을 주제로 한 박물관. 가장 정확한 시계를 만들기 위한 인간의 끊임없는 노력과 과학적 연구, 그리고 섬세하고 아름다운 중세의 시계들부터 예술가의 손길을 거친 현대의 시계작품들까지 다양한 시간의 역사가 펼쳐진다. 특히 타이타닉호가 침몰하는 순간 멈춰버렸다는 회중시계도 전시돼 있어 눈길을 끈다.

info 강원 강릉시 강동면 헌화로 990-1, (033)645-4540, www.jdjmuseum.com / 09:00~18:00, 성인 6,000원

2 참소리축음기·에디슨과학박물관 축음기에 관해선 세계적 수준의 소장품들을 자랑하고 있어 한번쯤 들러볼만하다. 이곳에 전시된 축음기와 뮤직박스 대부분은 실제 사용이 가능한데, 해설사를 따라 관람하다 보면 수백 년의 세월이 무색할 만큼 아름다운 음악을 직접 들어볼 수 있다. 에디슨과학박물관에 들어서면 축음기와 전구, 영사기 등 인류의 역사를 바꿔놓은 주요한 발명품 2,000여 점을 만날 수 있다. 관람 마지막에는 최고급 사운드의 디지털 음악 감상도 이어진다.

info 강원 강릉시 경포로 393, (033)655-1130, www.edison.kr / 09:00~18:00(입장은 ~17:00), 성인 7,000원

3 하슬라아트월드 강릉의 옛 지명인 '하슬라'에서 이름을 따온 이곳은 조각가 부부가 함께 꾸민 예술정원이다. 자신들의 작품을 강릉의 아름다운 자연을 배경으로 전시하고 싶었다는 이들은 바다가 한눈에 들어오는 지금의 자리에 하슬라아트월드를 세웠다. 덕분에 하늘과 바다, 매일 뜨고 지는 해와 달마저 작품의 한 요소가 된 느낌이다. 항상 바다를 바라볼 수 있다고 하여 이름 붙은 카페 '항상'을 시작으로 울창한 숲길을 따라 걷다 보면 다양한 주제의 조각공원이 펼쳐진다.

info 강원 강릉시 강동면 율곡로 1441, (033)644-9411, www.haslla.kr / 09:00~18:00, 성수기 08:00~19:00(연중무휴), 공원 6,000원, 미술관 7,000원, 공원+미술관 10,000원

4 허균·허난설헌 생가 강릉 하면 신사임당과 율곡 이이부터 떠올리지만 그에 못지않은 명성을 떨쳤던 인물들이 있으니 바로 허균과 허난설헌이다. 조선 최초의 한글소설인 《홍길동전》을 지은 허균과 중국에까지 이름이 알려질 만큼 뛰어난 문학성을 자랑했던 여류시인 허난설헌은 한 집에서 나고 자란 남매다. 이들의 사상과 문학을 재평가하고 후대에 널리 알리기 위해 조성된 생가에는 허·허난설헌 기념관과 함께 생가 주변으로 수천 그루의 소나무가 숲을 이루고 있어 짙은 솔향을 맡으며 한가롭게 거닐어봐도 좋다.

info 강원 강릉시 초당동 477-8, (033)640-4798 / 09:00~18:00(매주 월요일 휴관), 무료

EAT

홀로 들르기 좋은
맛집

강릉감자옹심이 강릉을 대표하는 향토음식 중 하나인 감자옹심이를 맛볼 수 있는 식당으로 현지인들도 즐겨 찾는다. 감자를 갈아서 동글동글하게 새알 크기로 빚어내는 옹심이는 쫄깃한 식감과 담백하면서도 구수한 국물이 특징이다. 전통방식 그대로 옹심이를 만들어내는 이곳은 낡은 가정집을 그대로 활용해 마치 외갓집에 온 것처럼 친근한 분위기를 자아낸다.

[info] 강원 강릉시 토성로 171, (033)648-0340 / 10:30~19:00, 순감자옹심이 8,000원

동화가든 이곳에서 개발한 짬뽕순두부는 얼큰한 짬뽕국물과 부드러운 순두부가 어우러져 색다른 맛을 탄생시킨다. 오징어와 홍합 등 각종 해산물을 듬뿍 넣은 국물은 가슴이 뻥 뚫릴 만큼 매콤하지만 순두부가 부드럽게 뒷맛을 잡아줘 금세 한 그릇 뚝딱 사라진다. 특히 비가 오거나 눈이 내릴 때 창밖으로 우거진 솔숲을 바라보며 먹으면 국물 맛이 더욱 진하게 느껴진다.

[info] 강원 강릉시 초당순두부길 77번 길 15, (033)652-9885/짬뽕순두부 8,000원, 얼큰순두부 7,000원

CAFE

홀로 들르기 좋은
카페

산토리니 안목항 커피의 거리 입구에 자리한 카페로 강릉이 커피의 도시로 이름을 알리기 전부터 이 자리를 지키던 로스터리 카페. 세계의 다양한 원두를 직접 로스팅할 뿐 아니라 은발의 주인장이 내려주는 핸드드립 커피도 맛볼 수 있다. 바다가 바로 앞에 펼쳐져 진한 커피에 시원한 바다향이 더해진다.

[info] 강원 강릉시 경강로 2667, (033)653-0931 / 09:00~01:00

안드로메다 안드로메다는 지구로부터 멀리 떨어진 은하의 이름으로 흔히 철없이 행동하는 이들에게 농담 삼아 "개념을 안드로메다로 보냈느냐"고 말하는데, 이곳 카페는 그런 의미에서 '지구인들이 보낸 개념의 집결지'라는 재미있는 수식어를 붙인다. 톡톡 튀는 이름만큼이나 '통통라떼', '후레시맨 아담 초록쫄쫄이' 등 직접 개발한 색다른 메뉴들이 가득하다.

[info] 강원 강릉시 율곡초교길 43번 길 18, (033)655-0999 / 12:00~24:00

혼자 떠나는 강릉 선교장 고택 체험 추천 PLAN

1박 2일 코스

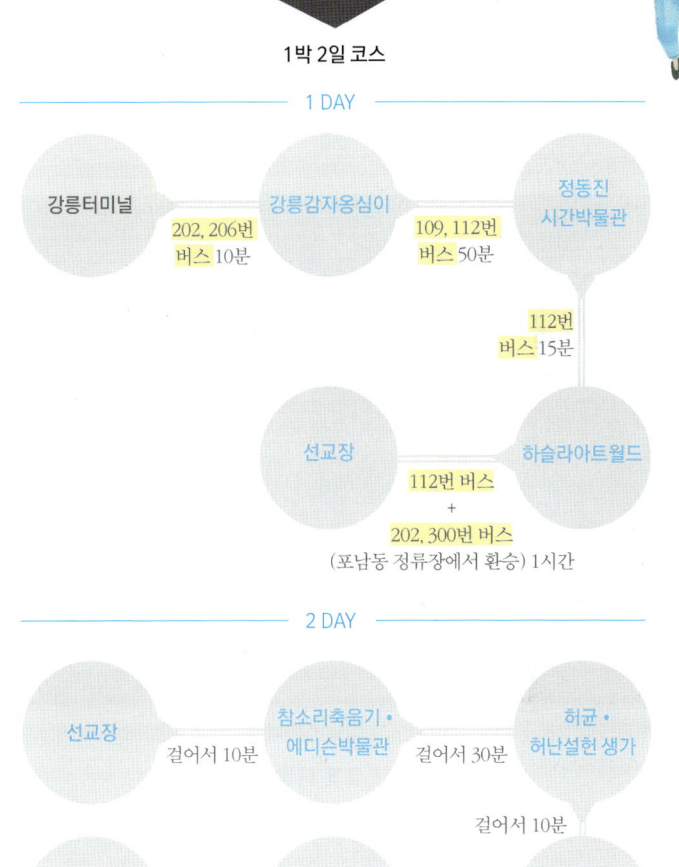

1 DAY

강릉터미널 → (202, 206번 버스 10분) → 강릉감자옹심이 → (109, 112번 버스 50분) → 정동진 시간박물관 → (112번 버스 15분) → 하슬라아트월드 → (112번 버스 + 202, 300번 버스 (포남동 정류장에서 환승) 1시간) → 선교장

2 DAY

선교장 → (걸어서 10분) → 참소리축음기·에디슨박물관 → (걸어서 30분) → 허균·허난설헌 생가 → (걸어서 10분) → 동화가든 → (택시 10분) → 산토리니 → (102, 503번 버스 40분) → 강릉터미널

강릉 찾아가는 방법
- 서울고속터미널에서 2시간 40분 소요 | 06:00~23:30(20~30분 간격)
- 대전복합터미널에서 3시간 20분 소요 | 06:40~19:40(100~120분 간격)
- 대구동부정류장에서 5시간 30분 소요 | 05:40~22:25(20~140분 간격)
- 광주종합터미널에서 5시간 30분 소요 | 07:00/11:30/15:30/18:00
- 부산종합터미널에서 6시간 소요 | 06:58~23:50(50~120분 간격)

느릿느릿

시
간

여
행

대구
근대 골목 여행

몇 년 전만 해도 대구는 여행지를 고민할 때 선뜻 떠오르는 도시가 아니었다. 배낭 하나 둘러메고 대구행 기차에 올랐을 때 목적지를 묻던 이들은 하나같이 의아한 표정이었다.

"대구에 뭐 볼 게 있어요?"
하지만 오랜만에 다시 찾은 대구는 거리마다 젊은 여행자들로 가득했다. 도시 여행이 주는 친근함과 그럼에도 근대의 감성을 고스란히 간직한 골목길에서 느끼는 여유. 이제 대구는 누군가 가볍게 볼거리, 먹거리 풍성한 여행지를 물을 때 가장 먼저 떠올리는 도시가 되었다.

대구 여행의 시작은 교동시장이 제격이다. 일명 '양키시장'으로도 불리는 이곳은 한국전쟁 직후 미군부대에서 흘러나온 각종 보급품들을 사고팔면서 시장이 형성됐다. 지금도 골목 구석구석 군용담요와 군복 등을 판매하는 밀리터리 숍들이 옛 명성을 이어가고 있다. 요즘은 저렴하고 다양한 먹거리가 교동시장의 가장 큰 매력이 되었는데, 백발의 할머니가 부쳐내는 고소한 빈대떡부터 매콤한 국물에 끓여낸 어묵 등 대구의 소박한 맛을 느끼기에 최적의 여행지다.

걸어서 5분여 거리에 자리한 근대역사관과 향촌문화관은 대구의 역사와 문화, 생활 전반을 살펴볼 수 있는 공간이라 함께 둘러보기 좋다. 일제 강점기 조선식산은행 대구지점으로 건립됐던 근대건축물을 그대로 활용한 대구근대역사관은 근현대 대구의 발전사를 일목요연하게 정리해두었다.

대구 최초의 일반은행이었던 선남상업은행 자리에 세워진 향촌문화관은 근대 대구의 중심지였던 중앙로와 북성로 공구골목, 대구역, 교동시장 등을 그대로 재현해 구경하는 재미가 쏠쏠하다. 특히 향촌문화관 지하에는 우리나라에서 가장 오래된 음악감상실인 '녹향'이 자리를 옮겨 새롭게 단장했다. 몇 년 전 녹향에 홀로 앉아 클래식을 감상하는 백발의 노신사를 가슴 찡하게 바라봤던 기억이 있다. 당시 사용하던 소파와 테이블을 그대로 가져와 옛 정취가 상하지 않았다. 무엇보다 말쑥한 양복차림의 주인장이 옛 미소 그대로 자리를 지키고 있어 더욱 반갑다.

    과거 대구에서 가장 부유한 동네로 꼽혔던 진골목은 경상도 사투리로 '길다'란 의미의 '질다'에서 이름을 붙인 것이다. 진골목 끝자락에는 대구를 주름 잡았던 문화예술인들의 사랑방으로 통하는 미도다방이 자리하고, 골목길 하나를 더 지나면 어디선가 은은한 한약재 냄새가 풍겨온다. 조선 후기 대구 약령시가 열리던 약전골목이다. 지금도 수십 개의 한약방들이 밀집해 대구 사람들은 이 골목을 지나가기만 해도 병이 낫는다고 할 정도다. 골목 한가운데 한의약박물관이 자리하고 있는데, 이곳에선 한약 달인 물에 족욕을 즐길 수 있어 지친 발을 잠시 쉬어가기 좋다.

    〈빼앗긴 들에도 봄은 오는가〉의 항일시인 이상화가 살았다는 정갈한 고택과 경상도에서 가장 오래된 성당이자 박정희 전 대통령이 결혼식을 올렸던 곳으로 잘 알려진 계산성당을 지나 청라언덕에 올랐다. 가곡 〈동무생각〉의 노랫말에도 등장하는 청라언덕에는 이국적인 건축양식이 돋보이는 선교사들의 주택 세 채가 그대로 남아 있는데 고맙게도 내부를 모두 공개하고 있어 색다른 볼거리가 된다. 붉은 벽돌과 박공지붕이 고풍스런 챔니스주택은 의료박물관으로, 미국식 건축양식과 주거양식을 살펴볼 수 있는 블레어주택은 교육역사박물관으로, 서양식 가옥에 기와지붕을 얹은 독특한 외관의 스윗즈 주택은 선교박

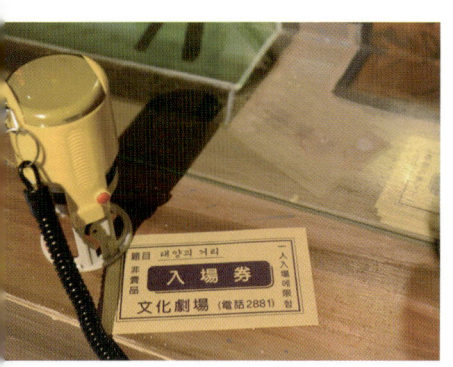

History

물관으로 사용되고 있다.

    늦은 오후, 발걸음은 방천시장 한편에 자리한 김광석 거리로 향했다. 우리나라 사람들이 가장 사랑했던 가수, 나이가 들수록 더욱 저릿한 그리움으로 읊조리게 되는 그의 노래들이 이 골목의 주인공이다. 오랜 짝사랑 끝에서 처음 들었던 〈너무 아픈 사랑은 사랑이 아니었음을〉, 오랜 친구들과 소주 한 잔 기울이며 함께 불렀던 〈서른 즈음에〉, 지금도 여행을 떠날 때면 꼭 챙겨듣는 〈바람이 불어오는 곳〉……. 그의 노래조각들을 더듬다 보니 그 안에 내 지나온 사랑과 우정, 그리고 추억이 모두 담겨 있다.

    대구로의 시간 여행은 어느새 내 안으로 바늘을 향하고 있다.

|info|

계산성당
대구 중구 서성로 10,
(053)254-2300
교동시장
대구 중구 교동길 40,
(053)424-9150
김광석거리
대구 중구 대봉동
대구근대역사관
대구 중구 경상감영길 67,
(053)606-6430,
artcenter.daegu.go.kr/dmhm/
하절기 09:00~19:00,
동절기 09:00~18:00(매주 월요일 휴관),
무료
대구향촌문화관
대구 중구 중앙대로 449,
hyangchon.jung.daegu.kr
(053)661-2331,
하절기 09:00~19:00, 동절기
09:00~18:00(매주 월요일 휴관),
성인 1,000원

시인 이상화 고택
대구 중구 서성로 6-1,
(053)256-3762/
09:00~18:00(매주 월요일 휴관)
약전골목(대구한의약박물관)
대구 중구 달구벌대로 415길 49,
(053)253-4729,
dgom.daegu.go.kr/
09:00~18:00(매주 월요일 휴관),
무료(한방족욕 5,000원)
진골목
대구 중구 진골목길 31
청라언덕 · 선교사주택
대구 중구 달성로 56,
(053)250-7100/
평일 10:00~12:00/13:00~17:00,
토요일 10:00~12:00(공휴일 휴무), 무료

+ MORE +

함께
들르면 좋은 곳

1 아양기찻길 과거 대구선 열차가 달리던 폐철교를 활용해 꾸민 인도교다. 수많은 사연과 추억을 싣고 달리던 낡은 레일을 그대로 활용해 옛 철교의 낭만을 고스란히 느낄 수 있다. 기찻길 가운데 작은 갤러리와 휴식공간이 마련돼 있어 이곳에 앉아 금호강의 느긋한 오후 풍경을 눈에 담기에도 좋다.

info 대구 동구 지저동

2 옹기종기 행복마을 아양기찻길을 따라 걷다 보면 만나게 되는 아기자기한 벽화마을이다. 과거 대구선 철로변에 자리했던 이 마을은 좁은 골목길을 따라 다닥다닥 붙은 집들이 정겨운 옛 풍경을 그대로 간직하고 있다. 여기에 톰과 제리, 철인 28호와 같은 친숙한 캐릭터들이 벽그림으로 그려지면서 이름 그대로 걸을수록 행복해지는 마을이 되었다.

info 대구 동구 입석동 1033-26

STAY
홀로 머물기 좋은 집

EAT
홀로 들르기 좋은 맛집

더 한옥&스파 대구 도심 한가운데 위치한 한옥을 현대적인 감각으로 재해석한 게스트하우스. 1950년대 전통 한옥은 게스트하우스로, 마당에는 현대식 수영장이, 1910년대 일본식 건물은 레스토랑으로 리모델링했다. 다양한 한옥체험 프로그램은 물론 여름에는 한옥에서 즐기는 특별한 풀파티도 진행한다. 지역의 문화기업에서 운영하고 있어 다양한 여행정보도 얻을 수 있다.

info 대구 중구 서성로 16길 46-5, (053)214-6116/도미토리 1인 30,000원(주말 35,000원)

미성당납작만두 대구를 대표하는 별미 중 하나로 꼽히는 납작만두로 유명한 곳. 이름 그대로 얇고 납작하게 부쳐낸 만두에 고춧가루와 간장 등을 올려 함께 비벼 먹으면 쫄깃하면서도 감칠맛이 제대로다. 조금 아쉽다 싶으면 매콤달콤한 양념장을 듬뿍 올린 쫄면도 추가해보자. 학창시절 분식집에서 먹던 맛 그대로다.

info 대구 중구 남산로 75-1, (053)255-0742 / 납작만두(소) 3,000원

CAFE
홀로 들르기 좋은 카페

커피명가 김광석거리 가운데 자리한 카페로 대구 지역에서 손꼽히는 로스터리 카페인 커피명가의 분점이다. 1990년 경북대학교 후문에 처음 문을 열었던 커피명가는 오랜 세월 대구 사람들의 입맛을 사로잡은 곳으로, 직접 로스팅한 원두로 내리는 핸드드립 커피가 일품이다.

info 대구 중구 동덕로 14길 58-10, (053)425-0892 / 월~목요일 10:00~22:00, 금~일요일 10:00~23:00

혼자 떠나는 대구 근대 골목 여행 추천 PLAN

1일 코스

대구터미널 → **156, 651, 동구1번 버스 15분** or 지하철 15분 → 교동시장 → 걸어서 5분 → 대구향촌문화관

걸어서 5분 ↓

약전골목 ← 걸어서 5분 ← 진골목 ← 걸어서 10분 ← 대구근대역사관

걸어서 3분 ↓

시인 이상화 고택 → 걸어서 3분 → 계산성당 → 걸어서 5분 → 청라언덕·선교사주택

걸어서 10분 ↓

커피명가 → 걸어서 5분 → 김광석거리 → **지하철 10분** → 미성당납작만두

805번 버스 20분 or 택시 15분 ↓

아양기찻길 → 걸어서 20분 → 옹기종기 행복마을 → **818번 버스 15분** → 대구터미널

대구 찾아가는 방법
- 서울고속터미널에서 3시간 30분 소요 | 06:00~01:30(10~30분 간격)
- 대전복합터미널에서 2시간 소요 | 06:00~20:40(50분 간격)
- 광주종합터미널에서 3시간 30분 소요 | 06:00~22:40(40분 간격)
- 부산종합터미널에서 1시간 10분 소요 | 06:25~22:30(30~60분 간격)

KTX 타고 떠나는
한나절 포항 나들이

**포항
시티 투어**

서울에서 버스를 타면 4시간 30분. KTX 이용이 가능한 부산보다 마음의 거리가 더 멀었던 포항이 이제 가볍게 한나절 만에 돌아볼 수 있는 매력적인 여행지가 되었다. 새롭게 개통한 포항행 KTX를 이용하면 서울에서 단 2시간 30분 만에 한반도의 꼬리, 포항에 가 닿는다. 이곳에서 시티 투어 버스에 올라타면 포항의 과거와 현재를 한 번에 돌아볼 수 있는 알짜배기 여행이 시작된다.

포항역을 출발한 버스는 제일 먼저 포항운하로 향한다. 1970년대 포항제철이 들어서면서 물길이 막혀 오염이 심했던 동빈내항이 운하 건설과 함께 40여년 만에 옛 물길을 되찾은 것. 그 위로 새롭게 관광형 크루즈가 운항하기 시작했는데 동빈내항과 송도해수욕장을 거쳐 선착장으로 돌아오는 데 약 40분이 소요된다. 시원한 바닷바람을 맞으며 돌아보는 풍경도 색다르지만, 형산강 입구에서 송도교를 잇는 일명 '구불구불 산책로'에는 양쪽으로 개성 넘치는 조각 작품들이 전시돼 예술적인 정취도 느낄 수 있다.

점심은 죽도시장에서 해결하는데 갓 잡은 싱싱한 해산물로 무쳐내는 물회나 부담 없이 즐길 수 있는 푸짐한 수제비가 좋겠다. 뭔가 독특한 별미를 원한다면 열두 가지 맛을 낸다는 고래고기도 도전해볼 만하다. 죽도시장에는 딱 두 군데 식당에서 고래고기를 취급하는데, 금액에 따라 부위별로 조금씩 썰어내 다양한 식감과 맛을 경험할

수 있다.

든든하게 배를 채운 후에는 포항 현대사에서 빼놓을 수 없는 포스코의 역사관으로 향한다. 포항시민 열에 아홉은 포스코 덕분에 먹고산다는 이야기가 있을 만큼 지역 경제의 중요한 역할을 담당하고 있는 포스코의 홍보관으로 40년이 넘는 지난 역사를 한눈에 살펴볼 수 있다.

특히 조선시대의 유명한 풍수학자 이성지의 시가 적혀 있어 눈길을 끌었는데, 그는 '어룡사에 대나무가 나면 가히 수만 명이 살만한 땅이 된다'고 예언했다. 어룡사는 지금의 포항을 일컫는 말로, 당시엔 모래밭 위의 작은 고을에 불과해 모두들 믿을 수 없다며 웃어 넘겼다고 한다. 그러나 수백 년 후 시 속에 등장하는 대나무처럼 쭉쭉 뻗은 제철소의 굴뚝이 세워지면서 정말로 인구 수십만의 대도시가 되었으니 포항의 드라마틱한 변화가 신비롭기만 하다.

다음은 포항 하면 가장 먼저 떠오르는 풍경 '상생의 손'이 자리하고 있는 호미곶이다. 한반도를 호랑이 모양이라고 했을 때 그 꼬리 부분에 해당하는 이곳은 동해안의 손꼽히는 일출명소이기도 하다. 인간의 욕심이 세운 인공의 구조물이 자연의 아름다운 풍광마저 해치는 경우가 참 많은데, 이곳에 자리한 조각품은 가장 자연스럽게 풍경에 녹아든 경우가 아닐까 싶다. 특히 푸른 바다를 박차고 솟아오른 붉은 태양이 손바닥 위로 겹쳐질 때면 어디에서도 볼 수 없는 찬연한 아침이 완성된다. 호미곶 옆으로는 그림처럼 하얀 등대가 서 있는 등대박물관도 자리하고 있어 함께 둘러보면 좋겠다.

History

시티 투어 버스의 마지막 목적지는 구룡포에 자리한 근대문화역사거리다. 아홉 마리의 용이 승천한 포구라 하여 이름 붙은 구룡포는 조선시대까지만 해도 그저 조용한 바닷가 마을에 불과했다. 그러나 일제 강점기 일본인들이 구룡포에 항구를 만들고 어업권을 독점하면서 수산업에 종사하던 수많은 일본인들이 들어와 그네들만의 어업기지를 건설하게 된다.

지금도 구룡포에는 그들이 남긴 흔적들이 곳곳에 남아 있는데 근대역사관으로 사용되고 있는 하시모토 젠기치 가옥이 대표적이다. 넓은 정원과 일본식의 고급스런 이층 목조가옥이 당시 일본인들의 호화스런 생활을 엿보게 한다. 백화점도 들어설 만큼 서울의 명동 못지않게 번성했다는 과거 풍경은 몇 장의 사진으로만 남아 있지만 '근대문화거리'라는 이름으로 당시 모습을 더듬어볼 수 있다.

---

info

**구룡포 근대문화역사거리
(구룡포 근대역사관)**
경북 포항시 남구 구룡포읍 구룡포길 153-1, (054)276-9605/
10:00~17:00(매주 월요일 휴관), 무료
죽도시장
경북 포항시 북구 죽도시장13길 13-1, (054)247-3776
포스코역사관
경북 포항시 남구 동해안로 6261, (054)220-7720/
09:00~18:00(매주 일요일 휴관), 무료
포항시티투어
홈페이지 사전예약 www.garamtravel.com/ 매주 토, 일요일 운행, 성인 6,000원

포항운하
경북 포항시 남구 희망대로 1040, (054)270-5177,
pohangcruise.kr/
5~10월 10:00~18:00,
11~4월 11:00~18:00,
기본 코스 성인 10,000원,
내항 코스 성인 8,000원
호미곶(국립등대박물관)
경북 포항시 남구 호미곶면 해맞이로 150번 길 20,
(054)284-4857/
09:00~18:00(매주 월요일 휴관), 무료

CAFE

홀로 들르기 좋은
카페

에스페란자 통유리 너머로 탁 트인 호미곶 풍경과 바다를 뚫고 우뚝 솟은 상생의 손이 한눈에 들어오는 최고의 전망을 자랑한다. 커피 맛도 좋을 뿐 아니라 생크림 롤케이크 등 세련된 디저트 메뉴도 함께 갖추고 있어 천천히 걸음을 쉬어가기 좋다.

[info] 경북 포항시 남구 호미곶면 호미곶길 89, (054)252-9406

후루사토야 구룡포 근대문화역사거리 내에 자리한 찻집으로 후루사토야는 일본어로 고향집을 뜻한다. 과거 이곳에 지어졌던 일본식 가옥을 그대로 활용해 다다미방에서 일본식 녹차와 디저트 등을 맛볼 수 있다. 여행자들을 대상으로 유카타 체험프로그램도 운영 중이다.

[info] 포항시 남구 구룡포읍 호미로 279-5, (054)276-9461

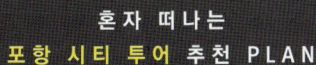

혼자 떠나는
포항 시티 투어 추천 PLAN

반나절 코스

포항 찾아가는 방법
- 서울역에서 2시간 30분 소요 | 05:15~22:10(1일 8회 운행)
- 대전역에서 1시간 30분 소요 | 06:15~23:10(1일 8회 운행)
- 동대구역에서 30분 소요(무궁화호 1시간 50분) | 00:06~21:13(1일 12회 운행)

제주 자연 여행
울릉도·죽도 섬 여행
완도·청산도 휴식 여행

Vacance

08

혼자 떠나는 바캉스

그냥 거기,

살
고
싶
은 곳

**제주
자연 여행**

언제부턴가 제주는 모두가 한번쯤 살고 싶은 섬, 아름다운 자연에 예술적 정취까지 덧입은 이상향 같은 곳이 되었다. 매번 새로운 풍경과 따뜻한 사람들로 마음을 사로잡는 이곳에 나 또한 한 달쯤, 그저 여행만 하며 머물고 싶었다. 그런데 선배 하나가 살던 아파트까지 정리하고 제주로 옮겨간다며 소식을 전해왔다. SNS에는 벌써 공사가 한창인 그의 제주도 집 사진이 올라와 있다. 모두가 꿈꾸던 그림 같은 돌집에 걸어서 5분이면 바당(바다)을 만날 수 있다고 했다. 텃밭이 내려다 보이는 창가에 널찍한 책상을 두고 하루하루 꿈에 그리던 작업실을 꾸려가는 과정을 지켜보며 괜히 나까지 설레는 마음이다.

    마침 제주에 취재가 있어 핑계 삼아 그의 집을 찾았다. 제주생활은 어떠냐는 나의 물음에 서울과 별다를 것 없이 원고에 치이며 산다고 답하면서도 그의 얼굴은 한결 편안해 보인다. 마침 제주 시내에 산다는 그의 친구가 찾아왔는데, 양손 가득 선물이라고 들고 온 것이 어이없게도 패스트푸드점 햄버거 세트였다.

    "이 친구가 구좌 시골에 사니까 도시의 맛 좀 느껴 보라고 사왔지."

    장난기 가득한 친구의 설명에 그는 한참을 깔깔거렸다. 늘 시간에 쫓겨 어쩔 수 없이 먹게 되는 햄버거 한쪽에 이렇게 웃을 수 있다니, 제주라는 공간이 가진 그 꾸밈없는 순박함에 나는 코끝이 찡했다. 결국 선배에게 동네에 괜찮은 빈집이 있으면 알려달라고 신신당부를 해놓고 서울로 돌아왔다.

    며칠 후 선배는 정말로 돌집 하나를 구해 연락을 해왔다. 동네 할망(할머니)이 1년 정도 빈집에 들어와 살 사람을 구한다는 것이다. 사진으로 보니 소박한 살림집이지만 꽤 야무지게 정돈된 느낌이다. 위치도 만족스러웠다. 그런데 할머니가 손수 가꾸시던 텃밭 100평을 함께 돌본다는 조건이었다. 농사는커녕 화분 하나도 제대로 키우지 못하는 나였다. 고민하는 내게 선배가 웃으며 말했다.

"할망이 집 맡기고 어디 가시려는 줄 알아? 서울 사는 아들네. 평생 물질만 하셨으니 이젠 아파트에서 편하게 살아보고 싶으시다나. 63빌딩도 구경하고 말이야."

누구에게나 일상의 공간은 분주하고 팍팍하다. 그래서 지금 이곳을 떠나 살고 싶은 곳 하나쯤 마음속에 품게 된다. 내겐 제주가 그러했듯 할망에겐 서울이 그런 곳이다. 선배는 서울이 어떤 곳인지 적나라하게 말해주고 싶었지만 입을 다물었다고 한다. 할망의 눈빛이 꿈을 꾸듯 행복해 보였기 때문이다. 그러면서 덧붙였다.

"그러니 너도 서울에서 꿈꾸듯 살아. 제주는 네가 한번쯤 살아보고 싶은 섬으로 남겨두고 말이야. 난 그토록 살고 싶었던 제주에서 원고 마감과 저녁 메뉴 걱정을 하며 지내. 물론 행복한 현실이지만, 내가 그동안 살고 싶었던 섬이 사라진 것은 조금 아쉽네."

그래서 이번 휴가에는 한번쯤 살아보고 싶은 섬 제주의 시골 마을로 떠나기로 한다.

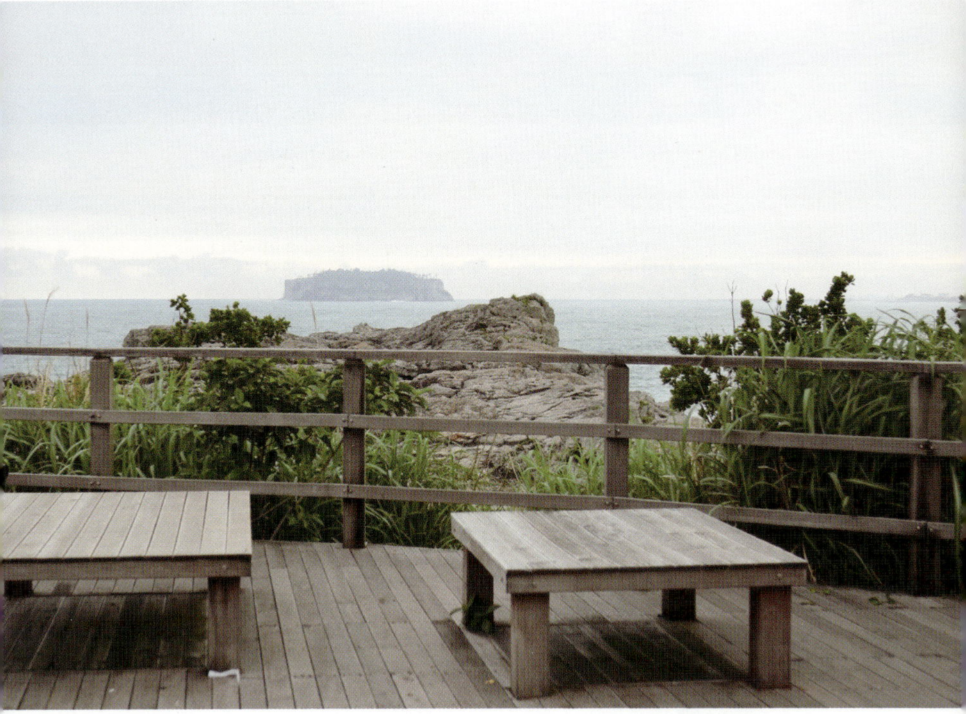

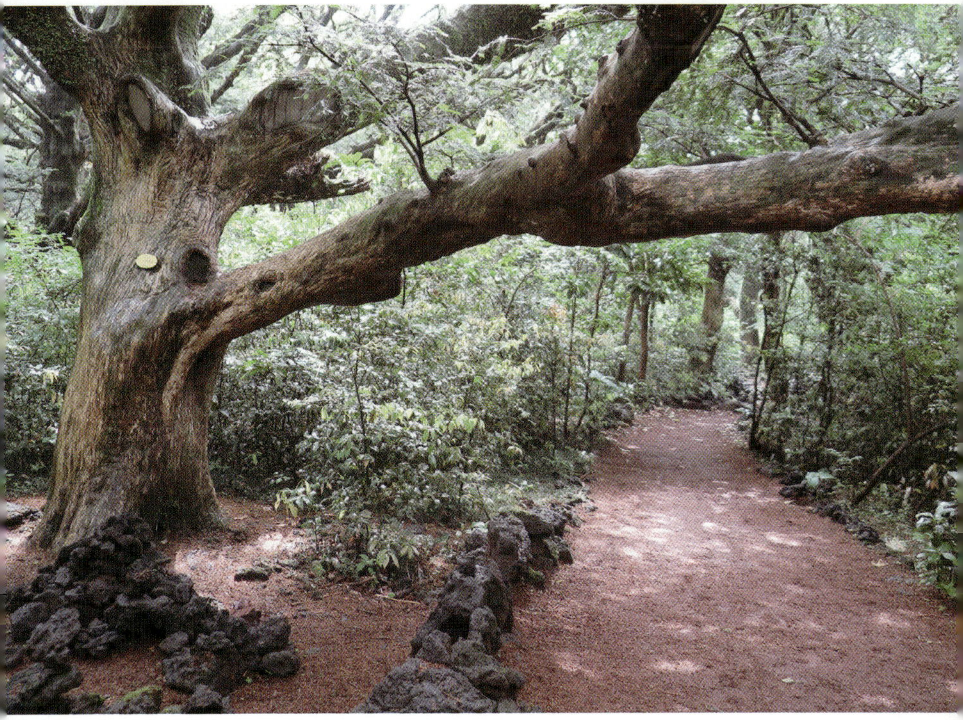

+ MORE +

함께
들르면 좋은 곳

1 김영갑갤러리 제주와 사랑에 빠져 매일 제주의 아름다운 풍광들을 카메라에 담았던 사진작가 김영갑의 작품들을 만나볼 수 있는 공간이다. 한 장의 사진을 더 찍기 위해 밥값을 아껴 필름을 사고 밭에 버려진 당근으로 허기를 채웠다는 그는 결국 병으로 세상을 떠났지만, 그의 사진들은 우리가 미처 몰랐던 제주의 속살을 고스란히 드러내 보여준다.

info 제주 서귀포시 성산읍 삼달로 137, (064)784-9907, www.dumoak.co.kr / 하절기 09:30~19:00, 동절기 09:30~18:00(매주 수요일 휴관), 성인 3,000원

2 비자림 제주에서 가장 아름다운 숲길로 꼽히는 비자림은 수령 500~800년의 비자나무 2,800여 그루가 울창한 천연림을 이루고 있어 '천 년의 숲'으로 불린다. 예부터 비자나무는 건축이나 가구, 바둑판 등의 고급 목재로 사용되었고 열매는 구충제로 활용할 만큼 쓸모가 많은 나무였다. 특유의 상쾌한 향 때문에 숲길을 걷고 나면 몸과 마음이 한결 맑아지는 기분을 느낄 수 있다.

info 제주 제주시 구좌읍 비자숲길 62, (064)710-7912 / 09:00~18:00, 성인 1,500원

3 새섬 서귀포항 바로 앞에 있는 섬으로 육지와 다리로 연결되어 있어 걸어서 돌아볼 수 있다. 이곳에서 보이는 문섬과 범섬 등의 풍광이 아름다울 뿐 아니라 섬을 한 바퀴 돌아볼 수 있는 산책로도 잘 다듬어져 있어 가볍게 걷기 좋다.

info 제주 서귀포시 법환동

4 쇠소깍 서귀포의 하효동과 남원읍 하례리 사이를 흐르는 효돈천의 하구를 일컫는 쇠소깍은 하천과 바다가 만나며 절묘한 풍광을 이루고 있다. 용암이 흘렀던 모양대로 기이하게 굳어진 계곡을 바라보는 것도 아름답지만 직접 투명 카약이나 제주 전통 나무배인 '테우'를 타고 돌아보는 체험도 인기다.

info 제주 서귀포시 효돈로 170, (064)732-1562

5 안덕계곡 천연기념물로 지정된 상록수림에 둘러싸인 계곡으로 도로가에 자리하고 있음에도 조금만 걸어 들어가면 금세 다른 세상에 온 것처럼 신비로운 풍광을 드러낸다. 드라마 〈추노〉의 촬영지로도 잘 알려져 있는데, 물이 맑고 무성한 숲과 기암절벽이 잘 어우러져 제주에서 유배생활을 했던 추사 김정희도 즐겨 찾았다고 전해진다.

info 제주 서귀포시 안덕면 일주서로 1524, (064)794-9001

6 용눈이오름 김영갑갤러리를 둘러보았다면 생전의 그가 사랑해 마지않던 용눈이오름에 올라보길 추천한다. 어느 방향에서 보느냐에 따라 전혀 다른 곡선으로 우리를 매료시키는 용눈이오름은 야트막한 능선 때문에 누구나 부담 없이 오를 수 있다. 이곳에서 바라보는 다랑쉬오름과 종달리 마을 풍경도 아름답다.

[info] 제주 제주시 구좌읍 종달리 산 28

7 이중섭문화거리 제주에서 사랑하는 가족과 함께 지내며 평화롭고 단란했던 풍경을 그림에 담았던 화가 이중섭의 흔적을 만나볼 수 있는 공간이다. 그의 작품세계를 엿볼 수 있는 이중섭미술관과 그가 실제 살았던 생가, 아이들과 산책을 즐겼다는 '작가의 길' 등 예술적 정취가 묻어나는 거리다. 주변에는 아기자기한 카페와 갤러리들이 즐비하고 주말이면 예술장터도 마련돼 볼거리가 풍성하다.

[info] 이중섭미술관-제주 서귀포시 이중섭로 27-3, (064)760-3567 / 09:00~18:00, 7~9월 09:00~20:00(매주 월요일 휴관), 성인 1,000원

8 제주민속오일시장 매 2, 7일에 열리는 제주에서 가장 큰 규모의 5일장으로 공항에서 자동차로 5분여 거리라 여행 첫날이나 마지막 날에 가볍게 들르기 좋다. 몸국과 빙떡 등 제주의 다양한 향토음식을 맛볼 수 있는 먹거리 시장을 비롯해 텃밭에서 키운 작물들을 파는 할망시장, 이제는 추억이 되어버린 대장간 등 우리네 옛 재래시장의 분위기를 그대로 느낄 수 있다.

[info] 제주 제주시 오일장서길 26, (064)743-5985

9 차귀도 유람선 제주 서쪽의 작은 섬 차귀도는 오랜 세월 사람의 발길이 닿지 않은 무인도였으나 최근 유람선을 이용한 섬 탐방이 가능해지면서 그 아름다운 비경을 직접 눈에 담을 수 있게 되었다. 섬을 한 바퀴 돌아보는 데 한 시간 정도 소요되는데 하늘과 맞닿은 드넓은 초원과 아담한 등대, 과거 이곳을 터전 삼아 살았던 이들의 흔적들을 따라 걷다 보면 절로 마음이 느긋해진다.

[info] 제주 제주시 한경면 고산리 3616-9, (064)738-5355 / 하절기 09:30~18:30 매 30분 운항, 동절기 10:00~17:00 매 정시 운항, 차귀도 탐방+제트유람 성인 16,000원

10 협재해변 제주에서 가장 아름다운 바다빛깔을 자랑하는 해변으로 은빛 백사장이 끝없이 펼쳐지고 수심도 얕은 편이라 여행자들이 즐겨 찾는다. 특히 멀리 그림처럼 떠 있는 비양도가 이국적인 풍경을 완성해 마치 해외여행을 떠나온 것처럼 낭만적인 분위기를 만끽할 수 있다. 시원한 바다에 발을 담그거나 파라솔 그늘 아래에서 책을 읽으며 여유로운 시간을 가져보길 추천한다.

[info] 제주 제주시 한림읍 협재리 2497-1, (064)796-2404

STAY

홀로 머물기 좋은 집

EAT

홀로 들르기 좋은 맛집

그녀이야기 화순해변 근처에 자리한 게스트하우스로 정겨운 돌담으로 둘러싸인 아담한 마당이 사랑스럽다. 낯선 사람들과의 잠자리가 불편한 여행자들을 위해 도미토리 대신 1인실과 2인실, 3인실 등으로 구분해 객실을 운영한다. 마당에는 투숙객들만을 위한 카페가 자리해 식사를 하거나 저녁에 가볍게 맥주를 마시기에도 좋다.
[info] 제주 서귀포시 안덕면 화순해안로 130번길 21, 010-9038-6811 / 1인실 50,000원

안녕메이게스트하우스 남원읍의 작고 조용한 바닷가 마을에 자리한 게스트하우스로 세련되고 감각적으로 꾸며진 인테리어 때문에 여성 여행자들이 즐겨 이용한다. 젊은 부부가 운영하고 있어 편의시설이 깔끔하게 관리되고 마당에는 투숙객 전용의 카페가 마련돼 있다.
[info] 제주 서귀포시 남원읍 공천포로 11번 길 9, 010-3242-8757, www.hellomay.co.kr / 도미토리 1인 20,000원(성수기 22,000원)

공천포식당 제주에서 손꼽히는 물회 맛집으로 현지인들이 즐겨 먹는다는 자리물회부터 쫄깃한 식감의 한치물회, 여름철 보양식으로 그만인 전복물회 등 다양한 물회 메뉴를 낸다. 매콤하면서도 감칠맛이 뛰어난 양념이 이곳의 인기 비결인데, 식당 바로 앞으로 바다가 펼쳐져 전망도 훌륭하다.
[info] 제주 서귀포시 남원읍 공천포로 89, (064)767-2425 / 한치물회 9,000원, 모듬물회 13,000원

오는정김밥 서귀포에서 학창시절을 보낸 현지인들이 추억의 김밥으로 꼽는 이곳은 바삭하게 튀긴 유부를 넣어 씹히는 맛이 독특한 데다 속 재료도 푸짐해 한 줄만 먹어도 배가 든든하다. 여행자들에게 입소문이 나면서 1~2시간 전에 전화예약을 해야만 구입 가능한데, 버스를 타기 전에 미리 전화를 해두는 것이 좋겠다.
[info] 제주 서귀포시 동문동로 2, (064)762-8927 / 오는정김밥 2,500원

CAFE

홀로 들르기 좋은 카페

웅스키친 용눈이오름 근처의 작은 오붓한 마을 송당리에 자리한 이탈리안 레스토랑으로, 서울에서 내려온 셰프가 제주에서 나는 신선한 재료들로 요리를 낸다. 제주 한우를 이용한 햄버거스테이크가 대표 메뉴로 육즙이 살아 있는 도톰한 스테이크가 일품이다.
info 제주 제주시 구좌읍 중산간동로 2250, (064)784-1163 / 11:30~20:30, 브레이크타임 15:30~17:00(매주 수요일 휴무), 햄버거스테이크 16,500원

중앙식당 언뜻 평범해 보이는 식당이지만 여행자들뿐 아니라 현지인들도 즐겨 찾는 맛집이다. 제주에서 흔하게 나는 보말을 듬뿍 넣어 푹 끓여낸 성게 보말국이 이 집의 대표 메뉴인데, 구수한 향과 바삭한 식감을 살린 고등어구이도 맛있다.
info 제주 서귀포시 안덕면 화순로 108, 064-794-9167 / 07:00~21:00, 성게 보말국 10,000원

미엘드세화 세화해변이 바로 보이는 길가에 자리한 카페로 제주토박이 여주인이 직접 만든 디저트 메뉴가 일품이다. 특히 구좌 당근을 듬뿍 넣어 만든 당근케이크가 인기 메뉴. 가끔 카페 한편에 지역 주민들이 참여하는 장터도 마련되고 각종 읽을거리도 다양해 여유롭게 쉬어가기 좋다.
info 제주 제주시 구좌읍 해맞이해안로 1464, (064)782-6070

최마담네 빵다방 제주의 매력에 흠뻑 빠져 아예 터전을 옮겨왔다는 젊은 주인장이 운영하는 카페 겸 베이커리. 신선한 원두를 이용해 맛과 향이 좋은 커피를 낼 뿐 아니라 직접 구운 달콤한 브라우니와 고소한 스콘 등도 인기 메뉴다. 제주의 전통 돌집을 리모델링해서 소박하면서도 감성적인 분위기를 풍긴다.
info 제주 제주시 한림읍 한림로 417, (064)-796-2404, 6872 / 11:00~20:00(매주 목요일 휴무)

2박 3일 코스

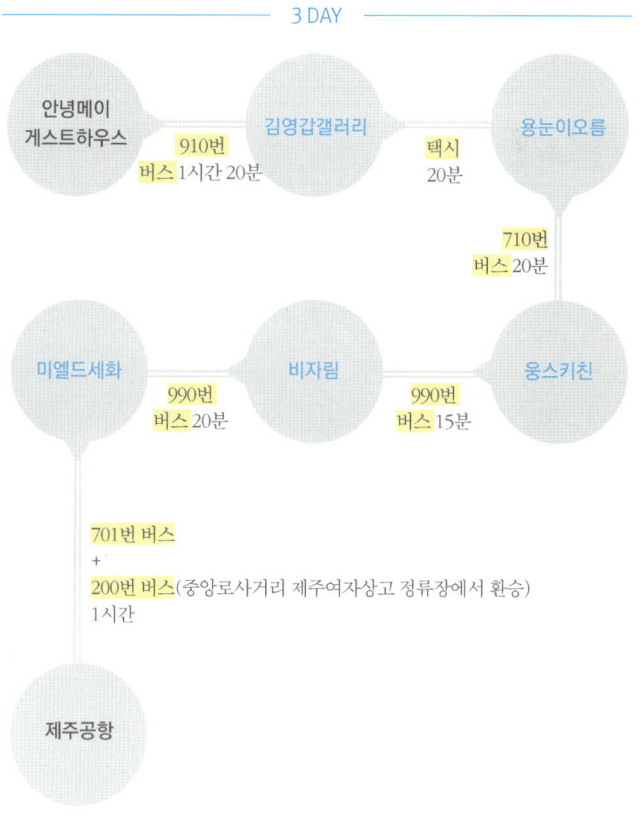

3 DAY

안녕메이 게스트하우스 — 910번 버스 1시간 20분 → 김영갑갤러리 — 택시 20분 → 용눈이오름

용눈이오름 — 710번 버스 20분 → 웅스키친

미엘드세화 ← 990번 버스 20분 — 비자림 — 990번 버스 15분 → 웅스키친

미엘드세화 — 701번 버스 + 200번 버스(중앙로사거리 제주여자상고 정류장에서 환승) 1시간 → 제주공항

제주 찾아가는 방법
- 김포공항에서 1시간 소요 | 06:10~20:35(5분 간격)
- 대구공항에서 1시간 소요 | 06:30~19:05(1일 15회 운항)
- 광주공항에서 40분 소요 | 08:20~19:25(1일 11회 운항)
- 부산(김해)공항에서 50분 소요 | 06:50~21:00(5~40분 간격)

고마워요, 죽도 총각

**울릉도 · 죽도
섬 여행**

울릉도행 배에 오르자마자 좌석을 찾는 대신, 준비해온 작은 돗자리를 펴고 바짝 엎드렸다. 10여 년 전 멀미약도 없이 호기롭게 배를 탔다가 뱃멀미로 영혼이 쑥 빠져나갈 만큼 고생을 했던 경험 때문이다. 구토가 심해 마음 같아

선 바다에 뛰어드는 게 차라리 낫겠다 싶을 정도였다. 그 때 한 어르신이 자리를 내주시며 말했다.

"뱃멀미엔 엎드려 가는 게 제일이야. 여기 봐봐, 제 자리 놔두고 누워 있는 사람들은 다 울릉도 사람이야."

세월이 흘러도 배 안의 풍경은 변함이 없었다. 알록 달록 새 옷을 차려입은 관광객들은 배가 출발하고 얼마 지나지 않아 거북한 표정으로 화장실을 드나들기 시작했다. 그렇게 몇 번을 반복하다 결국 기운이 빠져 털썩 바닥에 주저앉는다. 반면 이미 자리를 차지하고 누운 어르신들은 어느새 코까지 골며 달콤한 숙면을 취하고 있다. 나도 눈꺼풀이 무거워져 스르륵 잠이 들었다.

도동항 풍경도 별반 달라지지 않았다. 대기하는 버스와 자동차가 조금 늘었고 그만큼 관광객들로 더 북적인다는 것 외에 주변 건물들은 대부분 그대로다. 일단 식당에 들어가 속을 달래줄 오징어 내장탕을 한 그릇 주문했다. 오징어 내장은 쉽게 상하기 때문에 오징어의 허파나 심장, 애, 곤이 등을 넣고 맑게 끓여내는 내장탕은 울릉도에서만 맛볼 수 있는 별미 중 하나다. 특히 울릉도 사내들이 즐겨 찾는 해장탕으로 잘 알려져 있는데 뱃멀미로 거

Vacance

북해진 속을 달래는 데도 그만이라고 한다. 예전에 자리를 내주셨던 어르신도 배에서 내리는 길에 얼른 식당을 찾아 오징어 내장탕을 한 그릇 먹으라고 권하셨다. 갓 끓여낸 뜨끈한 오징어 내장탕을 한입 떠 넣는 순간, 오랜 친구를 만난 것처럼 반갑고 얼큰했다.

같은 배를 타고 왔던 관광객 무리들이 독도로 향할 때 나는 죽도로 떠나는 배에 올라탔다. 울릉도에 속한 섬들 중 가장 큰 섬인 죽도는 대나무가 많이 자생하여 '대섬', '댓섬'으로도 불린다. 수면에서부터 서서히 지대가 높아지는 다른 섬들과 달리 죽도는 멀리서 보면 직사각형 모양으로 섬 둘레가 깎아지른 듯한 절벽을 이룬다.

전기는커녕 식수를 구하기도 어렵다는 이 섬엔 '죽도 총각' 김유곤 씨가 산다. 울릉도가 고향인 부모님과 함께 20여 년 전 죽도에 들어와 살기 시작했다는 그는 부모님마저 세상을 떠나면서 이 섬의 유일한 주민이 되었다. 언젠가 그의 이야기를 방송에서 보고 죽도에 꼭 한번 들러보고 싶었는데 지난 여행에선 배가 출항하지 않아 결국 발길을 돌려야 했다.

"죽도 총각이 장가갔다는 소식 들었어?"

누군가 뱃머리에서 나누는 이야기가 귓가에 들어왔다. 마흔이 넘도록 홀로 섬을 지키며 산다는 이야기가 안타까웠는데 그새 좋은 인연을 만난 모양이다. 배에서 내리니 해안절벽을 타고 오르는 나선형 계단이 아찔한 모습을 드러낸다. 한 계단씩 오르다 보니 금세 이마엔 송글송글 땀이 맺히기 시작했지만 그 끝에선 죽도의 때묻지 않은 풍광이 가슴 속으로 밀려들었다.

울창한 대나무 숲길을 지나자 멋스런 정원과 꼬리를 살랑거리는 개, 그리고 죽도 총각이 그림처럼 서 있다. 순간 얼른 현관문을 닫고 사라지는 여인의 뒷모습이 눈에 들어왔다. 아마도 죽도 총각의 사랑스런 아내이리라. 수줍은 성격일 수도 있겠으나 저리도 황급히 자리를 피하는 것을 보니 낯선 이들이 함부로 던지는 호기심이 부담스러웠던 건 아닐까. 안쓰러운 마음이 들었다.

"장가갔다니 축하해요!"

때마침 누군가 인사를 건넸다.

"이제 총각이 아니니까 죽도 아저씨라고 불러야 하나?"

여기저기서 깔깔깔 웃음이 터진다. 죽도 총각은 멋쩍은 미소만 지을 뿐이다. 가슴이 조마조마했는데 다행히 그의 사생활을 더 이상 물어보는 이는 없었다. 다들 그가 직접 농사지은 더덕으로 만들었다는 주스 한 잔을 들이키고는 조용히 마당을 떠났다. 죽도 총각도 묵묵히 더덕을 다듬기 시작했다.

푸른 동해를 옆에 끼고 걷는 해안 산책로와 싱그러운 초록빛 숲길, 바람에 일렁이는 드넓은 초원. 죽도는 울릉도에서 바라볼 때보다 훨씬 더 아름답고 다양한 비경을 품고 있다. 하지만 빗물을 받아서 쓰고 태양열로 전기를 만드는 섬 생활이 마냥 느긋하고 여유롭지는 않을 것이다. 무엇보다 말 한마디 나눌 사람이 없다는 게 얼마나 외롭고 처절했을지 가늠하기도 어렵다. 그럼에도 여전히 죽도를 지키고 있는 그에게 고마운 마음이 들었다.

info
죽도
경북 울릉군 울릉읍 저동리

+ MORE +

함께
들르면 좋은 곳

1 관음도 울릉도에 속한 작은 섬으로 그 풍광이 무척 아름다워 섬 둘레를 걷는 트레킹과 유람선을 타고 돌아보는 코스가 인기다. 사람이 살지 않는 무인도인 대신, 사계절 강인한 생명력을 뽐내는 야생식물과 괭이갈매기의 천국으로 불리며, 울릉도 3대 절경의 하나로 꼽히는 관음쌍굴이 그 비경을 더한다.

[info] 경북 울릉군 북면 천부리 산 1 / 하절기 08:00~18:00, 동절기 09:00~18:00, 성인 4,000원

2 독도전망대 케이블카 소중한 우리 영토인 독도를 육안으로도 관찰할 수 있는 전망대로 케이블카를 이용해 편리하게 이동할 수 있다. 이곳으로부터 87킬로미터 거리에 자리한 독도는 1년 중 약 50일 정도 아주 맑은 날 그 신비로운 자태를 드러낸다. 이곳에서 바라보는 도동항과 울릉도의 전경 또한 아름답다. 케이블카 탑승장 주변에는 독도의 역사와 문화를 정리한 독도박물관과 톡 쏘는 물맛이 인상적인 약수터가 자리하고 있다.

[info] 경북 울릉군 울릉읍 도동리 / 06:30~20:00, 성인 왕복 7,500원

3 봉래폭포 울릉도를 대표하는 명승지 중 하나로 높이 약 30미터에 달하는 삼단폭포가 절경을 이룬다. 수량이 풍부한 편이라 1년 내내 시원스레 물줄기가 쏟아지는 모습을 감상할 수 있는데, 폭포 주변으로는 한여름에도 차가운 바람이 나오는 풍혈이 자리해 신비로움을 더한다. 봉래폭포로 올라가는 길은 삼나무가 울창해 산책을 즐기기에도 좋다.

[info] 경북 울릉군 울릉읍 저동리 산39, (054)790-6422 / 하절기 06:00~19:00, 동절기 08:00~17:00, 성인 2,000원

4 예림원 현포리의 푸른 바다를 배경으로 자리한 예술공원으로 독특하게도 문자를 이용한 조각작품들을 전시하고 있다. 해양경찰로 평범한 직장생활을 하던 중 서예에 관심을 갖기 시작해 지금은 문자예술가로 이름을 날리고 있는 박경원 원장이 직접 운영하고 있다. 늘 낡은 작업복 차림으로 공원 이곳저곳을 살뜰하게 돌보는 그를 닮아 작품들 하나하나 따뜻한 메시지를 품고 있다.

[info] 경북 울릉군 북면 울릉순환로 2746-24, (054)791-9922, www.울릉예림원.kr / 08:00~일몰시까지, 성인 4,000원

5 울릉숲길(석포~내수전전망대) 오랜 세월이 빚어낸 울릉도의 때묻지 않은 숲길을 걸어 볼 수 있는 코스로 곳곳에 바다를 조망할 수 있는 구간이 자리해 다양한 절경을 눈에 담을 수 있다. 특히 내수전에서 석포에 이르는 길은 과거 울릉도 사람들이 배가 끊기면 넘나들었다는 길로, 이곳 정매화골에는 20여 년 동안 외딴집에서 살면서 폭설과 폭우로 조난당한 수백 명의 목숨을 구했다는 주민의 이야기가 전해져 옛길의 아름다움을 더한다.

info 경북 울릉군 북면 천부4리

6 태하 모노레일 울릉도의 아름다운 풍광을 한눈에 담을 수 있는 관광형 모노레일로, 깎아지른 절벽을 따라 올라가는 길이 꽤 험난하지만 모노레일 자체는 수평을 유지해 마치 움직이는 전망대를 타고 있는 느낌이다. 하차장에서 걸어서 10분 정도면 태하 등대까지 오를 수 있는데 숲길도 상쾌할 뿐 아니라 이곳에서 바라보는 바다 전망도 훌륭하다.

info 경북 울릉군 서면 태하리 113, (054)790-6638 / 성인 왕복 4,400원

7 행남해안 산책로 도동항에서 저동항의 촛대바위까지 이어지는 해안산책로로 울릉도의 쪽빛 바다를 옆에 끼고 걷는 길이 그야말로 절경이다. 갖가지 모양의 해안절벽에 감탄하며 걷다 보면 투명한 물빛이 끝없이 펼쳐져 눈길을 사로잡는다. 중간중간 간이횟집과 쉬어갈 수 있는 넙적바위가 자리해 느긋하게 걸어보기 좋다.

info 경북 울릉군 울릉읍 도동리

STAY

홀로 머물기 좋은 집

독도는 우리 땅 사동항 근처에 새롭게 문을 연 게스트하우스&펜션으로 깔끔한 시설과 테라스에서 보이는 시원한 바다 풍경이 매력이다. 투숙객들의 경우 여객선터미널에서 픽업서비스도 제공하고 주인장 부부의 하우스콘서트도 가끔 마련돼 색다른 분위기를 즐길 수 있다.

info 경북 울릉군 울릉읍 울릉순환로 726, 010-3872-3578 / 도미토리 1인 25,000원(성수기 27,000원, 극성수기 30,000원)

매니아하우스 여객선이 들고나는 도동항에 자리해 대중교통을 이용하는 여행자들에겐 최적의 위치를 자랑한다. 특히 여행사를 겸하고 있어 자유여행자들을 위한 생태 체험코스를 자체 운영한다. 1인 80,000원이면 셔틀버스는 물론 안전한 트레킹과 식사까지 모두 해결할 수 있다.

info 경북 울릉군 울릉읍 도동1리 71, 1599-8562 / 1인 25,000원

EAT

홀로 들르기 좋은 맛집

다연 신선한 채소를 푸짐하게 내는 쌈밥이 대표 메뉴이지만 현지인들은 향토음식의 하나인 오징어누른창 찌개를 먹으러 즐겨 찾는 식당이다. 오징어누른창은 오징어 내장을 젓갈처럼 숙성시킨 것으로 특유의 구수한 맛과 진한 향을 지녀 울릉도 사람들에겐 추억의 맛으로 통한다. 울릉도 내에서도 누른창 찌개를 내는 식당이 많지 않아 별미로 꼽힌다.

[info] 경북 울릉군 봉래2길 18, (054)791-9393

바다횟집 도동항 입구에 자리한 식당으로 오징어 내장탕을 비롯해 홍합밥, 따개비밥, 물회 등 다양한 메뉴를 낸다. 싱싱한 오징어 내장을 칼칼하게 끓여낸 오징어 내장탕은 울릉도 여행의 시작으로 불릴 만큼 시원한 국물이 별미다.

[info] 경북 울릉군 울릉읍 도동길 46, (054)791-4178 / 오징어 내장탕 10,000원

전주식당 저동항 근처에 자리한 소박한 식당으로 홍합밥이 맛있다. 신선한 자연산 홍합을 잘게 다진 후 간장을 조금 넣어 갓 지어낸 홍합밥은 향긋한 바다 향과 쫄깃하게 씹히는 맛이 일품이다. 울릉도의 특산물 중 하나인 명이나물 장아찌와 함께 곁들이면 더 상큼하고 맛있다.

[info] 경북 울릉군 울릉읍 봉래2길 32-16, (054)791-3010 / 홍합밥 15,000원

Vacance

혼자 떠나는 울릉도·죽도 섬 여행 추천 PLAN

2박 3일 코스

울릉도 찾아가는 방법
- 강릉여객터미널에서 3시간 소요 | 08:00/09:40   - 저동항 기준
- 묵호여객터미널에서 3시간 30분 소요 | 08:00
- 포항여객터미널에서 3시간 소요 | 09:50/10:50   ) 도동항 기준

Vacance

이기심을 내려놓는

섬
여
행

**완도 · 청산도
휴식 여행**

시계를 보니 아침 7시다. 도시에서라면 아이라인이라도 한 줄 더 긋기 위해 눈을 떴을지 모르지만 지금 난 여행 중이다. 그것도 저 멀리 완도에서 배를 타고 한 시간을 더 달려 청산도까지 왔다. 섬으로 여행을 떠날 때는 그만한 이유가 있는 거다. 일분일초도 쪼개 써야 할 만큼 바쁘게 돌아가는 도시의 시간에서 잠시 비껴나고 싶었다. 잘 알지도 못하면서 지껄여대는 같잖은 충고들로부터 귀를 닫고 싶었다. 아침 7시에, 온 동네가 들썩일 만큼 시끄러운 뽕짝 메들리를 들으러 여기까지 온 것은 아니었다.

"도대체 지금 몇 시죠? 이른 아침에 너무 시끄럽잖아요!"

목이 덜 풀려 쩍쩍 갈라진 목소리가 내가 듣기에도 다분히 신경질적이다. 담당자는 연신 죄송하다는 말을 되풀이하면서도 마땅한 대책이 없어 난감해하는 게 전화 너머로 느껴졌다. 하필 오늘이 마을 사람들의 체육대회가 있는 날이고, 폐교를 활용한 나의 숙소 운동장이 그 장소였던 것이다. 아마 그도 이른 아침부터 할머니들이 모여 음악을 틀어놓고 춤을 추리라고는 전혀 예상하지 못했을 것이다. 전날 기억에 솜털 보송보송한 도시청년이었으니 막무가내 할머니들과 상대가 될 리 없다. 투숙객도 달랑 나 혼자뿐이라고 하니 오히려 그가 안쓰러워졌다. "이런 행사가 있으면 미리 알려주셨어야죠." 맥 빠진 항의를 덧붙이고는 전화를 끊었다. 이불을 뒤집어쓰고 다시 잠을 청했지만 눈이 감길 리 없다. 차라리 아침 일정을 조금 서둘러 숙소를 떠나는 게 낫겠다 싶다.

운동장에선 화려한 몸뻬 부대가 허리를 슬쩍슬쩍 흔

들며 흥을 돋우고 있었다. 자신들 때문에 불쾌해진 나의 아침은 아랑곳하지 않고 입가엔 웃음이 가득이다. 쿵짝쿵짝 방정맞은 음악소리는 범바위길 중간쯤 이르러 희미한 메아리가 되었다. 그제야 조금 걸음을 늦추고 풍경에 눈을 돌렸다. 짙푸른 솔숲 너머로 상쾌한 바닷바람이 불어올 땐 하아, 기분 좋게 큰 숨을 들이켰다. 예정대로라면 아침을 든든하게 먹고 느긋이 오르려고 했던 범바위길이었지만 산뜻한 아침공기를 쐬며 오르는 것도 나름 여유롭고 좋다. 범바위전망대에 이르니 반가운 매점이 자리하고 있다. 얼른 들어가 차가운 맥주 한 캔을 샀다. 여주인은 의아한 얼굴로 나를 쳐다봤지만 뭐 어떤가, 저 아랫동네에선 아침부터 뽕짝 메들리에 춤도 추는데.

  보이는 것이라곤 하늘과 바다뿐인 이곳에 앉아 마시는 맥주는 감동 그 자체였다. 한 모금 홀짝일 때마다 알싸한 맥주가 목을 타고 들어가 저 안에 쌓인 부정의 감정들을 싹 밀어내는 기분이랄까. 꺼억. 마치 그렇게 밀려난 감정들이 터져 나오듯 시원한 트림소리에 나도 모르게 웃음이 났다. 둘러보니 주변엔 나 혼자뿐이다. 다시 맥주를 쭉 들이키고는 큰 소리로 꺼억, 트림을 내뱉었다.

  짐을 찾으러 숙소에 들렀더니 관리자인 듯한 중년의 사내가 먼저 인사를 건넸다. 아침의 소란에 대해 거듭 사과를 했는데 이미 불쾌한 감정을 털어버린 후라 웃으며 괜찮다고 했다. 그래도 마음이 불편했는지 청산도의 아름다운 풍경을 담은 에코백을 선물로 주었다. 그렇잖아도 나가는 길에 구입할까 생각했던 예쁜 가방을 뜻밖의 선물로 얻게 된 것이다. 그는 내가 진심으로 기뻐하자 그제야

마음이 놓인 듯 한마디 덧붙였다.
"다들 허리도 펼 사이 없이 농사에 바쁜 분들이세요. 어쩌다 하루 그렇게 노래도 틀어놓고 춤도 추며 스트레스를 푸시는 거니까 이해해주세요. 꼭두새벽부터 일하시는 게 몸에 배어서 노는 것도 그렇게 부지런하시네요. 하하."
그의 말을 들으니 아침에 보았던 할머니들의 순진한 웃음이 떠올라 괜스레 죄송했다. 나의 여행에만 집중하느라 그곳에 살고 있는 사람들의 삶에는 관심을 두지 않았던 것이다. 그들이 아름다워야 할 내 여행의 아침을 망가뜨렸다고 생각했는데, 그것이야말로 부끄러운 내 이기심이었다.
완도로 향하는 배에서 다시 그를 만났다. 기차를 타기 위해 광주로 갈 예정이라고 했더니 자신도 광주공항에서 비행기를 탈 예정이라며 선뜻 차를 태워주겠다고 했다. 일종의 '차보시(布施)'라면서, 자신도 젊은 시절 배낭여행을 하며 차를 여러 번 얻어 탔으니 언젠가 운전을 하게 되면 나도 똑같이 베푼단다. 청산도 여행이 어땠느냐고 묻는 그에게 시간이 멈춘 듯 여유로워서 좋았다고 답했다. 그러자 그가 옅은 미소를 지어보였다.
"청산도에 사시는 분들에게 오늘은 오늘일 뿐이에요. 바쁜 도시인들에겐 그곳이 시간이 멈춘 것처럼 느껴질지 몰라도 그분들은 하루하루 치열하게 살고 있어요. 다만 삶의 속도가 조금 다를 뿐이죠. 그러니 여행자들도 섬에서 여유롭게 살고 싶다, 가 아니라 모두들 이렇게 열심히 살고 있으니 나도 힘을 내야겠다, 위안을 얻었으면 좋겠어요."

+ MORE +

함께
들르면 좋은 곳

1 범바위 청산도 슬로길 제5코스에 속하는 범바위는 호랑이의 머리 모양을 닮았다고 해서 붙여진 이름이다. 예부터 범바위 아래를 지나는 배들은 나침반이 방향을 잃는다고 할 만큼 강력한 기운을 가진 것으로 알려져 있는데, 이 때문에 청산도 사람들은 범바위에 소원을 빌면 반드시 이뤄진다고 믿었다. 범바위 주변에선 사방으로 탁 트인 바다를 감상할 수 있어 많은 여행자들이 찾아온다.
[info] 전남 완도군 청산면 청계리

2 서편제 촬영지 우리나라 영화 최초로 100만 관객을 동원했던 임권택 감독의 영화 〈서편제〉의 촬영지. 주인공들이 구불구불한 돌담길을 따라 내려오며 〈진도아리랑〉을 부르는 명장면이 이곳에서 탄생했다. 무려 5분여에 달하는 이 역사적인 롱테이크 신은 감독조차 '컷'을 외치는 것을 잊었다고 전해질 만큼 아름답다. 봄이면 노란 유채로 물들며 드라마 〈봄의 왈츠〉와 〈여인의 향기〉도 이 언덕에서 로맨틱한 명장면들을 촬영했다.
[info] 전남 완도군 청산면 당락리, (061)550-5628

3 앞개해변 슬로길 제3코스인 고인돌길의 출발점이기도 한 읍리 앞개는 동글동글한 몽돌이 가득 쌓인 해변으로 독특한 분위기를 자아낸다. 몽돌 위를 걸을 때마다 자그락거리는 소리도 재미있고 파도가 밀려 나가며 자갈거리는 소리는 마치 아이들이 재잘대는 것 같아 사랑스럽다. 모래가 아니라 신발을 벗고 잠시 바다에 발을 담그기에도 좋다.
[info] 전남 완도군 청산면 읍리

4 향토문화역사전시관 · 느림카페 옛 청산면사무소를 리모델링한 갤러리로 지역주민이 직접 촬영한 청산도의 아름다운 사계를 사진으로 만나볼 수 있다. 일본인들이 세운 신사를 허물고 지은 건물이라 근대건축물로서의 가치도 높다. 향토문화역사전시관 바로 옆에 자리한 카페에서는 할머니 바리스타들이 내려주는 맛있는 커피를 맛볼 수 있다. 엽서를 써서 부치면 1년 후에 도착하는 '느린 우체통'도 자리하고 있어 1년 후의 나에게 편지를 써보는 색다른 추억을 만들어봐도 좋겠다.
[info] 전남 완도군 청산로1613번길 19-3, (061)550-6495

STAY

홀로 머물기 좋은 집

EAT

홀로 들르기 좋은 맛집

느린섬여행학교 학생 수 감소로 2009년에 폐교된 청산중학교 동분교를 리모델링하여 꾸민 숙소이다. 1층에는 슬로푸드 체험관이 자리하고 있어 식사도 편하게 해결할 수 있다. 2층 테마동은 미술실과 문학실, 영화실, 음악실, 사진실 등 5개 동으로 이뤄져 있는데 각각의 테마에 따라 객실이 꾸며져 있다. 시설도 깨끗하고 다락방이 자리한 복층구조라 낭만적인 분위기를 더한다.

info 전남 완도군 청산면 청산로 541, (061)554-6962, www.slowfoodtrip.com / 테마동 주중 70,000원, 주말 80,000원.

섬마을식당 도청항 근처에 자리한 식당으로 백반 메뉴를 내기 때문에 나 홀로 여행자들도 부담 없이 들를 수 있다. 어리굴젓 등 지역의 특색을 담은 다양한 종류의 밑반찬을 내는데 하나같이 깔끔하고 정갈하다. 밥이 부족하면 눈치껏 더 건네는 인심도 넉넉하다.

info 전남 완도군 청산면 도청리, (061)552-8672

슬로푸드 체험관 청산도에서 나고 자란 청정재료들만 사용해 전통방식 그대로 요리한 슬로푸드를 내는 식당이다. 바다 향을 듬뿍 머금은 톳밥을 시작으로 콩가루와 들깨가루를 넣어 무친 갖가지 나물, 단백질과 영양성분이 풍부한 전복, 물김을 살짝 데쳐서 부쳐낸 김전 등 건강한 한 끼를 맛볼 수 있다.

info 전남 완도군 청산면 청산로 541, (061)554-6962 / 느림밥상 10,000원

혼자 떠나는 완도·청산도 휴식 여행 추천 PLAN

1박 2일 코스

---- **1 DAY** ----

완도여객터미널 → 50분 소요 (07:00~18:30, 1일 8회 운항) → 도청항 → 순환버스 : 5분 → 서편제 촬영지 → 순환버스 : 5분 → 슬로푸드 체험관 → 같은 건물 → 느린섬여행학교

---- **2 DAY** ----

느린섬여행학교 → 걸어서 40분 → 범바위 → 걸어서 1시간 → 앞개해변 → 순환버스 : 10분 → 향토문화역사전시관·느림카페 → 걸어서 5분 → 도청항 → 50분 소요 (07:00~18:30, 1일 8회 운항) → 완도여객터미널

* 완도여객터미널-도청항 배편은 비수기 1일 5회, 성수기에는 1일 8~15회 증편 운항된다.

완도 찾아가는 방법
- 서울센트럴시티터미널에서 5시간 소요 | 08:10/10:20/15:10/17:20
- 광주종합터미널에서 2시간 20분 소요 | 05:45~20:20(30~70분 간격)
- 부산서부시외버스터미널에서 6시간 10분 소요 | 07:10/11:05/13:15/17:00

나 홀로 진짜 여행

초판 1쇄 발행 | 2015년 7월 31일
초판 5쇄 발행 | 2018년 11월 2일

지은이 | 권다현
발행인 | 이원주

임프린트 대표 | 김경섭
기획편집 | 정은미 · 권지숙 · 송현경 · 정인경
디자인 | 정정은 · 김덕오
마케팅 | 윤주환 · 어윤지
제작 | 정웅래 · 김영훈

발행처 | 지식너머
출판등록 | 제2013-000128호

주소 | 서울특별시 서초구 사임당로 82 (우편번호 137-879)
문의전화 | 편집 (02) 3487-2814, 영업 (02) 2046-2800

ISBN 978-89-527-7443-9 13980

이 책의 내용을 무단 복제하는 것은 저작권법에 의해 금지되어 있습니다.
파본이나 잘못된 책은 구입하신 곳에서 교환해드립니다.